W0316740

## Stimmen zur ersten Auflage

In diesem Taschenbuch wird spürbar, wie tief der Verfasser das den Vertriebenen angetane Unrecht empfindet und wie stark er die Verpflichtung fühlt, als Nichtbetroffener das Geschehen der Jahre 1944 bis 1947 zu erforschen und darzustellen, ohne Angst, damit sorgfältig abgegrenzte Tabu-Zonen zu verletzen und auch ohne die so häufig und immer aufs neue vorgebrachte angeblich zwangsläufige Verbindung von Schuld und Sühne.

*FAZ*

In diesem Band zieht der bekannte amerikanische Völkerrechtler und Historiker nach über zehnjähriger intensiver Forschung zum Problemkomplex der Vertreibung der Deutschen aus Ostmitteleuropa eine knappe, sehr prägnant formulierte Bilanz eben dieser Forschung. Er fängt die Ergebnisse in zehn historischen und sechs völkerrechtlichen »Thesen« ein, die durch ihre Klarheit und durch das Bemühen des Vf.s um Gerechtigkeit einen festen Platz in der Historiographie zur Geschichte der Vertreibung gewinnen dürften.

*Historische Zeitschrift*

This book, aimed at the general public, presents in a nutshell the history of the ethnic German population which had settled in the early 12th century in large parts of what is nowadays Eastern Europe. . . .
De Zayas's book is written in a style reflecting his remarkable familiarity with German culture and history. The last chapter shows the reader that young West Germans born from resettled parents and who did not live the experiences described in the book, still manifest their attachment to their East European origins, which in turn shows that history can survive the principle of *›homo homini lupus‹*.

*Netherlands International Law Review*

Alfred-Maurice de Zayas

# Anmerkungen zur Vertreibung der Deutschen aus dem Osten

Dritte, verbesserte Auflage

Verlag W. Kohlhammer
Stuttgart Berlin Köln

**Die Deutsche Bibliothek – CIP-Einheitsaufnahme**

**DeZayas, Alfred M.:**
Anmerkungen zur Vertreibung der Deutschen aus dem Osten / Alfred-Maurice de Zayas. – 3., verb. Aufl. – Stuttgart ; Berlin ; Köln : Kohlhammer, 1993
ISBN 3-17-012580-X

Umschlagmotiv: Deutsche Vertriebene 1946/
Schweizerisches Rotes Kreuz, Bern

Transcripts and Translations of Crown-copyright records in the Public Record Office appear by permission of the Controller of H. M. Stationary Office.
Die im einzelnen nicht nachgewiesenen Aussagen und Zeugnisse in diesem Buch beruhen auf brieflichen Auskünften der betreffenden Personen gegenüber dem Autor.

Die Namen der Personen, die nur mit Anfangsbuchstaben bezeichnet werden, sind dem Autor bekannt. Die Bezeichnung wurde auf Bitte der Betroffenen verwendet.

3. Auflage 1993
2. Auflage 1987
Alle Rechte vorbehalten
© 1986 W. Kohlhammer GmbH
Stuttgart Berlin Köln
Verlagsort: Stuttgart
Gesamtherstellung:
W. Kohlhammer Druckerei GmbH + Co. Stuttgart
Printed in Germany

# Inhalt

*Oder-Neiße Gebiete*

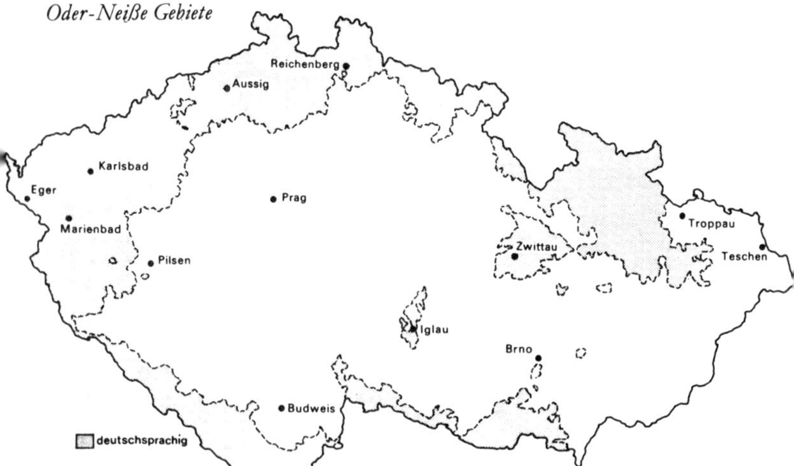


*Sudetenland*

# Geleitwort zur ersten Auflage

Alfred-Maurice de Zayas begegnete mir zum erstenmal 1972 als Fulbright-Stipendiat an der Universität Tübingen. Schon damals beschäftigte er sich als Student der Geschichte mit Flüchtlingsfragen im Zusammenhang mit dem Vietnamkrieg, was ihn dann zu einer historischen Betrachtung des Weltflüchtlingsproblems führte und insbesondere zu einer Untersuchung der Ursachen und Folgen der Vertreibung der Deutschen.

Nach Ablauf des auf ein Jahr befristeten Stipendiums kehrte der Absolvent der Harvard University und Doktor der Rechtswissenschaften in die Vereinigten Staaten zurück und nahm seine frühere Tätigkeit als Rechtsanwalt in der Wall Street wieder auf. Aber auch dort ließ ihn die Thematik der Vertreibung nicht los, und 1974 entschloß er sich, seine erfolgreiche berufliche Laufbahn als Wirtschaftsanwalt erneut zu unterbrechen, um wieder nach Deutschland zu kommen und seine Forschungen über die Vertreibung fortzusetzen. Dies ist eine sehr beachtenswerte Entscheidung für einen Amerikaner spanischer Abstammung, den allein wissenschaftliches Interesse mit Deutschland verband. Er wirkte zunächst als wissenschaftlicher Assistent am Institut für Völkerrecht der Universität Göttingen und dann als Mitarbeiter am Max-Planck-Institut für Völkerrecht in Heidelberg. Er immatrikulierte sich gleichzeitig an der philosophischen Fakultät in Göttingen, um sein in Harvard und Tübingen begonnenes Studium der mittleren und neueren Geschichte fortzusetzen. Dieses schloß er 1977 mit der Promotion ab.

Die Nachforschungen zur Frage der Vertreibung stellten sich als sehr schwierig heraus. So wurde ihm z. B. die Einsichtnahme in die 3000 Auswertungsbögen und den Sonderbericht des Bundesarchivs über Vertreibungsverbrechen zunächst verweigert. Ich habe diesen Fall zum Anlaß für eine Parlamentarische Anfrage genommen. Daraufhin wurden die Auswertungsbögen der Wissenschaft allgemein zugänglich gemacht. Der Sonderbericht ist inzwischen ebenfalls freigegeben worden. Herr de Zayas griff die Frage der Vertreibung zu einem Zeitpunkt auf, als die »neue Ostpolitik« der damaligen Bundesregierung diesen Komplex bewußt ausklammerte.

Neben den deutschen Quellen stützt sich die Arbeit von Herrn de Zayas auf eine ganze Reihe von Untersuchungen im Ausland. Ein wesentlicher Punkt seiner Forschung war die Mitverantwortung der Anglo-Amerikaner für die Vertreibung. Deshalb befragte er eine Reihe der damals beteiligten Politiker und Diplomaten wie z. B. Sir Denis Allen, Victor Cavendish Bentinck, Sir Geoffrey Harrison, George Kennan, John McCloy, Robert Murphy, James Riddleberger, Sir Frank Roberts und Lord William Strang. Er forschte u. a. im Public Record Office (London), in den National Archives (Washington) und im Schweizerischen Bundesarchiv (Bern) nach Unterlagen, um durch nichtdeutsche Beurteilungen der Vertreibung ein möglichst objektives Bild zu erhalten.

Das Ergebnis dieser Untersuchungen, die Herr de Zayas in erster Linie für seine amerikanischen Landsleute durchführte, erschien als Buch in Boston und London unter dem Titel »Nemesis at Potsdam« und erregte sofort großes Aufsehen. Die deutsche Fassung hat inzwischen die 7. Auflage erreicht. Es spricht für sich, daß ein hoher amerikanischer Politiker und Kenner der Materie, Robert Murphy, das Vorwort zu diesem Buch schrieb.

Es ist das Verdienst von Herrn de Zayas, die Debatte über die Vertreibung wieder eröffnet zu haben, eine Thematik, die weitgehend in Vergessenheit geraten war oder direkt vermieden wurde, weil sie als nicht »gesellschaftsfähig« oder nicht opportun galt. In der Folgezeit haben in der Tat eine Reihe Autoren auf das Werk von de Zayas zurückgegriffen. Somit hat er wesentlich dazu beigetragen, daß die Erörterung der Vertreibung heute nicht mehr als Tabu angesehen wird.

Im Vergleich zu seinen bisherigen Büchern fällt auf, daß de Zayas mit diesem Werk keine strikt wissenschaftliche Abhandlung vorlegt, sondern ein leicht zu lesendes, engagiertes Buch, das gerade wegen seines Stiles auch einen größeren Leserkreis ansprechen wird. Es ist nicht möglich und vom Autor wohl auch nicht beabsichtigt, in dieser Form das ganze Problem der Vertreibung umfassend darzustellen. Hier wird in einer Auswahl von Bildern und Zeugnissen insbesondere ein Eindruck von dem Leid gegeben, das durch die Vertreibung über die Menschen hereingebrochen ist.

Ich begrüße diese Veröffentlichung, weil sie die notwendige Auseinandersetzung mit der Vertreibung auf wissenschaftlicher Grundlage fortführt. Hier werden die schlimmen Ereignisse der Vertreibung in einer nüchternen Weise wiedergegeben – unter besonderer Berücksichtigung der völkerrechtlichen und menschenrechtlichen Aspekte. Der nicht wegdenkbare ostdeutsche Anteil an der gesamtdeutschen Kultur wird vom nichtdeutschen Verfasser mit Verständnis und Zuneigung geschildert. Schließlich läßt er, selbst nach dem Zweiten Weltkrieg geboren, die bundesdeutsche Jugend zur Sprache kommen. Die am Ende des Buches eingeschalteten „Thesen zur Vertreibung" stellen eine beachtenswerte Synthese dar und fordern zur weiteren Diskussion heraus, indem sie die fortdauernde Bedeutung des damaligen Geschehens für die Gegenwart betonen. Nachdem wir heute vier Jahrzehnte Abstand zu den Ereignissen gewonnen haben, ist es angebracht, auch über dieses Kapitel der europäischen Geschichte eine offene und ehrliche Aussprache zu führen. Dazu leistet dieses Buch einen wichtigen Beitrag.

*Heinrich Windelen*
Bundesminister für innerdeutsche Beziehungen

# Einleitung

Ein Ereignis wie die Vertreibung der Deutschen aus den deutschen Ostprovinzen und aus Osteuropa fordert immer wieder zur Besinnung auf. Generationen von Historikern – nicht nur deutschen – werden sich damit noch auseinanderzusetzen haben.

Denn mittlerweile sind seitdem zwar vierzig Jahre vergangen, aber wir sind noch immer weit davon entfernt, das damalige Geschehen in einer großen Überschau darstellerisch zu bewältigen, es in den allgemeinen Gang der deutschen und der europäischen Geschichte des 20. Jahrhunderts einzuordnen und in seiner historischen Bedeutsamkeit zu würdigen. Zuweilen hat man gar den Eindruck, daß der Vorgang der Vertreibung im öffentlichen Bewußtsein verschüttet ist, wenn man bedenkt, auf welche Begriffe das, was in Ostdeutschland 1945 geschah, gebracht wurde und wird. Die Millionen einfacher Menschen, die damals gewaltsam zum Verlassen ihrer Heimat gezwungen wurden, haben ihr Schicksal sicherlich nicht als Befreiung empfunden. Jeder Historiker, der nicht von dem Schicksal der Menschen absieht, wird nicht umhinkönnen, in sein Urteil die damalige menschliche Tragödie ohne Beschönigung und ohne Bagatellisierung einzubeziehen.

Das unermeßliche Leiden der zwölf Millionen Flüchtlinge und Vertriebenen, der mehr als zwei Millionen Umgekommenen oder Getöteten, der inzwischen über zwei Millionen Spätaussiedler und schließlich der heute in Osteuropa als verstreute Minderheiten lebenden Daheimgebliebenen liefert Material für viele Bücher – wissenschaftliche Monographien, Romane, Dichtungen –, für Dokumentarfilme und auch für Theaterstücke. Allmählich werden solche Bücher geschrieben und Filme gedreht, die für die Öffentlichkeit diese grausame Umwälzung zu beschreiben versuchen. Aber die Welt hat im 20. Jahrhundert noch viel mehr Unheil erlebt: den Genozid an den Armeniern, die Gulags, die »Endlösung der Judenfrage«, die Atombomben auf Hiroshima und Nagasaki, das Wüten der Roten Khmer in Kambodscha, die sog. ethnischen Säuberungen im ehemaligen Jugoslawien. Man kann mit Gerhart Hauptmann wohl sagen: »Die Weltgeschichte ist ausgerutscht.« Doch die Menschheit muß mit ihrer Geschichte fertig werden. Jede Generation muß sich der Geschichte neu stellen.

Im Zweiten Weltkrieg haben sich Menschen wie wir großes Unrecht angetan und unendliches Leid zugefügt: 50 Millionen Menschen starben in diesem Bürger- und Bruderkrieg. Inzwischen sind zwei Generationen Deutsche, Polen, Tschechen und Russen aufgewachsen, die diese Vergangenheit nur noch aus Erzählungen der Älteren und aus Büchern kennen. Gibt es eine Kollektivschuld der Deutschen für den Krieg? Oder eine Kollektivschuld der Osteuropäer für die Vertreibung? Nein! Kollektivschuld ist ein unhistorischer, unmenschlicher und unvernünftiger Gedanke. Es gibt jedoch eine kollektive Sittlichkeit, die uns alle verpflichten sollte.

Aller Opfer des Unrechts muß mit Ehrfurcht gedacht werden. Die Verbrechen am polnischen Volk 1939–44 bewegen uns zur existentiellen Identifizierung mit den leidenden Menschen. Die gnadenlose Rache, die sich über die deutschen Vertriebenen 1945–48 ergoß, erweckt ebenfalls das menschliche Mitgefühl, denn alle waren Opfer der Politik und der Politiker. Man sollte aufhören, nach der Nationalität eines Opfers zu fragen, denn das Leid hat keine Nationalität. Auch der Mord nicht. Jedes Verbrechen ist verwerflich, gleichgültig, wer das Opfer ist.

Wie der Titel dieses Buches vermuten läßt, wird hier keine vollständige Darstellung der großen Tragödie der Vertreibung versucht. Die »Anmerkungen« beschränken sich darauf, das große Geschehen der Vertreibung an Hand der Zeugnisse von Beteiligten und Überlebenden zu veranschaulichen und so eine Vorstellung von Art und Ausmaß dieser europäischen Tragödie zu vermitteln. Der Stil der Zeugenberichte ist gewahrt worden; die Auswahl und der knappe Kommentar stammen von einem Nicht-Beteiligten. Die Darstellung kann und soll lediglich zeigen, wie vielschichtig das Geschehen gewesen ist. Die Entscheidungen der Politik haben Millionen von einfachen Menschen für immer aus ihrer gewohnten, angestammten Lebenswelt herausgerissen, ja für viele Tod und Verderben gebracht. Die Vertreibung der Deutschen aus Ostdeutschland und aus Osteuropa kann in ihrer historischen Tragweite schwerlich überschätzt werden, wenn man bedenkt, daß dadurch ein vielhundertjähriges, bis ins 12. Jahrhundert zurückreichendes Zusammenleben und vielfach fruchtbares Zusammenwirken der Völker gewaltsam beendet wurde.

Möge dieses Buch zu einer Neubesinnung führen und zu mehr Menschlichkeit und Verständnis für den Nachbarn beitragen.

New York *Alfred-Maurice de Zayas*

Der Verfasser möchte nicht versäumen, all den Personen zu danken, die durch ihre Auskünfte und Ratschläge seine Forschungen befördert und so das Erscheinen dieses Bandes mit ermöglicht haben, Zeitzeugen aus den Reihen der damaligen Politiker und Heimatvertriebenen wie auch Archivaren als den Hütern der Dokumente. Ein besonderer Dank gilt Herrn Dr. Klaus Neitmann (Berlin) dafür, daß er das Manuskript einer gründlichen Durchsicht unterzogen hat; seine Anregungen haben diese Arbeit ebenso wie andere des Verfassers in den zurückliegenden Jahren vielfältig bereichert. Stellvertretend für die vielen, die meine Arbeit an diesem Buch begleiteten, möchte ich Herrn Dr. Walter Vorbach und seine Frau Helene anerkennend erwähnen, die als Sudetendeutsche in Heidelberg eine neue Heimat fanden.

## Vorwort zur zweiten Auflage

Die Aufgabe eines jeden Historikers liegt darin, Fakten aufzudecken, sie in ihrem Zusammenhang mit anderen historischen Ereignissen zu betrachten und daraus ein wahres und differenziertes Geschichtsbild entstehen zu lassen. In seinem Bemühen, die Vergangenheit objektiv darzustellen, muß der Historiker vorurteillos und ausgewogen untersuchen und urteilen. Er darf sich nicht von bestehenden Mythen und Tabus daran hindern lassen, eine vergangene Epoche in ihrer Gesamtheit und die vergangenen Vorgänge in ihrer Wechselwirkung zu erforschen. Einzelne Teile der Vergangenheit unberücksichtigt zu lassen, verfälscht die Geschichtsdarstellung. So erinnerte der Berliner Historiker Ernst Nolte in einem denkwürdigen Artikel »Vergangenheit, die nicht vergehen will« (FAZ 6. Juni 1986) an die unentbehrliche Voraussetzung wissenschaftlicher Arbeit: »Wahrheiten willentlich auszusparen ... verstößt gegen das Ethos der Wissenschaft.«

Nolte hat ebenso wie der Kölner Historiker Andreas Hillgruber in seinem bemerkenswerten Buch »Zweierlei Untergang« (1986) neue Perspektiven aufgezeigt, unter denen zentrale Vorgänge der europäischen Geschichte des 20. Jahrhunderts, die Vernichtung der Juden und die Vertreibung der Deutschen, betrachtet werden können. Diese behutsamen Stellungnahmen zweier bedeutender deutscher Historiker wurden von dem Philosophen Jürgen Habermas und anderen als »Apologie« hingestellt, als Versuch, die nationalsozialistischen Verbrechen durch die Erwähnung der Verbrechen anderer zu relativieren und so ein neues, von moralischer Schuldbesessenheit befreites nationales Geschichtsbild zu schaffen.

Als amerikanischer Historiker halte ich diese Unterstellungen für abwegig, denn Nolte und Hillgruber haben durch ihre Fragestellungen und ihre Perspektiven wichtige Denkanstöße gegeben und damit nur ihre Historikerpflicht getan. Die wissenschaftliche Diskussion wird zum Scheitern gebracht, wenn sie von einer Seite unter die Herrschaft des »Verdachts« (Hegel) gestellt wird: des Verdachts, daß die andere Seite mit ihren Aussagen böse politische Absichten verfolge. Faktisch werden Frageverbote ausgesprochen, wenn man dem Gegner unterschiebt, er betreibe mit seiner Argumentation nur fragwürdige politische Geschäfte. Dagegen ist zu setzen: »Die Moral der Wissenschaft fordert, die Argumente der Gesprächsteilnehmer unabhängig von Herkunft, Motiven, Folgen zu prüfen« (Th. Nipperdey). Nichts liegt ferner als der Versuch, Verbrechen aufzurechnen, wenn man sich bemüht, die Verbrechen an Juden und an Deutschen in historische Zusammenhänge einzuordnen. Wegen der »Singularität« der nationalsozialistischen Verbrechen darf man nicht das Opfer der deutschen Vertriebenen vermindern oder gar verschweigen. Beides ist unauslöschbarer Teil unserer Vergangenheit. So bemerkte der Berliner Historiker Hagen Schulze zutreffend: »Singularität und Vergleichbarkeit historischer Erscheinungen sind also für die Geschichtswissenschaft keine sich gegenseitig ausschließenden Alternativen, sondern Komplementärbegriffe.« (Die Zeit, 26. September 1986).

Im Sinne dieser aufklärerischen Pflicht habe ich die zweite Auflage der »Anmerkungen« überarbeitet und erweitert. Ich möchte mir die Worte des Münchener Historikers Thomas Nipperdey zu eigen machen: »Darum brauchen wir die Tugenden der Historie: Nüchternheit und Distanz, brauchen den Pluralismus jenseits des moralisierenden Verdachts und der politischen Parteinahmen.« (Die Zeit, 17. Oktober 1986). Ich hoffe, daß die Debatte der deutschen Historiker in diesem Sinne zu mehr Offenheit und mehr Gerechtigkeit in der Beurteilung der deutschen und europäischen Geschichte des 20. Jahrhunderts führt.

*Pensacola, Florida*
*Januar 1987*

*Stettin*

*Königsberg*

*Breslau*

*Karlsbad*

(Bildarchiv Preußischer Kulturbesitz)

# Teil I: Die Deutschen in Ostmitteleuropa

Vertriebene. Wer sind sie? Sie leben heute in den 16 Ländern der Bundesrepublik Deutschland – 2.854 Millionen in Nordrhein-Westfalen, 2.056 Millionen in Bayern, 1.881 Millionen in Niedersachsen, 1.614 Millionen in Baden-Württemberg usw., insgesamt über 15 Millionen oder 20 Prozent der Bevölkerung des wiedervereinigten Deutschlands. Jeder fünfte Deutsche ist ein Vertriebener – aus den deutschen Ostprovinzen, aus dem Sudetenland oder aus dem übrigen Osteuropa – oder stammt von Eltern, die in der Folge des Zweiten Weltkrieges vertrieben wurden.

Freilich leben die Vertriebenen nicht mehr in geschlossenen Gemeinden, die von anderen bundesdeutschen Gemeinden leicht zu unterscheiden wären. Sie sind vielmehr im gesamten Bundesgebiet integriert und verkehren mit der einheimischen Bevölkerung als Gleiche, denn sie sind Deutsche wie diese. Viele heiraten zwar noch unter sich, aber die Hälfte der Vertriebenen findet ihre Ehepartner in der eingesessenen westdeutschen Bevölkerung.

Ostpreußen, Pommern, Brandenburger, Nieder- und Oberschlesier sind besonders stark vertreten in Nordrhein-Westfalen, die Sudetendeutschen in Bayern, die Deutschen aus dem Baltikum, aus der GUS und aus Südosteuropa in Baden-Württemberg. Kleinere Bundesländer wie Schleswig-Holstein wurden eine neue Heimat für viele Pommern, Rheinland-Pfalz für viele Ostpreußen.

Wer sind die Vertriebenen? Man braucht nicht lang zu suchen. Rein statistisch gesehen dürften in der Bundesrepublik Deutschland 20 Prozent der jeweiligen Nachbarn oder der Arbeitskollegen Vertriebene sein. Denn in der Tat stellen die Vertriebenen z. B. 20,7 Prozent der Beamten, 22,6 Prozent der Angestellten, 23,2 Prozent der Lehrlinge und 16,3 Prozent der Handelsvertreter.

Königsberg, Memel, Danzig, Stettin, Breslau, Oppeln, Karlsbad, Eger ... diese Städte sind mit der deutschen Geschichte für immer verbunden. In den Provinzen östlich der sogenannten Oder-Neiße-Linie und im Sudetenland waren die Deutschen

z. T. über 700 Jahre zu Hause. Sie gründeten Städte, brachten das deutsche Recht mit, errichteten die Hanse, entwickelten das Land, schufen Industrien und Bergwerke, komponierten Musik, dichteten und philosophierten.

Es war ein reiches, schönes Land östlich der Oder-Neiße, weniger dicht besiedelt als im Westen, kälter im Winter, wärmer im Sommer.

»Dort ragt Urwald noch; doch sag, wo blieben die Herzen, die ihn durchhüpften wie das Reh, das die Rufe der Jäger vernommen?

... Wüst sind alle die Farmen, die Farmer auf immer geschieden;

alle zerstreut wie der Staub, wie die Blätter, die wütender Herbststurm packt,

hoch wirbelt empor, weit über den Ozean hinstreut ...«

Erinnerungen an Ostpreußen oder Pommern? Nein. So verewigte der amerikanische Dichter Henry Wadsworth Longfellow in »Evangeline« die Vertreibung der 15 000 französischen Bauern 1755 aus Neuschottland, wo sie seit hundert Jahren friedlich gelebt hatten, katholische Franzosen, die der englische Gouverneur Charles Lawrence loswerden wollte. Die Höfe wurden beschlagnahmt, die Familien auseinandergesprengt, die Männer in Schiffe verladen und in die übrigen englischen Kolonien verstreut, Frauen und Kinder blieben von ihren Männern und Vätern getrennt. Sie sahen sich nie wieder.

Es hatte schon vorher, bereits im Altertum, Vertreibungen gegeben. In neuerer Zeit traf ein solches Schicksal 1492 die Juden in Spanien, 1685 und wieder 1701 die Hugenotten in Frankreich, 1731/32 die Protestanten in Salzburg – über 20 000. Und gerade durch den Druck der Intoleranz in anderen Staaten kamen viele der Verfolgten nach Preußen: Hugenotten und Salzburger, die echte Ostpreußen und Pommern wurden. Zwei Jahrhunderte später wurden sie wieder vertrieben.

Aber wie kam die Masse der Deutschen überhaupt in den Osten?

# Ansiedelung der Deutschen in Ostmitteleuropa seit dem 12. Jahrhundert

Deutsche Nationalisten wiesen im 19. Jahrhundert ständig darauf hin, daß schon die Ostgermanen im heutigen Polen seßhaft waren, z. B. die Wandalen, die um 400 nach Christus unter ihrem König Geiserich nach Westen zogen. Die Silingen gaben sogar der späteren Provinz Schlesien den Namen, ehe sie an den Rhein und weiter nach Andalusien wanderten. Die Goten bewohnten als einheitliches Volk das Gebiet um die Weichsel. Um 200 nach Christus begannen sie ihren Zug nach Süden und teilten sich in Ostgoten, die an der Krim, im Balkan und Italien siedelten, und Westgoten oder Wisigoten, die in das Gebiet des späteren Frankreich und Spanien wanderten.

Dies sind zwar historische Tatsachen, doch muß festgestellt werden, daß die Ostgermanen nicht einfach als Vorfahren der heutigen Deutschen betrachtet werden können. Die ostgermanischen Stämme waren zwar einige Jahrhunderte im Gebiet des heutigen Polen seßhaft, aber sie wanderten zum größeren Teil ab, und slawische Stämme nahmen die Gebiete bis zur Oder ein. Um 960 entstand unter Mieszko I. der Fürstenstaat Polen, dessen Kernraum an der mittleren Warthe (Posen und Gnesen), am Goplo-See und an der mittleren Weichsel lag. Die Dynastie der Piasten zog vom 12. bis ins 14. Jahrhundert ungezählte deutsche Mönche, Bauern, Handwerker und Ritter ins Land, das nun dank deren Arbeit aufblühte. Dies geschah aber ohne jeden Druck von deutscher Seite, so daß das Schlagwort vom »deutschen Drang nach Osten« der mittelalterlichen deutschen Ostkolonisation nicht gerecht wird.

Weiter nördlich lebten nicht-slawische Völker, u. a. die Pruzzen an der Ostsee, die die polnischen Fürsten ohne Erfolg zu bezwingen suchten. Anfang des 13. Jahrhunderts bat Herzog Konrad von Masowien den Deutschen Orden, einen der aus dem Geist der Kreuzzüge entstandenen geistlichen Ritterorden, um Unterstützung. Kaiser Friedrich II. schuf daraufhin durch die Goldene Bulle von Rimini im Jahre 1226 die rechtliche Grundlage für die Eroberung und Christianisierung des Preußenlandes. Sein Freund und Berater Hermann von Salza, Hochmeister des

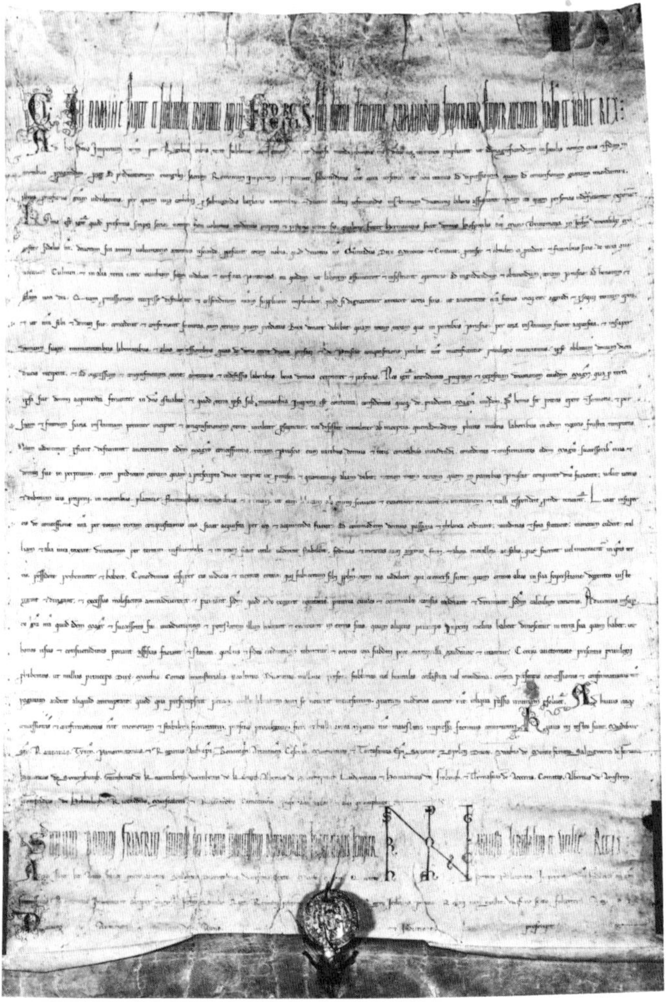

*Goldene Bulle von Rimini vom März 1226, mit der Kaiser Friedrich II. Hohenstaufen die Landesherrschaft des Deutschen Ordens im Kulmerland und Preußen genehmigt (Bildarchiv Preußischer Kulturbesitz)*

*Kaiser Friedrich II. verabschiedet die Ritter des Deutschen Ordens (Foto Marburg)*

Ordens, folgte dem Appell Konrads und wurde vom Kaiser mit dem Kulmer Land und Preußen belehnt.

Nach der Unterwerfung und Christianisierung der Pruzzen und der übrigen Baltenvölker bis Estland konsolidierte sich die politische Macht des Deutschordensstaates längs der Ostsee von Danzig bis Reval. Sitz des Hochmeisters wurde die Marienburg an der Nogat. Deutsche Siedler gründeten in Preußen (östlich der Weichsel) 93 Städte und 1400 Dörfer, brachten deutsches Recht und schufen so ein blühendes Land. 700 Jahre haben sie dieses Gebiet ihre Heimat genannt, viel länger, als das von Europäern kolonisierte Amerika besteht.

Deutsche Siedler kamen auch in andere Teile Mittel- und Osteuropas. König Ottokar II. (1253–1278) und andere förderten die deutschen Siedlungen in Böhmen und Mähren. So entstand vor 700 Jahren das später nach den Sudetengebirgen genannte Sudetenland. Allerdings gehörte das Egerland ursprünglich nicht zum

*Hermannstadt im Jahre 1666. Kupferstich von H. F. Schollenberger (Archiv Göttinger Arbeitskreis)*

*Salzburger Emigranten überschreiten die preußische Grenze. Zeichnung von Adolph Menzel (Archiv Gerstenburg)*

*Die Marienburg an der Nogat, Sitz des Hochmeisters des Deutschen Ritterordens, erbaut im 13. und 14. Jahrhundert (Archiv Göttinger Arbeitskreis)*

Königreich Böhmen, sondern zum Herzogtum Bayern. Eger war eine deutsche Kaufmannssiedlung, die Mitte des 12. Jahrhunderts reichsunmittelbar wurde. Die Burg diente den Staufern als Kaiserpfalz, und dort verkündete Kaiser Friedrich II. die Goldene Bulle für Papst Innozenz III. im Jahre 1213. Erst 1322 verpfändete Kaiser Ludwig der Bayer das Egerland an den Böhmenkönig Johann von Luxemburg. Die Bevölkerung blieb nach wie vor deutsch.

Mittlerweile verstärkte sich der Zug deutscher Siedler in den Südosten über die Karpaten bis in das Moldaugebiet und in die Walachei und darüber hinaus bis an das Schwarze Meer – Bessarabien nördlich und Dobrudscha südlich des Donaudeltas. Es war eine reine Rodungskolonisation; durch sie wurden vor allem die Urwälder des Karpatenbogens erschlossen und viele Städtegründungen ermöglicht. Mitte des 12. Jahrhunderts gründeten Nürnberger Bauern Hermannsdorf (später Hermannsstadt) in Siebenbürgen. Mitte des 13. Jahrhunderts, als die Mongolen Rußland überrannten und Hermannsdorf zerstörten (1241), siedelte König Bela IV. von Ungarn Deutsche hauptsächlich zur Grenzverteidigung in Siebenbürgen an. Im 17. Jahrhundert wurde Siebenbürgen dann habsburgische Provinz.

Das Buchenland, die Bukowina, war von Ruthenen, Rumänen und Deutschen besiedelt. Auch diese Region kam 1775 zu Österreich und wurde ein selbständiges Kronland.

Von den Deutschen im Südosten bildeten die *Donauschwaben* mit 1,5 Millionen Menschen die größte Gruppe. Diese Siedler waren anfangs aus den westlichen Nachbarlandschaften, später zum großen Teil aus den süddeutschen Gebieten beiderseits des Rheins gekommen und siedelten im Ungarischen Becken, im späteren Rumänien und Jugoslawien. Sie folgten nach der Befreiung des Ungarlandes von der Türkenherrschaft dem Ruf des Kaisers zur Wiederbesiedlung entvölkerten Landes. Ein entsprechendes Gesetz wurde 1689 erlassen, die Einwanderung deutscher Bauern und Bergleute in größerem Umfang setzte jedoch erst nach 1723 ein. Das Siedlungsgebiet der »Schwaben«, wie alle deutschen Einwanderer unabhängig von ihrem Herkunftsland, u. a. Rheinpfalz, Hessen, genannt wurden, lag weit zerstreut über die ganze ungarische Tiefebene. Schwerpunkte waren das südwestliche Ungarische Mittelgebirge mit dem Zentrum Budapest, wo 11 000 Einwohner Deutsch als Nationalität und 22 300 als Muttersprache (1941) angaben, die *Schwäbische Türkei* südlich des Plattensees, *Slawonien* zwischen Save und Drau und das westlich daran angrenzende Syrmien.

Ebenfalls von Donauschwaben besiedelt war die *Batschka,* die sich zwischen Donau und Theiß nach Jugoslawien hinein erstreckte, und als bedeutendstes Siedlungsgebiet das östlich der Theiß bis zur Donau und den Karpaten reichende *Banat.* 86 fast rein deutsche Gemeinden und weitere 332 Gemeinden mit deutscher Mehrheit waren über rumänisches, jugoslawisches und ungarisches Gebiet verstreut. Sie waren friedliche, brave Leute, die Donauschwaben, fleißige Bürger, die auch Zeit zur Muße hatten:

Dort im fernen Ungarlande
Freundlich schmuck ein Dörfchen steht,
Rings umrauscht von Waldesrande,
Mild von Segen rings umweht.

An des Dörfchens stillem Saume
Ist ein Hüttlein hingestellt,
Das in seinem schmalen Raume
Wahret meine Herzenswelt. *(Lenau)*

*Ferdinand Porsche (Sudetendeutsches Bildarchiv)*

*Gregor Mendel (Sudetendeutsches Bildarchiv)*

## Kulturelle Leistungen der Ostdeutschen

Welche Rolle spielten diese Ostdeutschen in der deutschen Geschichte? Welche bekannten Deutschen stammten aus dem Osten?

In Posen, damals zu Preußen gehörend, wurden Reichspräsident Paul von Hindenburg (1847) und der Raketenkonstrukteur Wernher von Braun (1912) geboren, in Kulm (Westpreußen) der Führer der Sozialdemokratie, Kurt Schumacher (1894–1952). Aus dem Baltikum stammte der Kunsthistoriker Georg Dehio, 1850 in Reval (Estland) geboren. Zu den berühmten Donauschwaben zählen der Dichter Nikolaus Lenau (Deckname des Niembsch von Strehlenau), geb. 1802 in Csatád in Ungarn, und der Dramaturg und Romancier Adam Müller-Guttenbrunn, geb. 1852 im Banat.

Aus dem Sudetenland stammte der Autokonstrukteur Ferdinand Porsche, geboren 1885 in Maffersdorf bei Reichenberg, Erbauer des ersten Volkswagens, später des Sportwagens, der seinen Namen trägt. Auch er gehört zu den Vertriebenen und starb 1951 in Stuttgart.

Der Naturforscher und Augustinerpater Gregor Mendel stammte aus dem mährischen Heinzendorf (1822) und wirkte in

Brünn, wo er seine Forschungen über die Vererbung in den Mendelschen Gesetzen formulierte. Er starb 1884 in Brünn.

Aus Aicha (Böhmen) entstammten Rudolf und Leopold Blaschka, die 1877–1937 im Dresdener Atelier die weltberühmten Glasblumen im Auftrag der Harvard University anfertigten. Heute kann man über 4000 dieser Glasblumen von erstaunlicher Schönheit in Harvards Botanischem Museum in Boston, USA, bewundern.

Rainer Maria Rilke, einer der großen deutschen Dichter, ist 1875 in Prag geboren. Ebenfalls in Prag wurde Bertha von Suttner geboren (1843), die Weltruhm erlangte, indem sie die Friedensidee volkstümlich machte, u. a. durch ihr großes Werk »Die Waffen nieder«. Sie war die erste Frau, die den Nobelpreis erhielt (1905).

Auch zahlreiche Juden, die zum deutschen Kulturkreis gehören und Unsterbliches dazu beitrugen, stammen aus Böhmen und Mähren. Franz Kafka ist 1883 in Prag geboren und 1890 ebenfalls dort Franz Werfel, das Sprachrohr der Expressionisten; zu erwähnen sind ferner der Philosoph Edmund Husserl, Professor

*Rainer Maria Rilke (Sudetendeutsches Bildarchiv)*

*Gustav Mahler (Sudetendeutsches Bildarchiv)*

in Göttingen und Freiburg im Breisgau, Gründer der Schule der Phänomenologie, geb. 1859 in Proßnitz (Mähren), Sigmund Freud, Begründer der Psychoanalyse, geb. 1856 in Freiberg

*E.T.A. Hoffmann (Bildarchiv Preußischer Kulturbesitz)*

*Käthe Kollwitz (Bildarchiv Preußischer Kulturbesitz)*

(Mähren), und der großartige romantische Komponist Gustav Mahler (1860–1911), geboren in Kalischt (Böhmen), aber untrennbar mit der Stadt Wien verbunden.

Während des Zweiten Weltkrieges, noch vor der Vertreibung aus dem Sudetenland, wurde am 12. August 1944 in Marienbad der hervorragende Heldentenor Peter Hofmann geboren, den jeder Opernfreund nicht nur als großartigen Sänger, sondern auch als überzeugenden Schauspieler kennt.

Und auch in der jüngeren Generation befinden sich unter den Kindern von Vertriebenen viele bekannte Deutsche, von denen man nicht ahnt, daß sie ostdeutsche Vorfahren haben – so Boris Becker, Tennischampion und dreifacher Wimbledon-Sieger, dessen Mutter Elvira, geb. Pisch, Sudetendeutsche aus Kunewald, Kreis Neutitschein, unweit Olmütz und Mährisch Ostrau ist.

Berühmte deutsche Musiker kamen aus Ostpreußen, wie der Opernkomponist Otto Nikolai, geb. 1810 in Königsberg, dessen Oper »Die Lustigen Weiber von Windsor« überall in der Welt zu sehen und zu hören ist. Ebenfalls in Königsberg wurde der Komponist und Dichter E. T. A. Hoffmann geboren. Er gehörte zu den Vorläufern der musikalischen Romantik. Aber auch durch seine Dichtungen wirkte Hoffmann nachhaltig auf die Musikentwicklung, lieferte Stoff u. a. für Wagners Oper »Die Meistersinger von Nürnberg«, für Tschaikowskijs Ballett »Der Nußknakker« und natürlich für Offenbachs Oper «Hoffmanns Erzählungen«. Zu den bekanntesten deutschen Malern zählt Lovis Corinth, geboren 1858 in Tapiau, einer der Führer des Impressionismus und wohl der bedeutendste deutsche Künstler seiner Generation. Als bildende Künstlerin sei vor allem Käthe Kollwitz (1867-1945) aus Königsberg erwähnt, bekannt durch ihren Zyklus zu Gerhart Hauptmanns »Webern« und durch ihre Holzschnittfolge »Der Krieg«. Sie trat auch mit Radierungen und Plastiken hervor.

Ostpreußen ist auch die Heimat zahlreicher Dichter wie Johann Gottfried Herder (1744–1803) und – in unserer Zeit – Agnes Miegel, 1876 in Königsberg geboren, die die Vertreibung noch miterlebte und 1949 einen Band Flüchtlingsgedichte »Du aber bleibst in mir« herausgab:

Es war ein Land, – wir liebten dies Land, –
Aber Grauen sank drüber wie Dünensand.
Verweht wie im Bruch des Elches Spur
Ist die Fährte von Mensch und Kreatur, –
Sie erstarrten im Schnee, sie verglühten im Brand,
Sie verdarben elend in Feindesland,
Sie liegen tief auf der Ostsee Grund,
Flut wäscht ihr Gebein in Bucht und Sund,
Sie schlafen in Jütlands sandigem Schoß, –
Und wir Letzten treiben heimatlos,
Tang nach dem Sturm, Herbstlaub im Wind, –
Vater, Du weißt, wie einsam wir sind!

Im Bereich der Philosophie ragen zwei Namen hervor: Immanuel Kant (1724–1804) aus Königsberg und Arthur Schopenhauer (1788–1860) aus Danzig, der Hauptstadt Westpreußens.

Bei Pommern denken wir zunächst an den Dichter Ewald von Kleist aus Köslin (1715–1759) und natürlich an den in der ganzen Welt gefeierten Maler der Romantik, Caspar David Friedrich, geboren 1774 in Greifswald: »Heilig sollst du halten jede freie Regung deines Gemüts, heilig achten jede fromme Ahndung; denn sie ist Kunst in uns! In begeisternder Stunde wird sie zur anschaulichen Form, und diese Form ist dein Bild.« Das Gefühl für die Größe und Unendlichkeit dieser Kunst ist uns vor allem nach dem Zweiten Weltkrieg aufgegangen. Zu den bedeutendsten Werken des Künstlers gehören »Das Kreuz im Gebirge«, »Kreidefelsen an der Ostküste von Rügen« und das gewaltige Bild »Der Mönch am Meer«, das für die in der Unendlichkeit verlorene Seele des Menschen wohl das erschütterndste

*Joseph Freiherr von Eichendorff (Bildarchiv Preußischer Kulturbesitz)*

*Agnes Miegel (Bildarchiv Preußischer Kulturbesitz)*

*Immanuel Kant (Archiv für Kunst und Geschichte)*

*Caspar David Friedrich. Selbstbildnis (Bildarchiv Preußischer Kulturbesitz)*

Dokument ist. Wir denken auch an den Naturforscher Karl August Dohrn, geb. 1806 in Stettin, sowie an seinen Sohn, den Zoologen Anton Dohrn, geb. 1840 ebenfalls in Stettin.

Bei Schlesien erinnert man sich an den Atomphysiker und Nobelpreisträger Max Born, geb. 1882 in Breslau, an den hervorragenden Dirigenten Otto Klemperer, geb. 1885 in Breslau, an den glänzenden Dichter des deutschen Barock, Andreas Gryphius (geb. 1616 in Glogau), und natürlich an Joseph Freiherrn von Eichendorff (1788–1857) aus Lubowitz bei Ratibor, den Lyriker par excellence, Verfasser von Versen wie: »Es war, als hätt' der Himmel die Erde still geküßt, daß sie im Blütenschimmer von ihm nun träumen müßt.« »Mondnacht« und viele andere Gedichte gehören der allgemeinen deutschen Literaturgeschichte an und sind weit entfernt von nur schlesischer Heimatdichtung. »Mondnacht« wurde von Robert Schumann vertont und gehört zu den am meisten gesungenen klassischen Liedern. Noch schöner vielleicht ist Eichendorffs »Im Abendrot«, das Richard Strauß als letztes seiner 1948 komponierten »Vier letzte Lieder« wählte:

Wir sind durch Not und Freude
gegangen Hand in Hand,
vom Wandern ruhen wir
nun überm stillen Land.

Rings sich die Täler neigen,
es dunkelt schon die Luft,
zwei Lerchen nur noch steigen
nachträumend in den Duft.

Tritt her und laß sie schwirren,
bald ist es Schlafenszeit,
daß wir uns nicht verirren
in dieser Einsamkeit.

O weiter, stiller Friede!
So tief im Abendrot.
Wie sind wir wandermüde –
ist dies etwa der Tod?

*Gerhart Hauptmann (Archiv Göttinger Arbeitskreis)*

## Gerhart Hauptmann in Agnetendorf

Eichendorffs Landsmann Gerhart Hauptmann (1862–1946) erhielt 1912 den Nobelpreis für Literatur und setzte sein Werk bis zu seinem Tode fort. Seine Verzweiflung über die Lage Deutschlands spiegelte sich in den vier Dramen der Atriden-Tetralogie wider, die er 1945 vollendete, als Deutschland in Mord und Chaos versank. Das fünfte Drama der Tragödie schrieb ihm das Leben, und den letzten Satz der sowjetische Oberst Sokolow, der ihm am 7. April 1946 den Ausweisungsbefehl der polnischen Regierung überbrachte. Zunächst hatte zwar Marschall Schukow dem Dichter die Übersiedlung nach Dresden oder Berlin anbieten lassen, aber Hauptmann hatte abgelehnt, was in Polen und auch im Westen Aufsehen erregte. Die Vertreibung machte aber keine Ausnahmen. Auch Greise und Nobelpreisträger blieben vom allgemeinen Schicksal nicht verschont.

»Diesmal komme ich in amtlicher Mission«, sagte Sokolow, der Hauptmann bereits mehrmals besucht hatte. »Ich überbringe Ihnen das letzte Angebot der sowjetischen Militär-Administration. Die Deutschen aus dem Kreise Hirschberg werden nunmehr restlos evakuiert. Die Polnische Regierung besteht darauf. Auch Sie, verehrter Herr Doktor, können nicht länger bleiben, ohne sich in Gefahr zu bringen.«

– »Nun, dann fahren wir eben ...«, sagte Hauptmann so tonlos, daß der Oberst seine Worte zunächst nicht verstand, bis Frau

Margarete ihm die Zusage bestätigte, allerdings noch ohne Termin. Später rief der Greis bewegt: »Gretchen, darf ich mein Schlesien allein lassen?!« Er wurde krank. Das Fieber stieg. Im Todeskampf kamen seine letzten Worte: eine Frage. Kein künstlerisches Vermächtnis, kein Appell an die Welt, kein Wort der Liebe für die wahrhaft geliebte Gattin, sondern eine Frage über die Heimat: »Bin ich noch in meinem Hause?« So starb er, dem Vollzug der Ausweisung zuvorkommend.

Welche Schande, daß gerade diese Frage – bestürzend in ihrer Möglichkeit, die Menschheit tief beschämend – gestellt werden mußte! Am 6. Juni 1946 um 15 Uhr 10 starb er. Beerdigt wollte er im Park des Wiesensteins werden, unter dem Kamm des Riesengebirges. Doch sein Leichnam wurde in die deutsche Sowjetzone überführt und am 28. Juli 1946 in Kloster auf der Insel Hiddensee bei Stralsund beigesetzt.

Unwillkürlich beginnt man hier darüber nachzudenken, wie es überhaupt passieren konnte, daß ein international gefeierter Dichter aus dem eigenen Haus vertrieben werden sollte? Wie konnte es so weit kommen? In Europa, im 20. Jahrhundert?

Die Vertreibung der Deutschen aus ihrer Heimat gehört zur Geschichte des von Hitler entfesselten Krieges. Er trägt die Verantwortung dafür, daß die von ihm ausgelöste Kriegsfurie schließlich auf Deutschland zurückschlug. Die Vertreibung war zwar keine »Antwort« auf die unsagbaren NS-Verbrechen im Osten, in Auschwitz, in Treblinka, in Lidice, usw., zumal die tschechische und die polnische Exilregierung die Vertreibung seit Anfang des Krieges verlangten und die Anglo-Amerikaner sie bereits 1942 prinzipiell genehmigten. Jedoch werden die NS-Verbrechen oft als eine nachträgliche Erklärung oder gar Rechtfertigung der Vertreibung mißbraucht, eine Meinung, die historisch und moralisch unhaltbar und dennoch sehr verbreitet ist.

## *Ostdeutsche im Widerstand*

Die Ostdeutschen sind es gewesen, die am furchtbarsten für die Hitlersche Politik gelitten haben – in doppelter Hinsicht. Noch bevor die Bevölkerung aus ihrer ostdeutschen Heimat vertrieben wurde, war bereits ein beträchtlicher Teil ihrer Führungsschicht Hitler zum Opfer gefallen. Aus dem preußischen Adel und dem preußischen Offizierskorps, verwurzelt in den weiten Landschaften Ostelbiens, war der deutsche Widerstand gegen

*Helmuth Graf von Moltke vor dem Volksgerichtshof in Berlin (Bildarchiv Preußischer Kulturbesitz)*

*Carl Friedrich Goerdeler (Bildarchiv Preußischer Kulturbesitz)*

Hitler wesentlich gespeist worden. Nach dem gescheiterten Aufstand vom 20. Juli 1944 wurden alle führenden Köpfe ergriffen und endeten durch die Hand des Henkers. Erinnert sei hier nur, stellvertretend für viele andere, an Erwin von Witzleben (geb. in Breslau), Ewald von Kleist-Schmenzin (aus Pommern), Peter Yorck Graf von Wartenburg und Helmuth James Graf von Moltke, die Mitbegründer des Kreisauer Kreises in Schlesien, den Theologen Dietrich Bonhoeffer (Breslau) und an Carl Friedrich Goerdeler, geb. in Schneidemühl (Westpreußen), Bürgermeister von Königsberg, dann Oberbürgermeister von Leipzig. Diese Ostdeutschen haben versucht, ihre Heimat zu retten. Aber ist es ihnen gelungen?

Wem gelingt es? – Trübe Frage,
Der das Schicksal sich vermummt,
Wenn am unglückseligsten Tage
Blutend alles Volk verstummt.

Doch erfrischet neue Lieder,
Steht nicht länger tief gebeugt:
Denn der Boden zeugt sie wieder,
wie von je er sie gezeugt.

*Goethe, Faust II, dritter Akt, V. 9931–9938*

# Teil II: Vorgeschichte der Vertreibung – Zwischenkriegszeit und Zweiter Weltkrieg

Zwar wurden Pläne zur Umsiedlung von beachtlichen Bevölkerungsgruppen in großem Maßstabe, von einer Ausnahme (Griechenland/Türkei 1922ff.) abgesehen, erst während des Zweiten Weltkrieges entwickelt und dann auch in die Tat umgesetzt, aber sie hatten eine längere Vorgeschichte. Denn das sog. Minderheitenproblem, durch das sie ursprünglich verursacht und ausgelöst wurden, entstand in vollem Maße bereits durch die Neuordnung, der die europäische Staatenwelt 1919/20 als Ergebnis des Ersten Weltkrieges unterworfen wurde.

Vor 1914 sah die europäische Landkarte ganz anders aus. Die meisten Deutschen lebten entweder im Bismarck-Reich oder in Österreich-Ungarn. Nur wenige »Splittergruppen deutscher Volkszugehörigkeit« im zaristischen Rußland und auf dem Balkan bildeten vor allem eine bäuerliche Bevölkerung oder, wie in den baltischen Ländern, eine bürgerliche und teilweise adlige Oberschicht. Man lebte im Frieden mit dem jeweiligen Landesherrn. Das Problem der »deutschen Minderheiten« in Europa geht zurück auf die Überspitzung des Nationalismus. Akut wurde es nach dem Ersten Weltkrieg durch die Grenzen, die 1919 durch die Pariser Friedensverträge von Versailles, St. Germain und Trianon gezogen wurden.

## Die Pariser Friedensregelung von 1919

In seinen 14 Punkten und mehreren anderen Appellen an die kriegführenden Parteien hatte sich der amerikanische Präsident Woodrow Wilson für das Selbstbestimmungsrecht der Völker ausgesprochen. In seiner denkwürdigen Rede vom 11. Februar 1918 vor beiden Häusern des Kongresses hatte er betont, daß »Völker und Provinzen nicht von einer Landeshoheit zu einer anderen getauscht werden dürfen, als wenn sie Besitz oder Faustpfänder in einem Spiel wären, selbst nicht in dem großen, jetzt für alle Zeiten aufgegebenen Spiel um das Gleichgewicht der Mächte«.

Die Friedenskonferenz in Paris aber folgte dieser Aufforderung nicht. Selbstbestimmung wurde den Besiegten nicht zuerkannt. Millionen Deutsche wurden tatsächlich von einer ›Landeshoheit zu einer anderen getauscht‹, denn das Spiel um das Gleichgewicht der Mächte war keinesfalls aufgegeben worden.

Teile der Slawen hatten das Selbstbestimmungsrecht vor dem Ersten Weltkrieg noch nicht erlangt. Dazu gehörten die Kroaten, die Tschechen und Slowaken sowie die Polen – aber auch die 40 Millionen Ukrainer in Rußland. Serbische Nationalisten hatten im Namen ihres Ideals, nämlich der Gründung eines südslawischen Staates, das Attentat auf das österreichische Thronfolgerpaar in Sarajewo am 28. Juni 1914 verübt und damit den Anlaß für den großen Krieg geliefert. Während des Krieges setzten slawische Nationalisten ihre Bemühungen um die vollständige Selbständigkeit fort.

*Eduard Benesch (Bildarchiv Preußischer Kulturbesitz)*

Besonders erfolgreich waren die Tschechen Thomas Masaryk und Eduard Benesch in Amerika. Zunächst gewannen sie die Vertreter der Slowaken in den USA für einen gemeinsamen Staat, indem sie den Slowaken Autonomie zusicherten. Sie erlangten schließlich auch die Unterstützung von Präsident Wilson, der in Punkt 10 seiner 14 Punkte nur der Autonomie für die Slawen in der Doppelmonarchie gedachte. Nun galt es, den Vielvölkerstaat Österreich-Ungarn ganz aufzulösen.

Alle slawischen Nachfolgestaaten der Donaumonarchie erhielten 1918/19 als Einwohner neben ihren Staatsvölkern auch beträchtliche nationale Minderheiten; so blieben fünf Millionen Deutsche außerhalb Österreichs und bildeten einen potentiellen Krisenherd in der Tschechoslowakei, in Polen, Italien, Jugoslawien und Ungarn. Der Vertrag von St. Germain schnitt Österreich von seinen Industrien und Erzen ab, die sich zum größten Teil in den deutschbesiedelten Gebieten von Österreichisch-Schlesien und dem Sudetenland befanden. Nur ein Kernstaat mit einer stark verringerten Bevölkerung von nicht einmal 7 Millionen blieb bestehen. Der Vielvölkerstaat Österreich-Ungarn wurde aufgespalten. Gleichzeitig wurde der Vielvölkerstaat Tschechoslowakei gegründet. Außer Tschechen (46 Prozent) und Slowaken (13 Prozent) lebten dort Polen (2 Prozent), Ruthenen (3 Prozent), Ungarn (8 Prozent) und 3,5 Millionen Deutsche (28 Prozent).

Zwar hatten die Vertreter der Deutschen, auch die Sozialdemokraten unter Josef Seliger, das Selbstbestimmungsrecht auch für sich gefordert. Aber ihre Resolutionen wurden in Paris nicht gehört. Nur die amerikanische Expertenkommission unter Leitung des Harvard-Professors Archibald Coolidge wies bei den Friedensverhandlungen in einem Bericht vom 10. März 1919 an die amerikanische Delegation darauf hin, daß sich die Deutschen möglicherweise als »unverdaulich« erweisen würden. Coolidge faßte zusammen:

»Würde man den Tschechoslowaken das ganze Gebiet zuerkennen, das sie beanspruchen, so wäre das nicht nur eine Ungerechtigkeit gegenüber vielen Millionen Menschen, die nicht unter tschechische Herrschaft gelangen wollen, sondern es wäre auch für die Zukunft des neuen Staates gefährlich und vielleicht verhängnisvoll. ...«

Wenige Tage vor Coolidges Bericht hatten die Deutschen in der Tschechoslowakei friedlich für ihr Selbstbestimmungsrecht demonstriert. Dabei waren am 4. März 1919 vierundfünfzig deutsche Zivilisten von tschechischem Militär getötet und vierundachtzig schwer verletzt worden. Darüber berichtete Coolidge: »Das Blut, das am 4. März geflossen ist, als tschechische Soldaten in mehreren Städten auf die deutsche Menge feuerten, ... ist auf eine Art und Weise vergossen worden, die nur schwer verziehen werden kann.«

Diese Gefahren veranlaßten Coolidge zu dem Vorschlag, »daß die österreichische Grenze in Ober- und Niederösterreich sich der vorhandenen ethnischen Grenze so eng wie möglich annähern« solle, während im Westen »der Distrikt Eger, der kein Teil des ursprünglichen Böhmens ist, zu Bayern kommen sollte, falls er es wünscht«. Den deutschen Industriegebieten in Nordböhmen sollte gestattet werden, sich Sachsen anzugliedern, wobei in strittigen Gebieten zugunsten der Tschechen zu entscheiden sei. ... Das Gebiet der Sudetengebirge, »das leicht von Böhmen und Mähren zu trennen wäre«, sollte die Erlaubnis erhalten, »als kleiner Staat in der neuen deutschen Republik oder vereinigt mit dem preußischen Schlesien zu existieren«. Dieser Vorschlag hätte immer noch ein paar hunderttausend Deutsche unter tschechischer Herrschaft gelassen, was kaum zu vermeiden gewesen wäre, denn in mehreren Gebieten lebten Deutsche und Tschechen ziemlich gemischt. Doch die Empfehlungen der Coolidge-Kommission und die wiederholten Proteste der österreichischen Regierung wurden bei der endgültigen Grenzziehung völlig mißachtet, und alle umstrittenen Gebiete gingen ohne Volksabstimmung an die Tschechoslowakei.

Weitere 1,5 Millionen Deutsche verblieben als Minderheiten in den übrigen Nachfolgestaaten Österreich-Ungarns. Eine halbe Million, die früher Wien bzw. Budapest als ihre Hauptstadt angesehen hatte, wurde in den Grenzen des neuen Staates Jugoslawien eingeschlossen. Es waren hauptsächlich die Banater Schwaben, die Batschkaer, Syrmier und die Slawonien-Deutschen. In Rumänien verblieben 750 000 Deutsche, vor allem Siebenbürger Sachsen, Banater Schwaben, Bessarabien- und Bukowina-Deutsche.

In Trianon-Ungarn verblieben 550 000 Deutsche. Dies stellte aber keine unmittelbare Verletzung des Selbstbestimmungsrechtes der Ungarndeutschen dar wie etwa im Falle der Sudetendeutschen. Im Falle Ungarns waren die Deutschen zu sehr verstreut, und eine ethnische Grenzziehung wäre nicht praktikabel gewesen.

In Italien, wo eine solche Grenzziehung durch Südtirol durchaus möglich gewesen wäre, mußten von den Siegermächten alte politische Verpflichtungen eingelöst werden. Im geheimen Londoner Vertrag, mit dem Italien 1915 an der Seite der Entente in den Krieg gegen die Mittelmächte eintrat, war ihm Südtirol bis zum Brenner als »strategische Grenze« versprochen worden. Gemäß dieser Vereinbarung mußte Österreich im Friedensvertrag von St. Germain dieses Gebiet abtreten, obwohl damals nur 3 Prozent der 242 000 Einwohner italienischer Herkunft waren.

Das Selbstbestimmungsrecht blieb auch den Deutschen in den durch den Versailler Vertrag vom Deutschen Reich abgetrennten Gebieten weitgehend versagt. Ohne Plebiszit wurde Danzig zur Freien Stadt erklärt, während die Provinz Posen und ein Großteil von Westpreußen zu Polen geschlagen wurden. Die Plebiszite in Marienwerder und Allenstein wiesen Mehrheiten von über 90 Prozent für den Verbleib bei Deutschland auf. Die Volksabstimmung 1921 in Oberschlesien ergab 59,6 Prozent für Deutschland, doch infolge der polnischen Aufstände unter Wojciech Korfanty entschied sich die Völkerbundskommission, Oberschlesien zu teilen, und zwar so, daß der wirtschaftlich wertvollste Teil mit den größten Bodenschätzen an Polen übergeben wurde, einschließlich Kattowitz und Königshütte, die zu 85 Prozent bzw. 75 Prozent für das Verbleiben bei Deutschland gestimmt hatten.

Auch in den Gebieten, die von Rußland und Österreich an Polen fielen – Mittelpolen mit Lodz, Wolhynien, Galizien und das Teschener Schlesien –, wohnten viele Deutsche. So lebte eine deutsche Minderheit von mehr als zwei Millionen Menschen im neugegründeten Staat Polen.

Da durch die Pariser Verträge so viele Menschen deutscher Volkszugehörigkeit außerhalb der Grenzen Deutschlands und Österreichs belassen wurden, versuchte man, das Nationalitätenprinzip durch Minderheitenschutzverträge im Rahmen des Völkerbundes zu retten. Darin verpflichteten sich Polen und die Tschechoslowakei, den Deutschen eine gewisse kulturelle Autonomie und die rechtliche Gleichstellung mit der Mehrheit der slawischen Staatsbürger zu garantieren.

Beide Staaten fanden indessen in den folgenden Jahren diese Verpflichtungen lästig und erklärten immer wieder, das Minderheitensystem sei eine unerträgliche Beeinträchtigung ihrer nationalen Souveränität. So wurde es eher zur Regel als zur Ausnahme, sich über die Verträge hinwegzusetzen.

Aber die deutschen Minderheiten wurden nicht überall gleichmäßig schlecht behandelt. In den baltischen Staaten wurden sie weniger benachteiligt als in Polen oder in der Tschechoslowakei. Zwischen den Kriegen lebten 30 000 Deutsche in Litauen, 70 000 in Lettland und 20 000 in Estland. In Estland und Lettland wurden alle deutschen Güter bis auf eine unter dortigen Ertragsverhältnissen nicht ausreichende Fläche von je 50 Hektar enteignet; in Lettland wurden die Deutschen auch sonst unterdrückt. Besser war es in Estland, vor allem als Folge des estnischen Gesetzes von 1925 über die Kulturselbstverwaltung der völkischen Minderheiten, die völlig neue Wege bei der Lösung der Minderheitenfrage einschlug. Leider wurde dieses Beispiel weder in der Tschechoslowakei noch in Polen zur Kenntnis genommen.

# Die Deutschen in Polen und in der Tschechoslowakei 1919 bis 1938

Zwischen 1919 und 1934 sind mehrere tausend Proteste von Deutschen in Polen an den Völkerbund gerichtet worden, die über Verletzungen des Minderheitenabkommens vom 28. Juli 1919 klagten.

Hauptursache bildeten die weitverbreitete Enteignung deutscher Bauernhöfe und die Zwangsräumung deutschen Besitzes. Ein typischer Fall kam sogar vor den Haager Gerichtshof, der am 10. September 1923 sein Gutachten abgab. Das Gericht befand, »daß die angefochtenen Maßnahmen praktisch eine Aufhebung legaler Rechte sind, die den Bauern vertraglich zustehen. Da die Maßnahmen tatsächlich gegen eine Minderheit gerichtet sind, die einer diskriminierenden und ungerechten Behandlung ausgeliefert wird, der andere Bürger mit Verträgen über Kauf und Pacht nicht unterworfen sind, stellen sie einen Bruch der von Polen eingegangenen Verpflichtungen innerhalb des Minderheitenabkommens dar.«[1]

Solche Fälle tauchten oft vor Gericht oder in Petitionen auf, die bis zum Jahre 1934 dem Völkerbund zugingen, als die polnische Regierung sich schließlich von dem Minderheitenschutzabkommen einseitig lossagte.

Niemand konnte verlangen, daß die derart benachteiligten Minderheiten dem Staat besonders positiv gegenüberstünden. Sie erfüllten ihre staatsbürgerlichen Pflichten, dienten in der polnischen Armee, hielten sich streng an die Gesetze und verhielten sich »loyal«. Doch darüber hinaus eine »patriotische« Haltung zu fordern und erst darin einen Beweis von »Loyalität« zu sehen, widersprach dem gesunden Menschenverstand. Das aber verlangte der polnische Staat von seiner deutschen Bevölkerung, die erst 1919 durch die Grenzziehung des Versailler Vertrages zu einer Minderheit gemacht worden war. So entstand ein Teufelskreis, der schließlich das ganze Minderheitenschutzsystem des Völkerbundes zunichte machte.

Hitlers Aufstieg in Deutschland 1933 änderte die Lage der Volksdeutschen zunächst kaum. Mit Polen schloß er einen Nichtangriffspakt und Freundschaftsvertrag am 26. Januar 1934; noch waren die Volksdeutschen keine Komponente der Hitlerschen Politik. Doch allmählich entdeckte Hitler ihren propagandistischen Wert, und so mißbrauchte er die legitimen Ansprüche der Volksdeutschen, um üble Hetze gegen die Polen und Tschechen zu betreiben. Nationalsozialistische Unterwanderung mancher kultureller Organisationen machte einige bis dahin lediglich unzufriedene Volksdeutsche zu illoyalen Elementen, die später die Rolle des Wegbereiters des Hitlerschen Expansionsdranges spielen sollten.

So suchte der Führer der Sudetendeutschen Partei, Konrad Henlein, schließlich seine Zuflucht bei Hitler. Seine Forderungen im sogenannten »Karlsbader Programm« vom April 1938 waren z. B. bereits mit Hitler abgesprochen worden. Wie vorauszusehen, lehnte Präsident Benesch das Karlsbader Programm ab, und damit erhielt Hitler Gelegenheit, mit Gewaltdrohungen die Lage zuzuspitzen.

Leider hatten aber die Tschechen selbst Anlaß zu den Aktivitäten Henleins gegeben, denn die Arbeitslosigkeit unter den Sudetendeutschen war hoch, und sie wurden vor allem im Staatsdienst und im Alltag diskriminiert.

Professor Arnold Toynbee, der 1937 die Tschechoslowakei besuchte, schrieb darüber im Economist: »Spricht man mit einem Tschechen über die Minderheitenfrage in der Tschechoslowakei, so fängt er gewöhnlich mit der allgemeinen Behauptung an, daß die Tschechoslowakei eine Demokratie sei. Und spricht man dann mit einem Angehörigen der deutschen Minderheit, so wird man gewahr, daß gerade diese Behauptung wie das rote Tuch auf einen Stier wirkt. In Wahrheit ist selbst ein traditionsreiches und in sich völlig gefestigtes demokratisches Verfassungsleben nur sehr schwer auf eine Minderheit anzuwenden, die unter der gegebenen Herrschaft eben einfach nicht leben mag. Wir wissen selber am besten, daß wir es nie fertig bekommen haben, unsere britische Spielart von Demokratie auf unsere Herrschaft über Irland anzuwenden. Und was die Methoden betrifft, mit denen die Tschechen heute ihre Vorherrschaft über die Sudetendeutschen ausüben, so sind sie einfach undemokratisch.«

Als sich die Lage im Sommer 1938 verschlechterte, reiste Viscount Walter Runciman als Vertrauter des britischen Premierministers Chamberlain in einer Friedensmission nach Prag und in das Sudetenland. Er sprach mit beiden Seiten und scheiterte. In einem Bericht an Premierminister Chamberlain stellte er fest: »Tschechische Beamte und tschechische Polizei, die kein Deutsch sprechen, wurden in großer Anzahl in rein deutschen

Bezirken eingesetzt; tschechische Landwirte wurden aufgefordert, sich auf Ländereien anzusiedeln, die durch die Landreform mitten im deutschen Siedlungsgebiet beschlagnahmt worden waren; für die Kinder dieser tschechischen Eindringlinge wurden in großem Maßstab Schulen gebaut; ganz allgemein herrscht die Ansicht, daß tschechische Firmen vor den deutschen mit Staatsaufträgen bevorzugt wurden und daß der Staat Arbeit und Hilfe bereitwilliger für Tschechen als für Deutsche beschaffte. Ich halte diese Beschwerden für berechtigt. Selbst jetzt noch, während meiner Mission, konnte ich bei der tschechoslowakischen Regierung keine Bereitwilligkeit entdecken, auch nur für annähernd ausreichende Abhilfe zu sorgen. ...«

Aber nicht alle Sudetendeutschen waren für eine radikale Lösung. Die große sudetendeutsche sozialdemokratische Bewegung unter Wenzel Jaksch und Ernst Paul wollte nichts mit Hitler zu tun haben. Sie strebte die Autonomie für die Sudetendeutschen an, aber keinen Anschluß an Nazi-Deutschland.

Selbst in Deutschland gab es Kreise, die Hitlers Machenschaften in der Sudetenfrage ablehnten. Verantwortliche Offiziere wollten keinen europäischen Krieg und beschlossen, Hitler zu verhaften, um seinem »va-banque«-Spiel ein Ende zu bereiten. General Ludwig Beck entwarf zusammen mit den Generälen Halder, Oster und von Witzleben Staatsstreichpläne. Aber die »Appeasement«-Politik des britischen Regierungschefs Chamberlain machte diese Pläne politisch undurchführbar.

Die persönliche Vermittlung Chamberlains vollzog sich zunächst in den Verhandlungen in Berchtesgaden am 15./16. September 1938, in denen er das nationale Selbstbestimmungsrecht der Sudetendeutschen anerkannte. Auf der Grundlage des von Lord Runciman vorgelegten Berichts empfahlen die britische und die französische Regierung am 19. September 1938 der tschechoslowakischen Regierung nachdrücklich die Abtretung des Sudetenlandes an das Deutsche Reich gegen Garantie der neuen Grenzen. Am 21. September erfolgte die Annahme des anglo-französischen Vorschlages durch die Tschechoslowakei. Trotzdem scheiterte das zweite Gespräch zwischen Hitler und Chamberlain in Bad Godesberg vom 22. bis 24. September 1938 an weitergehenden Forderungen Hitlers. Jetzt war der Augenblick für General Ludwig Beck gegeben, um einzugreifen. Aber Chamberlain bemühte sich weiter, und Hitler lenkte ein.

Dann kam es durch Vermittlung Mussolinis am 29. September 1938 zur Zusammenkunft in München, an der der französische Ministerpräsident Daladier, der britische Premierminister Cham-

*Der britische Premierminister Neville Chamberlain versucht anläßlich der Münchener Konferenz 1938 den Frieden in Europa zu bewahren (Bildarchiv Preußischer Kulturbesitz)*

berlain sowie Mussolini und Hitler teilnahmen. Nur die Tschechoslowakei fehlte. Das Münchener Abkommen regelte jedoch nur die Bedingungen und Modalitäten der Besetzung des Sudetengebietes, nicht aber die Abtretung selbst, die von der Tschechoslowakei gegenüber Großbritannien und Frankreich bereits am 21. September verbindlich zugesagt worden war. Am Morgen des 30. September teilte der tschechoslowakische Außenminister Krofta den französischen, englischen und italienischen Gesandten mit, daß die tschechoslowakische Regierung die gefällte Entscheidung annehme.

Die Welt konnte – für den Augenblick – aufatmen. »Peace in our time« meinte Chamberlain. Zwar empfanden viele den Vertrag mit Hitler als widerwärtig, doch erschien ihnen die Alternative eines Kriegs noch schlimmer. So schrieb Toynbee von einem »Gefühl von ätzendem moralischem Unbehagen« bei der Aussicht, »für das Gleichgewicht der Mächte zu kämpfen in Mißachtung des Nationalitätenprinzips«.

In einer Zusatzerklärung zum Münchener Abkommen wiederholten England und Frankreich ihre Garantiebereitschaft vom 21. September hinsichtlich der neuen tschechoslowakischen Grenzen. Hitler erklärte, nach der Regelung der ungarischen und polnischen Minderheitenfrage in der Tschechoslowakei diesem Staate ebenfalls eine Grenzgarantie zu geben. Man glaubte seiner Beteuerung, wie er sie in seiner Rede vom 26. September 1938 im Sportpalast formuliert hatte, daß, »wenn dieses Problem gelöst ist, es für Deutschland in Europa kein territoriales Problem mehr gibt«. Doch am 15. März 1939, kaum ein halbes Jahr später, marschierten deutsche Truppen in Prag ein. Aus der Rest-Tschechoslowakei wurde das sog. »Reichs-Protektorat Böhmen und Mähren« und der autonome Staat Slowakei. Damit verspielte Hitler seine ohnehin geringe Glaubwürdigkeit im Ausland. Er hatte das Selbstbestimmungsrecht nur als Mittel verwendet und sofort wieder verworfen, als er dafür keine Verwendung mehr hatte.

Noch einmal sollte es Hitler gelingen, Land zu erobern, ohne Krieg zu führen. Am 22. März 1939 »kehrte das Memelland zum Reich zurück«. Dann sollte Danzig an die Reihe kommen. Natürlich gemäß dem Selbstbestimmungsrecht! Aber die Engländer und Franzosen nahmen diese Argumentation nicht mehr hin.

Die Nazi-Presse tobte: »Mord an Volksdeutschen in Polen«, »Terror gegen deutsche Mütter«, »Wieder Grenzzwischenfälle«. Hitler brauchte eine scheinbar überzeugende Rechtfertigung, um den Krieg gegen Polen auszulösen. Zwar stimmte es, daß Volksdeutsche es in Polen schwer hatten, daß vereinzelte Ausschreitungen und Morde vorkamen, daß viele Volksdeutsche verhaftet wurden. Aber die Goebbelssche Propaganda übertrieb um ein Vielfaches. Die Polen wußten, was vor wenigen Monaten den Tschechen passiert war. Sie wollten nicht das nächste Opfer Hitlerscher Expansion werden. Sie weigerten sich, über Danzig zu verhandeln, denn sie hatten Hitler durchschaut. Es ging gar nicht um Danzig oder um das Selbstbestimmungsrecht der Danziger. Es ging um das Überleben Polens als Staat. Bereits am 31. März 1939, zwei Wochen nach dem deutschen Einmarsch in Prag, hatten sie eine Garantie von England und Frankreich erhalten.

Aber Hitler glaubte nicht an diese Garantie. Er suchte sich indessen einen Verbündeten im Osten. Stalin hatte lange mit den Westmächten verhandelt. Ein gegen Deutschland gerichteter Vertrag scheiterte daran, daß Stalin Ansprüche auf die baltischen Staaten stellte, die London und Paris zu gewähren nicht bereit waren. Hitler dagegen opferte die baltischen Staaten und fand in Stalin einen ebenso kaltblütigen Partner. Zwischen dem sowjetischen Außenminister Molotow und seinem deutschen Kollegen von Ribbentrop wurde dann die geheime Vereinbarung getroffen, Polen unter sich aufzuteilen. Am 1. September löste Hitler den Krieg aus.

## Polnische Ausschreitungen gegen Deutsche nach Kriegsbeginn

Die ersten Opfer des Krieges waren die Volksdeutschen. Nach jahrelang vorbereiteten Listen, z. T. in der Regie unterer Organe, wurden 15 000 Deutsche in das östliche Polen verschleppt. Angst und Wut über die deutschen Siege führten zu Hysterie. Überall sah man »Spione« bzw. »fünfte Kolonnen«. Mehr als fünftausend Volksdeutsche wurden in den ersten Tagen des Krieges ermordet.[2] Sie waren Geiseln und Sündenböcke zugleich. In Bromberg spielten sich am 3. September grauenvolle Szenen ab, aber nicht nur dort, sondern an vielen Orten in der ganzen Pro-

*Ausländische Journalisten in Bromberg im September 1939 (Bundesarchiv Koblenz)*

*Im September 1939 erschlagene Volksdeutsche in Polen (Bundesarchiv Koblenz)*

vinz Posen, in Pommerellen und überall, wo deutsche Minderheiten lebten.

Deutsche Militärrichter erhielten den Auftrag, die Ausschreitungen gegen die Volksdeutschen zu untersuchen. 593 Zeugen wurden eidlich vernommen. Ihre Protokolle sind im Aktenbestand der Wehrmacht-Untersuchungsstelle im Bundesarchiv-Militärarchiv in Freiburg i. Br. nachzulesen.

Es folgen einige wenige Beispiele aus diesen Protokollen. So berichtete Martha Kutzer am 10. September 1939 in Bromberg eidlich vor Marineoberkriegsgerichtsrat Dr. Schattenberg:[3]

## *Das Zeugnis der Martha Kutzer*

»Am Sonntag, dem 3. September 1939, drangen wieder Soldaten in unsere Wohnung ein, um eine Haussuchung nach Waffen durchzuführen. Unsere Männer mußten unterdessen auf den Hof gehen. Von meinem Sohn, dem Pfarrer Richard Kutzer, verlangten sie das Motorrad. Mein Sohn mußte die Hände hochheben, während ein Soldat das Motorrad herunterschleifte und dann wissen wollte, wie das Motorrad funktionierte. Mein Sohn wurde anschließend von Soldaten abgeführt. Es waren auch Bengels von 16 und 17 Jahren dabei. An der Ecke der Straße bekam mein Sohn einen Hieb mit dem Gewehrkolben vor den Magen. Ich beobachtete dies vom Fenster aus. Mein Sohn taumelte etwas. Ein Soldat schlug ihn dann erneut mit dem Gewehrkolben über die Schulter. Mein Sohn fiel auf die Erde und bewegte sich im Taumel auf der Erde. Da rissen sie ihn wieder hoch, dann mußte er die Hände hoch heben. Sie führten ihn weg. Diesen Vorgang haben mein Mann, Otto Kutzer, und Richard Hoffmann noch mit angesehen. Beide sind jetzt auch tot.«

Am 14. Oktober 1939 sagte die Zeugin Fräulein Lisbeth Busse vor Oberstkriegsgerichsrat Dr. Boetticher eidlich aus:[4]

## *Das Zeugnis der Lisbeth Busse*

»Das polnische Militär hat meine beiden Eltern, Franz und Ida Busse, meine Tante, Klara Busse und meinen Bräutigam Erwin Dietrich ermordet.

In der Nacht von Montag, den 4., zu Dienstag, den 5. September, waren mein Vater und mein Bräutigam in den Wald geflohen. Es schoß immerzu. Wir dachten bereits, die Deutschen seien im Anmarsch. Da kam in der Nacht noch eine Frau und sagte, es sei alles voll polnischem Militär, die Deutschen müßten überall flüchten, ich sollte auch fliehen. Ich floh dann mit unserem 20jährigen Knecht, Hans Neubauer, auch in den Wald. Nach ein paar Stunden wurden wir bereits von polnischen Soldaten aufgegriffen. Diese führten uns zu einem anderen Soldaten, der eine Vorgesetztenstellung gehabt haben muß, denn er erteilte wiederholt Befehle an andere. Was für einen Dienstgrad er bekleidet hat, konnte ich nicht feststellen. Diesen fragte ich, ob wir nach Hause gehen dürften. Er sagte: ›Was, ihr seid Deutsche; aus euch werden wir Stücke machen.‹ Ich sagte: ›Ich möchte wenigstens meine Mutter noch einmal sehen, die im Hause zurückgeblieben ist.‹ Er sagte daraufhin zu einem Soldaten: ›Es ist gut, nimm sie mit und erschieße sie alle beide.‹

Der Soldat ging dann mit Neubauer und mir in unser Haus. Dort war aber niemand mehr. Meine Mutter und meine Tante Klara waren offensichtlich auch geflüchtet. Der Soldat wußte nun nicht, was er machen sollte. Er sagte zu mir: ›Wenn Du tust, was ich will, dann kannst Du hier bleiben.‹ Als ich mich weigerte, sagte er, wir müßten zur Kommando-Stelle mitkommen. Er führte uns dann wieder fort. Unterwegs trafen wir an einer Stelle mehrere Soldaten. Diese wurden von unserem Soldaten gefragt, wo die Kommando-Stelle sei. Als er nun hörte, daß die Kommando-Stelle noch ziemlich weit weg war, sagte er: ›Dann erschieß ich sie gleich, der Kommandeur erschießt sie ja doch; er erschießt die Deutschen wie die Hunde.‹ Einige Soldaten meinten dann wieder, er solle das doch lieber nicht machen. Während sie noch beratschlagten, was mit uns geschehen sollte, kamen zwei oder drei Soldaten vorbei, die einen Mann führten, dem die Augen verbunden waren. Als sich herausstellte, daß sie ihn zur Kommando-Stelle brachten, wurden wir diesem Soldaten übergeben. Uns wurden auch die Augen verbunden, und wir mußten ein Stück mit verbundenen Augen marschieren. Schließlich hieß es, daß wir angekommen seien. Die Soldaten, die um uns herumstanden, erzählten uns dauernd, daß wir nun bald erschossen werden würden. Schließlich kam jemand an uns heran, der, wie sich nachher herausstellte, der Kommandeur war; er fragte uns nach unseren Personalien und entschied schließlich, wir sollten nicht erschossen werden. Dann wurden uns auch die Tücher von den Augen abgenommen. Wir erhielten einen Schein, in welchem stand, daß wir Deutsche, aber polnischer Staatsangehörigkeit seien, und bekamen die Weisung, nach Hohensalza zu gehen. Als ich sagte, wir kämen ja doch nicht hin, da uns die Soldaten unterwegs erschießen würden, schickte er einen Soldaten mit, der uns bis an die Chaussee begleitete. Mit den Flüchtlingen bin ich dann noch bis 20 km hinter Kruschwitz marschiert. Das Papier habe ich zerrissen.

Erst am 11. September 1939 kehrte ich nach Hause zurück. Ich hörte dort, daß der Vater bereits in der Nähe des Waldrandes erschossen aufgefunden worden war. Am Donnerstag, den 14. September fand ich auf einer Wiese in der Nähe des Jesuitersees meinen Bräutigam tot liegen. Es war gerade sein Geburtstag. Er lag dort alleine. Er hatte einen Stich in der Seite, auch waren ihm die Augen zugestochen, von den Zähnen war überhaupt nichts mehr zu sehen.

Meine Mutter wurde am 17. September 1939 im Wald gefunden. Sie war sitzend begraben worden. Sie hatte drei Stiche im Unterleib. Meine Tante Klara wurde am 24. September 1939 auf unserer Wiese auf dem Gesicht liegend tot gefunden. Wir erkannten sie an ihren Bekleidungsstücken. Welche Verletzungen sie hatte, weiß ich nicht.

Ich stehe jetzt ganz alleine. Geschwister habe ich nicht.«

Am 20. September 1939 sagte der Maurer Adolf Düsterhöf in Schwersenz vor Kriegsgerichtsrat Dr. Horst Reger eidlich aus.[5]

## *Das Zeugnis des Adolf Düsterhöf*

»Am Montag, den 4. September 1939, wurden mein Sohn Arthur – geb. am 23. September 1909 – und ich auf Denunziation von polnischen Nachbarn vom Militär verhaftet. Wir wurden auf die Polizei gebracht. Man warf uns vor, wir hätten Funkverbindung mit den deutschen Fliegern gehabt, die am Tage vorher Schwersenz bombardiert und dabei eine Gartenlaube getroffen hatten. Menschenleben waren aber nicht zu beklagen gewesen, obwohl das Häuschen bewohnt war. Während ich auf dem Wege zur Polizei nicht geschlagen worden war, erhielt mein Sohn von uns bekannten Zivilisten mehrere Schläge. Ich wurde am Abend von der Polizei entlassen und konnte nach Hause zurückkehren. Am folgenden Tage wurde mein Sohn mit den anderen inhaftierten Deutschen gefesselt auf Wagen weiter nach Osten gebracht.

Am Sonntag, dem 10. September 1939, erfuhr ich endlich durch eine Nachbarsfrau, daß sie gehört hätte, ihr Mann und mein Sohn wären von den Polen erschossen worden. Das Gerücht bestätigte sich, denn am 14. September 1939 kamen die Leichen nach Schwersenz zurück, und ich hatte Gelegenheit, die Leiche meines Sohnes und die des Arbeiters Kelm zu sehen. Beide Leichen waren in gleicher Weise zugerichtet:

Die Knochen im Gesicht waren eingeschlagen, die Augen waren ausgestochen, und die Körper wiesen Verletzungen von einem Schusse auf. Außerdem war der Bauch meines Sohnes aufgeschnitten, so daß die Gedärme heraushingen. Wie ich gehört habe, sollen die Leichen der übrigen Deutschen ebenso zugerichtet gewesen sein.

Unsere ganze Familie ist polnischer Staatsangehörigkeit gewesen und hat dem polnischen Staat gegenüber durchaus ihre Pflicht erfüllt. So ist mein Sohn auch zwei Jahre beim polnischen Heere gewesen. Mein Sohn hat, wie auch meine Tochter, der Jungdeutschen Partei angehört. Sonst ist er aber politisch den Polen gegenüber nie hervorgetreten.«

Über die Verschleppungsmärsche berichtete am 14. Oktober 1939 Dietrich Schmeichel aus Thorn vor Kriegsgerichtsrat Dr. Reger:[6]

## *Das Zeugnis des Dietrich Schmeichel*

»Am 3. September 1939 wurde ich zusammen mit meinen zwei Brüdern durch polnisches Militär unter Führung eines Leutnants verhaftet und in das Gefängnis eingeliefert. Als Verhaftungsgrund wurde angegeben, daß wir deutschen Fliegern Blinkzeichen gegeben hätten. Dies entsprach nicht der Wahrheit. Auf dem Weg zum Gefängnis wurden wir vom polnischen Pöbel schwer mißhandelt. Mir wurde das Nasenbein zerschlagen. Meinem Bruder wurde eine erhebliche Halsverletzung beigebracht. Die Wachsoldaten lachten über diese Mißhandlungen und ermunterten den Pöbel sogar hierzu, indem sie dem Pöbel zuriefen: ›Seht, das sind deutsche Spione!‹

Gegen 12 Uhr begann unser Internierungsmarsch, der von Thorn über Alexandrowo-Kutno bis Warschau führte. Unser Zug bestand aus Männern im Alter von 16 bis etwa 80 Jahren, etwa 50 Frauen und einem Kind im Alter von 4 Jahren. Der

Marsch betrug mit Umwegen mindestens 350 km, die zu Fuß und ohne Verpflegung und Wasser zurückgelegt werden mußten. Bereits beim Abmarsch wurden wir durch Kolbenstöße, Fußtritte und Bajonettstiche durch PWu-Leute schwer mißhandelt. Ich erhielt hierbei 10–15 Stiche und Kolbenschläge. Die Stiche waren leichterer Art, doch verursachten sie blutige Verletzungen. Ich sah, daß einem Kameraden durch einen PWu-Mann das Gesäß durchstochen worden ist. Ein Grund für diese Mißhandlungen lag nicht vor. – Hinter Alexandrowo wurde ein Volksgenosse, der hinter einem Baume austreten wollte, ohne weiteres von einem PWu-Mann erschossen. Dies verursachte eine Panik unter uns Deutschen. Sie versuchten, aus Furcht, ebenfalls erschossen zu werden, zu fliehen und wurden sofort aus Gewehren beschossen. Hierbei wurden etwa 30–40 Volksgenossen erschossen oder schwer verletzt. Diese Anzahl habe ich mit eigenen Augen liegen sehen. Eine Frau lag schwer verletzt und laut schreiend auf dem Erdboden. Dies veranlaßte unseren Transportführer, den berüchtigten Hauptmann Drzewiecke, oder seinen Adjutanten, einen Fähnrich – genau kann ich es nicht angeben –, die Frau durch 6 Schüsse aus seinem Browning zu töten. Dies war nach Abgabe der 6 Schüsse noch immer nicht gelungen. Da die Frau noch immer jammerte, befahl der Offizier einem PWu-Mann, die Frau durch Gewehrschüsse zu töten. Dieser gab einen Schuß auf die Frau ab, worauf das Jammern endlich verstummte. Der Täter muß der Hauptmann Drzewiecke oder auch sein Adjutant gewesen sein, denn diese beiden waren die einzigen Offiziere in unserer Gruppe, die einen Schulterriemen trugen. . . . Nach meinen eigenen Beobachtungen und meiner gewissenhaft gebildeten Überzeugung sind auf dem ganzen Marsche etwa 200 Kameraden ums Leben gekommen, die erschossen, erstochen und erschlagen worden sind. Ich habe häufig Schüsse und entsetzliche Schreie hinter mir in der Marschkolonne gehört. Eine ganze Reihe von Kameraden sind infolge der erlittenen Strapazen, Entbehrungen und Aufregung irre geworden, so der Landwirt Rohr aus Rittershausen bei Lessen, der Hausbesitzer Laudetzke, Thorn, Warschauer Straße 6, und ein gewisser Stefan. Alle diese Kameraden wurden umgebracht.«

Vor Kriegsgerichtsrat Zornig sagte am 28. Oktober 1939 der neu eingesetzte Bürgermeister von Schepanowo, Max Temme, eidlich aus:[7]

»Über die Erschießungen, die in Schepanowo stattgefunden haben, kann ich aus eigener Anschauung nichts sagen, weil ich vom 24. August bis zum 2. Oktober ortsabwesend war: Ich war als polnischer Soldat eingezogen, bin am 15. September in deutsche Gefangenschaft geraten und aus dieser am 2. Oktober 1939 nach Hause zurückgekehrt.

Die Gemeinde Schepanowo hat rund 950 Einwohner, davon 20 Prozent Volksdeutsche.

Am 5. und 6. September sind in Schepanowo insgesamt 48 Volksdeutsche erschossen worden; davon stammten 12 aus Schepanowo, die übrigen aus anderen Ortschaften.

Aus meiner Gemeinde sind erschossen worden:
Hugo *Rahn*, 51 Jahre alt,
Erich *Rahn*, 34 Jahre alt,
Hilmar *Lange*, 32 Jahre alt,
Paul *Lange*, 28 Jahre alt,
Richard *Klingbeil*, 46 Jahre alt,
Adolf *Wenzel*, 28 Jahre alt,
Martin *Prier*, 18 Jahre alt,
Ewald *Müller*, 25 Jahre alt,
Max *Schülke*, 32 Jahre alt,
Wilhelm *Patzer*, 60 Jahre alt,
August *Pansegrau*, 67 Jahre alt,
Erich *Pansegrau*, 29 Jahre alt.

Die Erschießungen haben in Gruppen stattgefunden, und zwar in einem in unmittelbarer Nähe des Dorfes gelegenen Walde und auf einem innerhalb des Dorfes gelegenen Feld. Vorgenommen worden sind die Erschießungen durch polnische Soldaten unter Anführung eines Offiziers. Unter den Erschossenen befanden sich auch zwei Frauen; die Namen kann ich nicht angeben, da beide aus anderen Ortschaften stammen. Die Erschießungen sind völlig grundlos erfolgt. Keiner der Volksdeutschen hat in irgendeiner Form gegen die hier ansässigen Polen oder gegen polnisches Militär Stellung genommen; insbesondere hat auch keiner der Deutschen etwa auf Polen geschossen oder Waffen versteckt gehabt.«

Diese fünf Zeugenaussagen werden hier stellvertretend für hunderte ähnlicher Aussagen zitiert, die in bundesdeutschen und ausländischen Archiven vorliegen. Noch heute leben in der Bundesrepublik zahlreiche Zeugen, die sich an die Ereignisse vom September 1939 in Bromberg und anderen Gemeinden erinnern.

## Hitlers »Lebensraum«-Politik

Zweifelsohne geschah den Volksdeutschen viel Unrecht. Aber man darf nicht vergessen, daß nach dem Sieg der deutschen Waffen eine entsetzliche Rache an den Polen einsetzte. Zu Tausenden wurden Polen, vor allem polnische Juden, erschossen. Der polnische Staat wurde aufgelöst. Große polnische Gebiete wurden vom Reich annektiert; aus dem übrigen Teil Polens bis zur Ribbentrop-Molotow-Grenze entstand das sogenannte Generalgouvernement unter Hans Frank. Aus den annektierten Gebieten wurden dann rund eine Million Polen in das Generalgouvernement vertrieben, was von der polnischen Exilregierung in London scharf verurteilt wurde.

Bereits am 6. Oktober 1939 verwies Hitler in einer langen Rede vor dem Reichstag auf »eine neue Ordnung der ethnographischen Verhältnisse, das heißt, eine Umsiedlung der Nationalitäten, so daß sich am Abschluß der Entwicklung bessere Trennungslinien ergeben, als es heute der Fall ist«. Dies bedeutete, daß Hitler das Reservoir von einigen Millionen Volksdeutschen, die damals in den verschiedenen Ländern Ost- und Südosteuropas lebten, für seinen neu gewonnenen »Lebensraum« nutzen wollte. Er unterzeichnete am 7. Oktober 1939 ein Dekret, durch das alle Deutschen in das Reich überführt werden sollten, die von der »Entgermanisierung« bedroht seien. Am 15. Oktober 1939 schloß das Reich ein Abkommen mit Estland über die Umsiedlung von 12 900 »Splittern des deutschen Volkstums«, gefolgt am 30. Oktober von einem Abkommen mit Lettland über weitere 48 600 Baltendeutsche. Als nächstes wurde am 3. November ein Abkommen mit der Sowjetunion über 128 000 Deutsche aus Wolhynien und Ostgalizien abgeschlossen. Ein Jahr später folgte ein Abkommen über die Umsiedlung von 136 000 Bessarabiendeutschen, 66 000 Bukowina- und Dobrudschadeutschen und der restlichen 68 000 Baltendeutschen, die 1939 für das inzwischen durch die Sowjetunion besetzte Lettland und Estland optiert hatten. Jetzt sollten auch sie »heim ins Reich« kommen.

# AUFRUF!

Die Regierung des Deutschen Reiches und die Regierung der Union der Sozialistischen Sowjet-Republiken sind übereingekommen, dass die deutschstämmige Bevoelkerung aus dem früher zum polnischen Staate gehoerenden Gebiete der West-Ukraine und West-Weissrusslands frei und unbehindert auf deutschen Boden ausreisen kann, wenn sie den Wunsch dazu hat.

**Wir rufen alle Deutschstämmigen auf, sich beim deutschen Bevollmaechtigten an den angegebenen Orten zu melden und den Wunsch zur Umsiedlung zu äussern!**

Alle Deutschen, die das 14. Lebensjahr erreicht haben, können den Wunsch zur Umsiedlung beim deutschen Bevollmächtigten in persönlicher Meldung (mündlich oder schriftlich) vorbringen.

Für die Ausreise von Kindern bis zu 14 Jahren genügt die Meldung des Familienoberhauptes.

Zur Meldung sollen nach Möglichkeit Urkunden über die Volkstumszugehörigkeit des Auswanderungswilligen vorgelegt werden.

Wer sich zur Umsiedlung meldet, muss sich beim deutschen Bevollmächtigten genauestens über die für die MITNAHME DER HABE bestehenden Bestimmungen, sowie über die für die Ausreise vorgesehene Ordnung erkundigen.

Der Zugang zum Melde-Lokal (Ort der Registrierung) ist für alle, die auszusiedeln wünschen, unbehindert.

Die Verbindung zwischen Euch und den deutschen Bevollmächtigten ist frei!

Die Umsiedlung beginnt am ______________ und wird in kürzester Zeit durchgeführt.

**Der Deutsche Bevollmächtigte für die Umsiedlung.**

*Aufruf zur Umsiedlung, 1940 (Faksimile)*

*Umsiedlung der Deutschen aus dem Osten ins Wartheland, 1940 (aus: »Der Treck«, Berlin 1943)*

*Eingang eines Umsiedlungslagers (aus: »Der Treck«, Berlin 1943)*

Man hatte den Umsiedlern gesagt, sie kämen auf staatliche Domänen oder auf anderes Land, das sich nicht in Privatbesitz befinde. Unter diesen Voraussetzungen hatten sich die Menschen entschlossen, ihre oft viele Jahrhunderte alten Siedlungen zu verlassen. Aber es kam ganz anders: Sie erhielten Güter und Bauernhöfe, deren polnische Besitzer kurz zuvor in das Generalgouvernement abgeschoben worden waren. Das bedeutete für viele Umsiedler eine große moralische Belastung. Manche wollten sogar die angewiesenen Höfe nicht übernehmen. Trotzdem fanden die meisten sehr bald ein gutes Verhältnis zu ihren polnischen Arbeitern, weil sie gewohnt waren, mit Andersvölkischen zusammenzuleben. Das galt vor allem für die baltischen Gutsbesitzer. Als sog. »Reichsgermanen« unterschieden sie sich von der Mehrzahl der Reichsdeutschen sehr.

Nach dem deutschen Sieg über Frankreich 1940 wurde Elsaß-Lothringen wieder in das Reich eingegliedert. Dort wohnhafte, »unbequeme« Franzosen, rund 100 000 Menschen, wurden in das Vichy-Frankreich abgeschoben. Im Jahre 1941 war Jugoslawien an der Reihe, und wieder vertrieben die deutschen Besatzungsbehörden Tausende von Haus und Hof.

Deshalb erklärten bereits am 13. Januar 1942 in London die Vertreter von neun besetzten Ländern: »In Hinblick darauf, daß Deutschland seit Beginn des gegenwärtigen Konfliktes in den besetzten Gebieten ein Terrorregime errichtet hat ... insbesondere gekennzeichnet durch ... Massenvertreibungen ..., stellen die unterzeichneten Vertreter ... unter ihre hauptsächlichen Kriegsziele die Bestrafung der Verantwortlichen für diese Verbrechen auf dem Wege der rechtsstaatlichen Justiz.« Am 17. Oktober 1942 billigte das polnische Exilkabinett in London ein Dekret, das die Todesstrafe für Deportationen und Umsiedlungen vorsah.

Neben diesen Vetreibungen zu »Lebensraum«-zwecken wurden Millionen Nicht-Deutsche ins Reich deportiert und dort unter anderem in der Kriegsindustrie eingesetzt. Man behandelte sie oft als »Untermenschen«, die für die »Herrenrasse« arbeiten mußten. Ihre Unterkünfte waren meist menschenunwürdig. Daneben gab es die KZs. Viele überlebten nicht lange genug, um von den Alliierten befreit zu werden, oder starben kurz nach der Befreiung an Krankheit oder Unterernährung.

# Hitlers Vertreibungspolitik im Nürnberger Prozeß

Der Katalog der Verbrechen der nationalsozialistischen Regierung Deutschlands war so groß, daß 1945 in Nürnberg ein internationaler Gerichtshof zur Verurteilung der Schuldigen einberufen wurde.

Reichsmarschall Hermann Göring, Außenminister Joachim von Ribbentrop, Generalfeldmarschall Wilhelm Keitel, Reichsarbeitsführer Fritz Sauckel wurden neben anderen Untaten die Vertreibungsverbrechen, die Massendeportationen zum Zwecke der Gewinnung von Lebensraum und zum Zwecke der Zwangsarbeit zur Last gelegt. Art. 6(b) der Satzung des Gerichtshofes definierte Kriegsverbrechen dahingehend:

»Mord, Mißhandlungen oder Deportation zu Sklavenarbeit oder *für irgendeinen anderen Zweck* von Angehörigen der Zivilbevölkerung von oder in besetzten Gebieten ...«[8] (Hervorhebung durch den Verfasser).

Art. 6(c) definierte »Verbrechen gegen die Menschlichkeit«[9] dahingehend: »Mord, Ausrottung, Versklavung, *Deportation* oder andere unmenschliche Handlungen, begangen an irgendeiner Zivilbevölkerung vor oder während des Krieges« (Hervorhebung durch den Verfasser).

Punkt 3, Abschnitt B der Nürnberger Anklage befaßte sich mit »Deportation der Zivilbevölkerung von und aus besetzten Ländern zur Sklavenarbeit und für andere Zwecke.«

Punkt 3, Abschnitt J der Nürnberger Anklage lautete: »In gewissen besetzten, von Deutschland als annektiert ausgegebenen Gebieten zielten die Bestrebungen der Angeklagten methodisch und fortgesetzt darauf ab, diese Gebiete politisch, kulturell, sozial und wirtschaftlich dem Deutschen Reiche anzugleichen. Die Angeklagten bemühten sich, den bisherigen Volkscharakter dieser Gebiete zum Verschwinden zu bringen. In Verfolgung dieses Planes und Bestrebens *deportierten die Angeklagten gewaltsam Einwohner*, die überwiegend nichtdeutsch waren, und brachten dafür Tausende von deutschen Siedlern in die betreffenden Gebiete«[10] (Hervorhebung durch den Verfasser).

Punkt 4, Abschnitt A der Anklage befaßte sich mit Verbrechen gegen die Menschheit, einschließlich des Verbrechens der Massendeportationen.

Während der Verhandlung wurde die Praxis der »Germanisierung« von besetzten oder »annektierten« Gebieten ebenso wie die Deportationen der Zivilbevölkerung dieser Gebiete in andere besetzte Gebiete (Generalgouvernement Polen), in nichtbesetzte Gebiete (Vichy-Frankreich) oder zur Zwangsarbeit in das Reich wiederholt verurteilt.[11] Pierre Mounier, Hilfsankläger für die Französische Republik, warf den Angeklagten am 20. November 1945, dem ersten Verhandlungstag, vor, Massendeportationen befohlen zu haben: »Solche Deportationen verletzten die internationalen Konventionen, insbesondere Artikel 46 der Haager Bestimmungen von 1907, die Kriegsgesetze und -gebräuche, die allgemeinen Grundsätze des Strafrechtes, wie sie sich aus den Strafgesetzen aller zivilisierten Nationen herleiten, die Strafgesetze jener Länder, in denen solche Verbrechen verübt wurden, und Artikel 6 (b) des Statuts.«[12]

Am 17. Januar 1946 warf François de Menthon, Hauptankläger für die Französische Republik, den Angeklagten vor: »Diejenigen, die als Refraktäre gegenüber der Nazifizierung oder als für die Unternehmungen der Nazis von geringem Wert erschienen, fielen massiven Ausweisungen zum Opfer; innerhalb einiger Stunden wurden sie mit nur sehr spärlichem Gepäck aus ihren Heimen verjagt und ihres Besitzes beraubt.«[13] Er fuhr fort: »Dieser unmenschliche Abtransport ganzer Bevölkerungen wird einer der Schrecken unseres Jahrhunderts bleiben.«

Am 1. Februar 1946 erklärte Edgar Faure, stellvertretender Hauptankläger für die Französische Republik, daß die Deportationen und die Germanisierung in Frankreich, Belgien und Luxemburg »ein verbrecherisches Unternehmen gegen die Menschlichkeit« waren.[14] In Hinblick auf die Vertreibungen in Polen bemerkte der Hilfsankläger für die Vereinigten Staaten: »Polen war in gewissem Sinne das Prüffeld für die Theorien der Verschwörer über den ›Lebensraum‹ ...[15] Sie planten die Verschleppung von Hunderttausenden von Juden, Angehörigen der polnischen Intelligenz und von anderen nicht willfährigen Elementen in das Generalgouvernement.«[16]

Am 26. Februar 1946 befaßte sich L. N. Smirnow, Hilfsankläger für die Sowjetunion, wieder mit der Angelegenheit der Vertreibungen und verlas aus einem offiziellen Bericht: »Das war der Plan. Die Mittel, mit denen dieser Plan in die Praxis umgesetzt wurde, waren die folgenden: Eine Ortschaft nach der anderen, Dorf um Dorf, Städtchen und Städte in den annektierten Gebieten wurden von den polnischen Bewohnern geräumt. Dies begann im Oktober 1939, als die Ortschaft Orlowo von allen Polen, die dort lebten und arbeiteten, gesäubert wurde. Dann kam der polnische Hafen Gdingen an die Reihe. Im Februar 1940 wurden ungefähr 40 000 Menschen aus der Stadt Posen vertrieben. An ihre Stelle kamen 36 000 Baltendeutsche und die Familien deutscher Militär- und Zivilbeamter. Die polnische Bevölkerung wurde aus folgenden Städten vertrieben: aus Gnesen, Kulm, Kostian, Meschkwa, Inowrocław ... und vielen anderen Städten.«[17]

Ferner sagte Oberjustizrat Smirnow: »Ich werde dem Gerichtshof Beweise darüber erbringen, daß die Hitleristen ähnliche Verbrechen in Jugoslawien zu begehen beabsichtigten. Dieses Verbrechen konnte, dank der Freiheitsbewegung, die in ganz Jugoslawien aufflammte, nicht durchgeführt werden.

Der deutsche Plan sah auch die gänzliche ›Säuberung‹ einzelner Teile Sloweniens von Slowenen und die Ansiedlung deutscher Bevölkerung in diesen Gegenden vor (und zwar der sogenannten ›Gottscheer-Deutschen‹ und der Deutschen aus Bessarabien).«[18] Er zitierte aus einem deutschen Bericht über eine Besprechung am 4. Juni 1941 in der deutschen Gesandtschaft in Agram unter dem Leitsatz »Die Vertreibung der Slowenen aus Deutschland nach Kroatien und Serbien und der Serben aus Kroatien nach Serbien«: »Die Besprechung wurde vom Auswärtigen Amt mit Telegramm Nr. 389 vom 31. Mai bewilligt. Die Genehmigung des Führers für das Umsiedlungsverfahren wird hier durch Telegramm Nr. 344 vom 25. Mai mitgeteilt.«[19]

Oberjustizrat Smirnow schloß: »Damit ist die unmittelbare Verantwortlichkeit des Angeklagten von Ribbentrop für dieses *Verbrechen gegen die Menschlichkeit* erwiesen«[20] (Hervorhebung durch den Verfasser).

Die Verteidigung versuchte erfolglos, diese Verbrechen zu rechtfertigen, indem sie die Anwendbarkeit der Haager Konvention leugnete und die *ultima ratio regum* und die neuen Regeln des »totalen Krieges« anführte.[21] Am 10. Juli 1946 wies der Gerichtshof das Argument von Dr. Alfred Thomas, des Verteidigers von Alfred Rosenberg,[22] zurück, daß im totalen Krieg die Deportation von Zivilpersonen in ein anderes Land zur Zwangsarbeit oder zu anderen Zwecken als eine *in extremis* angewandte Methode zur Vermeidung einer Unterwerfung gestattet sei. Der Gerichtshof war der Meinung, daß selbst in einem totalen Krieg, wenn ein Staat um seine Existenz kämpfen muß, das Völkerrecht

*Göring, von Ribbentrop, Rosenberg, Sauckel u.a. wurden am 1. Oktober 1946 vom Nürnberger Tribunal verurteilt – inter alia wegen Vertreibungsverbrechen gegen Polen und Franzosen (U.S.Army)*

und insbesondere die Haager Landkriegsordnung den Kriegführenden Beschränkungen auferlegen.[22] Ebenso wies am 26. Juli 1946 der britische Ankläger, Sir Hartley Shawcrocs, die Theorie zurück, daß »das völkerrechtliche Verbot der Deportation gewissermaßen überholt sei angesichts der neuzeitlichen Entwicklung des totalen Krieges«.[23]

Somit stellte die Nürnberger Rechtsprechung eindeutig fest, daß Massendeportationen als Kriegsverbrechen und Verbrechen gegen die Menschlichkeit gelten. *Diligite justitiam, Qui judicatis Terram!*[24] (»Liebt Ihr die Gerechtigkeit, Ihr, die über die Erde urteilen sollt«).

Zur gleichen Zeit, als der Nürnberger Prozeß lief, wurden jedoch Millionen von Deutschen aus ihrer Heimat vertrieben, auf Beschluß oder zumindest mit Billigung derselben Mächte, deren Ankläger und Richter in Nürnberg über nationalsozialistische Kriegsverbrechen befanden, u. a. über Massendeportationen.

# Teil III: Krieg und Flucht

Der deutsch-sowjetische Krieg wurde seit seinem Beginn am 22. Juni 1941 anders geführt als der Krieg im Westen. Weder die deutsche noch die sowjetische Seite beachtete das Kriegsrecht und insbesondere die Haager und Genfer Konventionen. Sicherheitsdienst-Einsatzgruppen ermordeten Hunderttausende von Russen, vornehmlich Juden. Für Partisanenüberfälle wurde grausame Rache genommen. Die Opfer, wie bei so vielen Vergeltungsaktionen, waren meistens unschuldig.

Die Planungen des sog. »Generalplan Ost«[24a] sahen gar vor, 30 Millionen Slawen nach Sibirien abzudrängen und deutsche Siedlungsbereiche und -stützpunkte in den vier »Reichskommissariaten« Ostland, Ukraine, Moskowien und Kaukasien zu schaffen.

Eine furchtbare Rache drohte, wenn sich das Kriegsglück gegen Deutschland wenden würde. Würde sie Grenzen kennen, Schuldige von Unschuldigen trennen können? Das Bedürfnis, Rache für erlittenes Unrecht zu nehmen, ist seit Jahrhunderten durch rechtliche Prinzipien und Gesetze gebändigt. Gelten diese Prinzipien auch weiterhin im Krieg? *Inter arma leges silent?* Gibt es nur noch das Gesetz der Vergeltung, die *lex talionis?*

Der Zweite Weltkrieg war »total« und erbarmungslos. Anstatt die Begierden der Soldaten zu bremsen, wurden sie aufgeputscht, z. B. durch den »sowjetischen Julius Streicher«, Ilja Ehrenburg, der in seinen Flugblättern hetzte: »Die Deutschen sind keine Menschen. Von jetzt ab ist das Wort ›Deutscher‹ für uns der allerschlimmste Fluch ... Für uns gibt es nichts Lustigeres als deutsche Leichen.«

Und in der Soldatenzeitung »Krasnaja Swesda« (Roter Stern) stand am 24. Oktober 1944, als die Rote Armee die Grenzen Ostpreußens erreicht hatte: »Wir befinden uns in der Heimat Erich Kochs, des Statthalters der Ukraine – damit ist alles gesagt. Wir haben es oft genug wiederholt: das Gericht kommt! Jetzt ist es da.« Und: »Es genügt nicht, die Deutschen nach Westen zu treiben. Die Deutschen müssen ins Grab gejagt werden. Gewiß ist ein geschlagener Fritz besser als ein unverschämter. Von allen Fritzen aber sind die toten am besten.«

Ehrenburg war keinesfalls der einzige Hetzer. Auch die Schriften Alexej Tolstojs, Simonows, Surkows und vieler anderer Liberaler und Agitatoren hatten ihre Auswirkungen auf die Moral der Truppe. Angesichts des brennenden Insterburg schrieb ein sowjetischer Berichterstatter am 25. Januar 1945:

»Es gibt kaum ein erziehenderes Schauspiel als eine brennende feindliche Stadt. Man sucht in seiner Seele nach einem Gefühl, das dem Mitleid ähnlich wäre, doch man findet es nicht ... Brenne, Deutschland, du hast es nicht besser verdient. Ich will und werde dir nichts von dem verzeihen, was uns angetan wurde durch dich ... Brenne, verfluchtes Deutschland.«

Als deutlicher Gegensatz zu diesen Parolen für die Soldaten liest sich Stalins Tagesbefehl Nummer 55, mit dem er die Welt zu beruhigen suchte: »Manchmal wird darüber geschwätzt, daß die Rote Armee das Ziel habe, das deutsche Volk auszurotten. ... Es wäre lächerlich, die Hitler-Clique dem deutschen Volke, dem deutschen Staate gleichzusetzen. Die Erfahrungen der Geschichte besagen, daß die Hitler kommen und gehen, aber das deutsche Volk, der deutsche Staat bleibt.«

Worte der Vernunft, wenn man hier Stalin ernstnehmen könnte, aber sie waren eben nicht ehrlich gemeint und nur für die

*Nach einem Angriff der Roten Armee: Zusammengeschossener Flüchtlingstreck in Ostpreußen (Foto: C. Heinrich jr.)*

Propaganda bei den westlichen Alliierten gesprochen, nicht für die eigene Truppe.

Es sah anders aus für die Zivilbevölkerung Ostpreußens, Pommerns, Schlesiens, d. h., für jene, die nicht rechtzeitig flüchten konnten, die ansässige Bevölkerung, überwiegend Frauen, Greise und Kinder, dazu Hunderttausende Evakuierter aus den zerbombten Städten.

## Oktober 1944 in Ostpreußen: Nemmersdorf

Am 19. Oktober 1944 überschritten die ersten sowjetischen Truppen die Reichsgrenze. Die Kreise Goldap und Gumbinnen wurden erobert. Die bäuerliche Bevölkerung versuchte zu entkommen. Die Bevölkerung des Dorfes Nemmersdorf im Kreis Gumbinnen setzte sich jedoch zu spät in Marsch. Nur wenige Tage waren die Russen in Nemmersdorf. Eine deutsche Gegenoffensive befreite den Ort. Der Augenzeuge Dr. Heinrich Amberger berichtete.

### *Das Zeugnis des Dr. Heinrich Amberger*

»Am Straßenrand und in den Höfen der Häuser lagen massenhaft Leichen von Zivilisten, die augenscheinlich nicht im Lauf der Kampfhandlungen durch verirrte Geschosse getötet, sondern planmäßig ermordet worden waren. Unter anderem sah ich zahlreiche Frauen, die man, nach der Lage der verschobenen und zerrissenen Kleidungsstücke zu urteilen, vergewaltigt und danach mit Genickschuß getötet hatte; zum Teil lagen daneben auch die ebenfalls getöteten Kinder.«[25]

Auch Schweizer Korrespondenten haben damals über Nemmersdorf berichtet. Am 7. November 1944 veröffentlichte der Genfer »Courrier« einen Augenzeugenbericht seines Sonderkorrespondenten an der Ostfront: »Die Lage wird nicht nur durch die erbitterten Kämpfe der regulären Truppen gekennzeichnet, sondern leider auch durch Verstümmelung und Hinrichtung von

*Nemmersdorf, Ostpreußen, im Oktober 1944 (Bundesarchiv Koblenz)*

*Opfer der Rache, Nemmersdorf 1944 (Bundesarchiv Koblenz)*

Gefangenen und die fast vollständige Ausrottung der deutschen bäuerlichen Bevölkerung.«

Ein Angehöriger des Volkssturms, Emil Radüns, erklärte auf Befragen:

## *Das Zeugnis des Emil Radüns*

»Am 23. Oktober 1944, gegen 8 Uhr, kam ich mit Gebietskommissar Wurach nach Nemmersdorf mit dem Auftrag festzustellen, ob hier Leute erschossen wurden. Am westlichen Ortseingang von Nemmersdorf lagen in einer Schlucht 9 Leichen. Es waren drei Frauen, drei Männer und drei Kinder, die alle Kopfverletzungen aufwiesen. Im Ort selbst lagen ein erschossener Zivilist vor dem Spritzenhaus, ein Mann im Kuhstall eines Gehöfts, eine Frau saß in der Stube mit gefalteten Händen erschossen auf einem Stuhl. Ihre Beine waren mit einer Decke umwickelt, was darauf schließen läßt, daß sie in keiner Weise Widerstand geleistet hat. Die Wohnung ist zweifellos geplündert worden, weil alles durchwühlt war und verschiedene Sachen umherlagen. Eine erschossene Frau hockte auf den Knien am Straßenrand neben einem Fahrzeug und hatte die Hände vor dem Gesicht. An der Brücke neben einem Haus lagen eine ältere und eine jüngere Frau und ein Kind auf der Straße. In einem Haus fand ich eine jüngere Frau mit gespreizten Beinen vor. Ich erkenne sie als diejenige Frau wieder, wo der Arzt festgestellt hat, daß sie geschlechtlich gebraucht worden ist. Im gleichen Zimmer lagen noch eine alte Frau und ein alter Mann mit Kopfverletzungen. Wir trugen die Leichen zusammen und brachten sie auf den Friedhof.«[26]

Ausschreitungen wurden auch aus Alt-Wusterwitz (südlich Gumbinnen) gemeldet. Leutnant Hans Zirm berichtete:

## *Das Zeugnis des Hans Zirm*

»Am 24. Oktober 1944 bezog ich mit meinem Zug Luftschutzstellung im Raum westlich Girnen etwa 9 km südlich Gumbinnen. Auf der Suche nach Unterkunft kam ich auch zu dem Vorwerk Alt-Wusterwitz und mußte dort folgende traurige Feststellung machen:

Die Russen hatten sämtliche Zivilisten, denen es nicht mehr gelungen war zu entkommen, auf einem Gutshof auf eine bestialische Art um das Leben gebracht. Im Stall lagen 6 verbrannte Skelette, daneben ein junges Mädchen fast nackt, das erst vergewaltigt (die Geschlechtsteile waren blutig) und dann durch 2 Schüsse in Brust und Bauch getötet worden war. Im Schuppen lag ebenfalls ein totes Mädchen, das vorher vergewaltigt worden war.«[27]

*Treck aus dem Kreis Gumbinnen auf dem Weg in den Westen (Bundesarchiv Koblenz)*

*Nemmersdorf nach der deutschen Gegenoffensive (Bundesarchiv Koblenz)*

# Februar 1945 in Ostpreußen: Metgethen

Was in Nemmersdorf im Oktober 1944 passierte, wiederholte sich in unzähligen Dörfern Ostpreußens, Pommerns und Schlesiens in den letzten Monaten des Krieges. So z. B. in Metgethen, einem Vorort von Königsberg, der vom 29. Januar bis 19. Februar 1945 in russischer Hand war und dann von der deutschen 5. Panzer-Division und 1. Infanterie-Division wieder erobert wurde. Über die Ausschreitungen sowjetischer Soldaten in Metgethen liegt eine Reihe von Aussagen im Bundesarchiv vor.

Der Soldat B. H. sagt aus:

»Im Verlauf des deutschen Angriffs zur Wiederherstellung der Landverbindung zwischen Königsberg und Pillau vom 19. bis 24. Februar 1945 konnten wir – die deutschen Soldaten der Angriffsverbände – folgende Verbrechen feststellen:

1. Im Orte Metgethen, einem westlichen Vorort von Königsberg, fanden wir in vielen Wohnungen Frauen und Kinder im Alter von 10 bis 80 Jahren geschändet und ermordet. Etwa 200 Tote dieser Art haben wir mit Truppenfahrzeugen eingesammelt und zur Identifizierung gebracht (Gefechtsstreifen der 1. und 561. Div.)

2. Auf dem Bahnhof Metgethen fanden wir etwa 7 Personenwaggons eines Flüchtlingszugs aus Königsberg stehen. In jedem Waggon fanden wir etwa 7 bis 9 bestialisch zugerichtete Leichen von deutschen Flüchtlingen jeden Alters und Geschlechts, einzelne Frauenleichen mit Merkmalen vorausgegangener Schändung.

3. Auf dem Tennisplatz in Metgethen befand sich ein Sprengtrichter von etwa 10 m Durchmesser und 4 m Tiefe. In seinem Innern, auf seinem Rande, in der nächsten Umgebung des Trichters, am und auf dem hohen Drahtzaun des Tennisplatzes und in den Ästen der umstehenden hohen Bäume lagen und hingen erdverschmierte Leichen und Leichenteile von etwa 25 Männern, Frauen, Kindern, drei oder vier Flaksoldaten und einiger Männer in deutscher Polizeiuniform. Rund um den Trichter lagen einige Pferdekadaver und einige Fuhrwerke mit zerfetztem Flüchtlingsgut. Andere Leichenteile, z. B. Knie, Arm mit Hand, usw. fanden wir bis zu 200 m in der Umgebung des Tennisplatzes.

Erklärung: Offenbar wurden Flüchtlinge, gefangene Soldaten und Polizisten in den auf dem Tennisplatz befindlichen Trichter einer Flugzeugbombe hineingetrieben, die Treckwagen herumgestellt und eine Sprengladung auf dem Boden inmitten der eingepferchten zur Entzündung gebracht.«[28]

Horst A., damals als Kraftfahrer der Nachrichten-Ersatz-Abtlg. I Königsberg zugeteilt, berichtet:

»Als wir Metgethen erreichten, bot sich uns ein grausiger Anblick: Wir fanden einige hundert tote deutsche Soldaten, die zum Teil bis zur Unkenntlichkeit ermordet waren. Fast in jeder Wohnung lagen erschlagene Zivilpersonen, die ebenfalls auf bestialische Art umgekommen waren, so z. B. waren den Frauen die Brüste abgeschnitten. Selbst in den Gärten fanden wir verkehrt aufgehängte Frauen, die kaum bekleidet waren. In einem Hause fanden wir eine 63 Jahre alte Frau, die uns weinend erzählte, daß sie von ca. 12–15 Russen mißhandelt worden war. Sie lag blutüberströmt am Boden. Die Tochter dieser alten Frau hatte sich angeblich im Walde in Sicherheit gebracht, während ihr ein Jahr altes Kind von den Russen mitgenommen worden war. Auf den Straßen und auch am Bahnhof Metgethen haben wir ca. 15 leere, teils umgekippte Kinderwagen gefunden. Nach dem Inhalt zu schließen, sind in diesen Wagen die Säuglinge gewesen, die die Russen ebenfalls verschleppt hatten.«[29]

Ähnlich die Aussage von Karl August Knorr:

## *Das Zeugnis des Karl August Knorr*

»Ich war seinerzeit Ordonanzoffizier in der 561. Volksgrenadierdivision und hatte den Auftrag erhalten, gleich nach der Zurückeroberung Erhebungen in Metgethen anzustellen. Hierbei fand ich in einer Straße auf einem größeren freien Platz zwei Mädchen im Alter von ca. 20 Jahren, die allem Anschein nach an beiden Füßen zwischen zwei Fahrzeuge gebunden gewesen waren und dann gewaltsam auseinandergerissen worden sind. Ein geradezu bestialischer Anblick. In derselben Straße befand sich eine größere Villa. Der Name der Straße ist mir entfallen. Aus dem Hause wurden ca. 60 Frauen abtransportiert, von denen die Hälfte sofort in eine Nervenheilanstalt gebracht werden mußte

... sie waren durchschnittlich 60–70mal am Tage gebraucht worden.«[30]

Ausführlicher berichtet der ehemalige Hauptmann im Stabe des Festungskommmandanten Königsberg, Hermann Sommer:

## *Das Zeugnis des Hermann Sommer*

»Truppenteile meldeten dem Festungskommandanten die Auffindung mehrerer dicht beieinander liegender Leichenhügel. Auf Befehl des Festungskommandanten, General Lasch, wurde eine Kommission zur Untersuchung dieser Vorfälle eingesetzt. Diese fand neben den über den ganzen Ort verstreuten Einzelleichen zwei besonders große Leichenhügel, in denen etwa 3000 meist Frauen, Mädchen und Kinder-Leichen enthalten waren. Es wurde eine Spezialkommission von Ärzten, Kriminalisten und ausländischen Journalisten eingesetzt, die die Aufgabe hatte, die Identität und den Tatbestand festzustellen. Die Arbeiten gestalteten sich sehr schwierig, weil die Russen die Leichenhaufen mit Benzin übergossen und abzubrennen versucht hatten. Dennoch wurden mehrere hundert Leichen photographiert und auf diesen Bildern der Tatbestand der meist grausamen gewaltsamen Todesart festgehalten. Aus diesen Bildern und den Schilderungen der Kriminalbeamten ist hervorzuheben, daß die meisten Leichen Verletzungen durch Schläge und Stiche aufwiesen und die Personen nur in seltenen Fällen durch einfache Genickschüsse zu Tode gebracht worden waren. Bei einer großen Zahl waren die Brüste abgerissen, die Geschlechtsteile zerstochen und der Unterleib aufgeschlitzt. Das Bildmaterial und auch Protokolle von Zeugen, die die Vorgänge des Zusammentreibens und der Vergewaltigung miterlebt hatten, lagen bei meiner Dienststelle. Sie wurden von den Abwehroffizieren und den Beamten der Kriminalpolizei benutzt, um Kriegsgefangene, die aus dem betreffenden Frontabschnitt kamen, zu vernehmen und die Identität der Ermordeten bei der Zivilbevölkerung festzustellen ...

Meine eigenen Wahrnehmungen machte ich am 27. Februar 1945, als ich dienstlich in Metgethen zu tun hatte. Als ich kurz vor der Straßen- und Bahnkreuzung nach Metgethen mit meinem Krad in eine dort befindliche Kiesgrube einfuhr, um das dort stehende Gebäude auf seine Verwendbarkeit zu besichtigen, fand ich hinter dem Hause plötzlich zwölf Frauen- und sechs Kinderleichen. Alle waren sie völlig entkleidet und lagen in einem wirren Haufen zusammen. Den Kindern war meist mit einem harten Gegenstand der Schädel eingeschlagen oder die kleinen Körper mit zahllosen Bajonettstichen durchbohrt. Die Frauen, meist ältere zwischen 40 und 60 Jahren, waren ebenfalls mit Messern und Bajonettstichen umgebracht. Bei allen waren die blauschwarzen Flecken der Schläge deutlich erkennbar.

Als ich am 28. Februar 1945 nach der völligen Aufsprengung des ersten Einschließungsringes den Auftrag hatte, mich zu einer Dienststelle der 4. Armee zu begeben, machte ich in dem Dorfe Gr. Heydekrug an der Kirche eine Pause. Ich kam gerade hinzu, als Sanitäter und Zivilpersonen zur Beerdigung von etwa 35 Personen meist weiblichen Geschlechts schritten. Auch hier zeigten mir Soldaten und Zivilpersonen unter großer Empörung die vorgenommenen grausamen Mißhandlungen, die die Russen besonders an den Frauen verübt hatten. Ein Feldwebel wies auf ein Mädchen und zwei Soldaten, die man in der Kirche vorgefunden hatte. Das Mädchen war gekreuzigt und die Soldaten als Pendant links und rechts aufgehängt worden.

Auf meinem weiteren Weg lagen überall bis an die Straßenkreuzung nach Powayen Leichen von Zivilpersonen. Während die Männer meist mit Genickschuß erschossen waren, waren die Frauen völlig entkleidet, vergewaltigt und dann in viehischer Weise mit Bajonettstichen oder Kolbenschlägen umgebracht. An der Straßenkreuzung nach Powayen stand ein russischer Panzer, der vier unbekleidete Frauenleichen hinter sich geschleift hatte. Eine Kommission war gerade dabei, den Tatbestand fotografisch aufzunehmen.«[31]

Außer dem Bericht von Hermann Sommer liegt folgende Stellungnahme des Professors Dr. G. Ipsen im Bundesarchiv vor:

## *Das Zeugnis des Prof. Dr. G. Ipsen*

»Die Leichenhügel waren durchweg Deutsche, zum größten Teil nicht ehemalige Einwohner von Metgethen, sondern Flüchtlinge, die in Metgethen von dem russischen Vorstoß 3 Wochen zuvor überrascht und von weiterem Fluchtweg abgeschnitten worden waren. Die leeren Flüchtlingszüge standen noch auf dem

Bahnhof ... Richtig ist auch die Sache mit der Kreuzigung in Heydekrug ...

Die Überlebenden aus Metgethen befanden sich in einem Zustand, der an Wahnsinn grenzte. Es war nicht möglich, sie in die Stadt oder zu Bekannten und Verwandten zu entlassen. Sie wurden vielmehr in das geräumte Parkhotel einquartiert, dort über eine Woche lang ärztlich und von Schwestern betreut, ehe sie sich so weit gefaßt hatten, daß man ohne Gefahr für sie selbst und für die Auswirkung ihrer Erzählung sie in private Unterkünfte entlassen konnte.«[32]

Was sich in Metgethen abgespielt hat, wurde in allen Einzelheiten durch Flugblätter bekanntgegeben, um die Bevölkerung zu verzweifeltem Widerstand anzustacheln.

Dann ließ Goebbels den »Durchhalte-Film« *Kolberg* nach Königsberg fliegen, um ihn dort überall zu zeigen. Es handelt sich um den 1944 gedrehten Veit-Harlan-Film, der das Schicksal der Bewohner der pommerschen Stadt Kolberg darstellte, die unter Führung von Gneisenau und Nettelbeck im preußisch-französischen Krieg von 1806–07 ihre Stadt auch dann den Napoleonischen Truppen nicht übergaben, als das geschlagene preußische Heer nach Ostpreußen geflohen war.

Hans Graf von Lehndorff, der in Königsberg als Arzt tätig war, als die Russen diese Stadt eroberten, schreibt in seinem Tagebuch unter dem 12. April 1945:

## *Das Zeugnis des Hans Graf von Lehndorff*

»Als es dunkel ist, kommt unsere Begleitmannschaft mit Blendlaternen und stöbert alles durch. Die Frauen wimmern oder schimpfen und werden unter Zuhilfenahme der Polen mitgeschleppt. Diese Teufelei wird wohl nie mehr aufhören. ›Davai suda! Frau komm!‹ Mir klingt es schrecklicher im Ohr als alle Flüche der Welt. Wenn das, was Leben bedeutet, im Zeichen des Todes steht, erreicht der Triumph des Satans seinen Höhepunkt. Es stört sie gar nicht, daß sie halbe Leichen vor sich haben. Achtzigjährige Frauen sind vor ihnen ebensowenig sicher wie bewußtlose (eine kopfverletzte Patientin von mir wurde, wie ich später erfuhr, unzählige Male vergewaltigt, ohne etwas davon zu wissen).«[33]

Solche Völkerrechtsverletzungen durch die sowjetische Armee wurden systematisch von der Rechtsabteilung der Wehrmacht untersucht, solange die Möglichkeit bestand, Zeugen zu vernehmen. Jedoch ist der Bestand der Wehrmacht-Untersuchungsstelle im Bundesarchiv-Militärarchiv in Freiburg unvollständig. Umfangreiches Material befindet sich jedoch im Bestand »Fremde Heere Ost«.

*Memorandum über das Verhalten der Roten Armee auf deutschem Gebiet vom 22. Februar 1945:*

»Dem Einbruch der Roten Armee auf Reichsgebiet war eine systematische Hetze durch die politischen Abteilungen der Truppe vorausgegangen. Der Truppe wurde durch Armee- und Frontzeitungen, bei politischen Versammlungen und Vorträgen gesagt, daß sie in Deutschland gegenüber der Bevölkerung freie Hand hätte. Vielfach wird in Kriegsgefangenen-Aussagen auf einen dahingehenden Stalinbefehl Bezug genommen, der jedoch hier heute im Original nicht vorliegt.

Die Abfassung der bisher vorliegenden erbeuteten Aufrufe ›zur Rache an den von den Faschisten ermordeten Brüdern und Schwestern, Frauen und Kindern, Müttern und Vätern in Rußland‹ lassen den Durchschnitts-Rotarmisten nicht im Zweifel, daß gegen die deutsche Zivilbevölkerung Repressalien, Plünderungen, Vergewaltigungen usw. freigestellt sind. In den politischen Belehrungen scheinen darüber hinausgehende, ausführliche mündliche Weisungen bzw. noch schärfere Auslegungen der schriftlichen Aufrufe ergangen zu sein.

Als Folge dieser systematischen Hetze scheinen die Ausschreitungen einer Reihe von Truppenteilen und Verbänden einen derartigen Umfang angenommen zu haben, daß die Disziplin gefährdet wurde und die Truppe der Führung entglitt. Aus diesem Grunde sieht sich die sowjetische Führung offenbar gezwungen, zur Zeit den gröbsten Übergriffen Einhalt zu gebieten. Wie weit den bisher auf diesem Gebiet erlassenen Befehlen in der Praxis Folge geleistet wird, kann bisher noch nicht übersehen werden. Aus Kriegsgefangenen-Aussagen, sonstigen Meldungen und Berichten geht hervor, daß der Durchschnitts-Rotarmist trotz der angedrohten drakonischen Strafen es versteht, die ergangenen Befehle zu sabotieren bzw. zu umgehen.

Als Zusammenfassung der bisher vorliegenden Meldungen und Unterlagen sowie Beutebefehle können folgende Erfahrungen als feststehend angesehen werden:

*Plünderungen*

Die auf dem Vormarsch befindliche Truppe ist vielfach aus Zeitmangel und Erschöpfung nicht in der Lage, ihre Plünderungsabsichten durchzuführen. Soweit Plünderungen vorgekommen sind, werden meist Lebensmittel, Leibwäsche, Stiefel und Schmucksachen geraubt. Von den nachfolgenden Trossen und rückwärtigen Diensten werden unter offensichtlicher Duldung des Offiziers-Korps systematisch alle leerstehenden Wohnungen ausgeplündert, wobei Spinnstoffe aller Art besonders begehrte Objekte darstellen (Abtrennungen von Möbelbezügen, Vorhängen usw.). Darüberhinaus sind – durch viele Kriegsgefangenen-Aussagen bestätigt – völlig sinnlose Zerstörungen an Einrichtungsgegenständen, wie Zerstörung der Möbel, Zerschneiden der Wäsche, Zerschlagen von Geschirr und Bildern, beobachtet worden.

Bei allgemeinem Plünderungsverbot erfolgt meist eine systematische ›Requirierungs-Aktion‹ durch die Intendanturen. Dagegen fördert die neuerliche Genehmigung zur Absendung von Heimatpaketen (5–15 kg) diese Übergriffe.

Soweit bei einzelnen Truppenteilen Plünderungen unter Strafe gestellt sind, erfolgt zur Beseitigung der Spuren anschließend vielfach das Niederbrennen der Gebäude.

*Vergewaltigungen*

In den vorliegenden Beutebefehlen, die einzelne Übergriffe anprangern, werden Vergewaltigungen nicht erwähnt. Aus Zeugenaussagen und sonstigen eigenen Meldungen geht hervor, daß Vergewaltigungen trotzdem einen weiten Umfang angenommen haben und fast regelmäßig unter Einfluß des Alkohols verübt werden. Geschändet werden Mädchen und Frauen jeden Alters (von 13 bis 68 Jahren), von bis zu 24 Offizieren und Rotarmisten nacheinander, meist unter Waffenandrohung. Vielfach erfolgt nach Massenschändung Ermordung.

Durch erbeutete Tagebücher und Feldpostbriefe werden Einzelheiten dieses bestialischen Vorgehens bestätigt.

*Erschießungen und sonstige Repressalien*

Aus den zahlreichen eigenen Meldungen und Beutebefehlen geht hervor, daß von der vorrückenden Truppe wahllos Erschießungen der Zivilbevölkerung erfolgen. Von sowjetischen Panzern überrollte Trecks werden vielfach beschossen und anschließend niedergewalzt. Einzelmeldungen sprechen dagegen von korrektem Verhalten. Die Bevölkerung werde vielfach aufgefordert, in ihre Orte zurückzukehren bzw. an ihrem Wohnsitz zu bleiben.

Das Verhalten der Truppe ist hier meist abhängig von der jeweiligen Einstellung des Kommandeurs. Die bisherigen Meldungen lassen erkennen, daß ein großer Teil der Offiziere Ausschreitungen stillschweigend duldet, ja vielfach selbst durchführt. Truppen- und Frontaufklärungsmeldungen (z. B. AOK4) berichten über Vertreiben der Zivilbevölkerung als Kugelfang bei sowjetischen Angriffen ...[34]

Obwohl der Tagesbefehl des Oberbefehlshabers der 1. Weißrussischen Front, Marschalls Schukow, zu Beginn der Januar-Offensive 1945 keine direkte Aufforderung zu Plünderungen oder zu Vergewaltigungen enthält, so wurde er dennoch durch die ständige Betonung des Racheprinzips von der Truppe so verstanden. Der Text des erbeuteten Befehls lautet:

*»An die Soldaten, Unteroffiziere, Offiziere und Generäle der Truppen der 1. Weißrussischen Front.*

*Kampfgefährten!*

Die große Stunde hat geschlagen! Die Zeit ist gekommen, dem Feinde den letzten, entscheidenden Schlag zu versetzen und die historische Aufgabe zu erfüllen, welche von Genosse Stalin gestellt wurde: dem faschistischen Tier in seiner eigenen Höhle den Garaus zu machen und über Berlin die Siegesfahne zu hissen!

Die Zeit ist gekommen, mit den deutsch-faschistischen Halunken abzurechnen. Groß und brennend ist unser Haß! Wir haben die Qual und das Leid nicht vergessen, welche von den Hitlerschen Menschenfressern unserem Volke zugefügt wurden. Wir haben unsere niedergebrannten Städte und Dörfer nicht vergessen. Wir gedenken unserer Brüder und Schwestern, unserer Mütter und Väter, unserer Frauen und Kinder, die von den Deutschen zu Tode gequält wurden. Wir werden uns rächen für die in den Teufelsöfen Verbrannten, für die in den Gaskammern Erstickten, für die Erschossenen und Gemarterten. *Wir werden uns grausam rächen für alles.*

Wir gehen nach Deutschland, und hinter uns liegt Stalingrad, die Ukraine und Weißrußland; wir gehen durch die Asche unserer Städte und Dörfer, auf den Blutspuren unserer Sowjetmenschen, die zu Tode gequält und zerfetzt wurden vom faschistischen Getier.

*Wehe dem Lande der Mörder! Nichts wird uns jetzt aufhalten!*

Wir haben unseren zugrundegegangenen Freunden, wir haben unseren Kindern gelobt, die Waffen nicht niederzulegen, bevor die Missetäter erledigt sind. Für den Tod, für das Blut unseres Sowjetvolkes sollen die faschistischen Räuber mit der vielfachen Menge ihres gemeinen schwarzen Blutes bezahlen.

Die Zeit ist gekommen, Genossen, Millionen unserer Sowjetmenschen, die mit Gewalt von den faschistischen Unterdrückern zur Zwangsarbeit vertrieben wurden, aus der deutschen Sklaverei zu befreien. Ihnen droht Lebensgefahr. Und je eher wir in Deutschland sind, um so mehr von ihnen können wir noch retten. Gleichzeitig werden wir unseren Brüdern, den Polen, den Tschechen und anderen unterdrückten Völkern Europas helfen, die Ketten der deutsche Sklaverei abzuwerfen. Indem wir das faschistische Getier vernichten, erfüllen wir bis zum Ende auch unsere Rolle als Befreiungsarmee.

Der Krieg kann nicht beendet werden, so lange in der deutschen Sklaverei noch Sowjetmenschen schmachten, so lange das faschistische Räubernest nicht endgültig zerschlagen ist.

Genossen!

Uns steht die Überwindung erbitterten feindlichen Widerstandes bevor. Eingeklemmt in die Schraubzwinge zweier Fronten zwischen uns und unseren Verbündeten, wird der Feind mit der Verzweiflung des zu Tode Verurteilten Widerstand leisten. Für uns ist es aber nichts Neues, den Deutschen zu schlagen. Die Truppen unserer Front haben ihn bei Stalingrad und Kursk, am Dnjepr und in Weißrußland, an der Weichsel und am Narew, geschlagen. Wir haben ihn auch schon damals geschlagen, als er mit seinen Helfershelfern, den Ungarn und Finnen, den Rumänen und Bulgaren, vorging. Jetzt wenden sie alle, nachdem sie von der Roten Armee eine harte Lehre bekommen haben, ihre Waffen gegen die Deutschen. Der Deutsche ist jetzt allein, wie ein gehetztes Tier. Wir haben den Deutschen schon damals geschlagen, als wir noch allein kämpften, jetzt schlagen ihn mit uns zusammen auch die Amerikaner und Engländer, die Franzosen und Belgier.
*Diesmal werden wir das deutsche Gezücht endgültig zerschlagen!...«*[35]

*In einer schlesischen Stadt: Kurz vor dem Einmarsch der Roten Armee brechen die Einwohner zur Flucht auf (Ullstein Bilderdienst)*

Es ist also nicht sehr verwunderlich, daß sowjetische Soldaten Rache an den deutschen Zivilisten nahmen. Die Realitäten des Krieges werden in den folgenden Auszügen aus erbeuteten sowjetischen Feldpostbriefen offenbart:

»Und wir nehmen Rache an den Deutschen für all ihre Schandtaten, die sie an uns verübt haben. Es ist uns jetzt erlaubt, alles zu tun mit den deutschen Schuften.«

»Mögen die deutschen Mütter den Tag verfluchen, an dem sie einen Sohn geboren haben. Mögen die deutschen Frauen jetzt die Schrecken des Krieges verspüren! Was sie den anderen Völkern antun wollten, das sollen sie jetzt selber erleben!«

»Wir übernachten in ihren Häusern und treiben die Deutschen in die Kälte hinaus, genau so wie sie uns hinausgetrieben haben.«

»Von den Deutschen sind nur Greise und Kinder da, junge Frauen sehr wenig. Doch werden auch diese totgeschlagen.«

»Jetzt treffen wir schon deutsche Zivilbevölkerung an, und unsere Soldaten gebrauchen sehr häufig deutsche Frauen.«

»Frauen gibt es genug, russisch verstehen sie kein Wort. Doch das ist für uns noch besser; denn dann braucht man sie nicht zu überreden – einfach den Nagan (Pistole) angesetzt und das Kommando ›Hinlegen!‹, erledigt seine Sachen und geht weiter.«

»Wir befinden uns weit in Ostpreußen, wo wir die Preußen ausräuchern, so daß die Federn nur so fliegen. Unsere Jungens haben bereits alle deutschen Frauen ausprobiert.«[36]

## Wider den Ungeist der Rache: Alexander Solschenizyn und andere sowjetische Offiziere

Alexander Solschenizyn, damals ein junger Hauptmann der Roten Armee und überzeugter Gegner solcher Ausschreitungen, schildert den Einmarsch seines Regiments in Ostpreußen im Januar 1945:

»Ja! Nach drei Wochen Krieg in Deutschland wußten wir Bescheid: Wären die Mädchen Deutsche gewesen – jeder hätte

*Alexander Solschenizyn (Bildarchiv Preußischer Kulturbesitz)*

sie vergewaltigen, danach erschießen dürfen, und es hätte fast als kriegerische Tat gegolten . . .«[37]

Noch eindrucksvoller beschrieb er das sinnlose Brandstiften und Töten in seinem Poem »Ostpreußische Nächte«:

Wahrlich gründlich, wahrlich weise
zahlen wir dem Feind jetzt heim:
alles brennt! Und die Quartiere?
Legen uns wohl in den Schnee?
Na, und wenn schon! In der Patsche,
sitzen wir doch nicht umsonst:
Glühte je in solcher Röte
irgendwo ein Horizont? . . .

Was Jahrhunderte geschaffen,
brennt hier nieder, sinkt zu Schutt.
Flammen plätschern, Flammen peitschen
über meinen Kopf hinweg. . . .

Neidenburg: verglühend bricht hier
altes gutes Mauerwerk.
Überstürzt ward's aufgegeben,
rasch besetzt im Plünderwahn. . . .
Zweiundzwanzig, Höringstraße.
Noch kein Brand, doch wüst, geplündert.
Durch die Wand gedämpft – ein Stöhnen:
Lebend finde ich noch die Mutter.
Waren's viel auf der Matratze?
Kompanie? Ein Zug? Was macht es!

Tochter – Kind noch, gleich getötet.
Alles schlicht nach der Parole:
NICHTS VERGESSEN! NICHTS VERZEIH'N!
Blut für Blut! – Und Zahn für Zahn.
Wer noch Jungfrau, wird zum Weibe,
und die Weiber – Leichen bald.
Schon vernebelt, Augen blutig,
bittet: »Töte mich, Soldat!«
Sieht nicht der getrübte Blick?
Ich gehör doch auch zu jenen! ...

Ein verwaister Kinderwagen –
ganz in Rüschen, himmelblau –
drum ein Knäuel von Soldaten:
»Guck, der Säugling, auch ein Deutscher!
Wird mal groß, setzt auf den Helm;
wär's nicht besser – gleich abknallen?
Hat die Führung doch befohlen:
**КРОВЬ ЗА КРОВЬ!***

... zwischendurch die Frau erschossen,
Teppich rot mit Blut bespritzt,
und den kranken Mann im Bette
gleich in einem auskuriert.
Nur ein Jüngelchen, ihr Neffe,
merkt, was los ist, springt hinaus,
über'n Zaun und hopp und rennt,
hakenschlagend und sich windend,
wie ein Häschen, wie ein Tierchen,
übers Feld zum Walde hin.
Von der Straße knallt in Rage
fast ein Zug ihm hinterher:
– »Wetten!« – »Hab' ihn« – »der haut ab!«
– »ist verwundet!« – »gib-gib-gib ihm!«
– »Ach der Hund ..., nun ist er weg.
Wenn er erst mal groß geworden ...«

* Blut für Blut

Solschenizyn setzte sich gegen diese Behandlung Unschuldiger ein und wurde deswegen verhaftet und in ein GULAG verbannt. Das gleiche Schicksal erlitten Major Lew Kopelew und andere sowjetische Offiziere, die sich für eine humanere Behandlung der deutschen Zivilbevölkerung einsetzten, Offiziere und Soldaten, die nicht Rache üben wollten.

Einer von ihnen war Hauptmann Iwan Pawlowitsch Petrasch, obwohl die Deutschen vor Leningrad seinen Bruder, seinen Neffen und den Schwiegersohn hatten umbringen lassen. Den anderen Sohn seines Bruders und dessen Schwager hatten sie in Odessa erhängt. Petrasch kämpfte in Leningrad und in der Ukraine. Im Februar 1945 wurde er in Neustadt in Oberschlesien stellvertretender Stadtkommandant. Er erhielt den Befehl, Deutsche zwischen 17 und 55 Jahren zur Zwangsarbeit in die Sowjetunion zu deportieren. Er tat es aber nicht und schickte die Neustädter zum Ernteeinsatz. Deutsche Frauen und Mädchen rettete er immer wieder vor Ausschreitungen anderer sowjetischer Soldaten, später auch polnischer Soldaten und Zivilisten.

Über ihn sagt Superintendent i. R. Johannes Klein: »Herr Petrasch gehört zu den wenigen hellen Lichtern in jener nachtdunklen Zeit. Er steht nicht ganz allein da, aber da er als Kommandant große Machtbefugnisse hatte, ist seine Menschlichkeit, sein Edelmut und sein klares Empfinden für Recht und Unrecht einem in die Tausende zählenden Menschenkreis zugute gekommen.«

Diese Offiziere waren aber eine Minderheit. Die meisten suchten Rache und Vergeltung.

## Leiden der deutschen Zivilbevölkerung während des sowjetischen Einmarsches

Eine große Verantwortung für die Katastrophe tragen freilich die NSDAP-Stellen, die die rechtzeitige Evakuierung der Zivilbevölkerung verhinderten und sie erst dann befahlen, als es zu spät war, um sie geordnet durchzuführen. Zahllose Trecks sind deswegen von sowjetischen Panzern überholt, öfter niedergeschossen oder plattgewalzt worden. Im Hinblick auf die großen Gefahren der Flucht weigerten sich viele Zivilisten, ihre eigenen Häuser zu verlassen. Viele überlebten die Zeit der sowjetischen Besetzung nicht. Stellvertretend für viele Schicksale sei der Bericht von Marie Neumann aus Pommern zitiert.

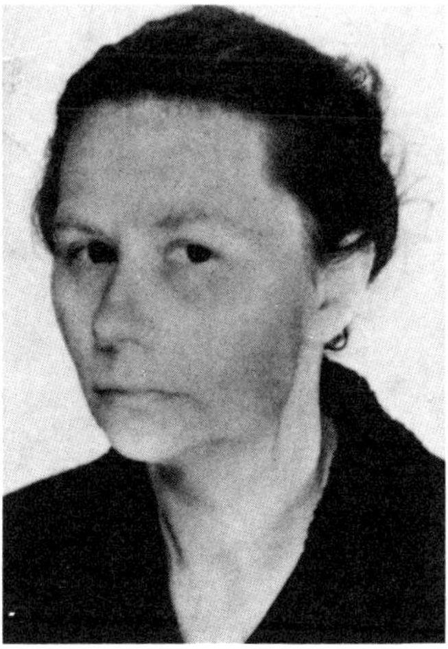

*Frau Marie Neumann*

## *Das Zeugnis der Marie Neumann*[38]

»Am Sonntag, dem 4. März, wurde mittags der Beschuß schwächer. Unsere SS, welche zuletzt im Lucknitzer Busch gekämpft hatte, hatte sich zurückgezogen und die Rote Armee die Stadt (Bärwalde) besetzt. Dieses mußte auch wohl mein Mann, der direkt vor dem Bunkereingang saß, wahrgenommen haben, auch, daß man uns entdeckt hatte. Denn er wurde sehr nervös und bestand darauf, wir müßten uns ergeben, wozu er von mir ein weißes Tuch verlangte. Ich weinte und wollte es ihm nicht geben, da ich um sein Leben fürchtete. Mein Mann machte mir Vorwürfe, daß ich es sei, die als erste die Nerven verliere, und dabei habe er gerade von mir am meisten erwartet, daß ich tapfer wäre. Da riß ich mich zusammen und gab ihm das Tuch. Darauf ging mein Mann mit zwei Polen aus dem Bunker raus, kam nach kurzer Zeit zurück, alle drei waren die Uhren los und hatten Befehl, uns alle aus dem Bunker zu holen. Wir begaben uns auch alle heraus und bekamen nach dem üblichen Ruf ›Urri, Urri‹

Befehl, uns aufzustellen und zum Kommandanten zu gehen. Wir baten, unsere Sachen mitnehmen zu dürfen, das wurde uns erlaubt, und jetzt sollten wir nicht zum Kommandanten, sondern in unsere Häuser. Begleitet wurden wir von russischer Feldgendarmerie. Unterwegs begegneten uns russische Kavallerie, alles Mongolen und Asiaten, sahen furchtbar aus, und unsere Angst wurde immer größer. Zwei Feldgendarme begleiteten uns, meine Schwester und Kinder, in unser Haus. Der eine gab uns aus seiner Feldflasche gleich Wodka, jeder *mußte* zwei Glas trinken. Dann bekam jeder ein Stück Wurst, und wir aßen, obwohl wir keinen Appetit hatten. Wir freuten uns, daß sie so freundlich waren, und ahnten nicht das Ende. Darauf forderte mein Mann mich auf, mit zum Bunker zu kommen, um den Rest unserer Sachen zu holen. Meine Schwester bat mitzugehen, um nicht mit den Kinder und den Soldaten allein im Haus bleiben zu brauchen. Damit war mein Mann zufrieden. Denn beide glaubten, ich würde besser mit den Gendarmen auskommen. Meine Schwester war nämlich sehr ängstlich. Sie stellte ihren Koffer in mein Zimmer und bat, acht zu geben. Als beide das Haus verlassen hatten, wurde ich erstmals von den beiden russischen Schweinen vergewaltigt. Danach öffnete der eine meiner Schwester Koffer, und meines Schwagers goldene Uhr, welche obenauf lag, wanderte in seine Tasche, und ich bekam zum erstenmal die Pistole auf die Brust gedrückt. Dann kamen meine Lieben zurück, mein Mann so weiß wie der Kalk an der Wand, meine Schwester wie mit Blut übergossen. Aber sie war dem entgangen, wozu man sie auch hatte im Bunker zwingen wollen, wo aber mein Mann hinzukam. Und jetzt wurde sie das Opfer dieser 1000mal verfluchten Feldgendarme.

Darauf ging der eine fort, der andere stellte sich vor unser Haus und rief den fortwährend vorbeikommenden russischen Truppen zu, worauf mehrmals Horden von 7–10 Mann kamen, und meine Schwester wurde auf einer Seite meiner Wohnung im Beisein ihrer 7jährigen Tochter, ich auf der anderen Seite im Beisein der beiden anderen Kinder und meines Mannes, welchem man eine brennende Kerze in die Hand gedrückt hatte, unter viel Weinen und Schreien vergewaltigt. Die Bestien standen bei uns an. Der Feldgendarm hielt während dieser Zeit die Haustür zu. Dieses sah ich, als ich einmal früher frei war als meine Schwester. Diese sowie ihre Tochter schrien einmal ganz unnatürlich, da dachte ich, man macht sie tot, wollte zu ihnen hinüber, da kam der Gendarm, die Bestie, in unser Zimmer gestürzt, und schlug meinen Mann mit dem Gewehr zu Boden. Ilschen warf sich weinend auf meinen Mann, und der Junge und ich hielten dem Gendarm weinend den Arm fest, sonst hätte er wohl meinen Mann gleich erschlagen. Als wir danach eine kleine Ruhepause hatten und mein Mann wieder zu sich gekommen war, kam meine Schwester zu uns rüber und bat meinen Mann weinend, ihr zu helfen, und frug: ›Karl, was soll hieraus bloß werden?‹ Mein Mann sagte: ›Ich kann Euch nicht helfen, ihr seht, wir sind Horden, aber keinen Soldaten in die Hände gefallen, sie sind alle sinnlos betrunken.‹ Ich sagte: ›Karl muß sich verstecken, sonst schlagen sie ihn tot, man hat ihn schon halbtot geschlagen.‹ Darauf wollte sich mein Mann auch verstecken, aber Grete hielt ihn zurück und bat ihn, doch an ihre armen Kinder zu denken. Darauf erwiderte mein Mann: ›Grete, ich kann Euch allen nicht helfen, aber ich bleibe bei Euch, das einzigste wäre, wir versteckten uns alle, wir gehen auf den Heuboden.‹ Gesagt, getan. Aber wir waren noch nicht ganz oben, da waren wieder drei Mann da, und da Schnee lag, fanden sie uns sofort durch die Spur, die wir hinterließen. Wir mußten wieder runter, die beiden kleinen Mädchen wurden geküßt und ihre Mutter wieder gebraucht. Sie weinte mit ihren Kindern herzzerbrechend. Sie rief verzweifelnd: ›O Gott, o Gott, wie soll dies werden.‹ Darauf mein Mann: ›Mich schlagen sie tot, Euch machen sie tot, und was aus den Kindern wird, könnt Ihr Euch denken.‹ Mein Mann meinte dann auch, das Verstecken hat keinen Zweck, wir haben gar keine Zeit dazu. Ich sagte darauf: ›Geht alle rauf, ich schließe alle Türen ab, dann müssen sie die erst aufbrechen‹, und hoffte, dadurch Zeit zu gewinnen; hatte aber in der Aufregung vergessen, daß unsere Hoftore aufgebrochen waren, denn die hatten wir ständig verschlossen. Wir waren knapp oben, da kam schreiend und johlend wieder eine Meute auf den Hof, schoß wie wahnsinnig auf den Boden und kam dann rauf. Es war inzwischen schon dunkel geworden, die hatten Taschenlampen. Es waren Zivilpersonen und Militär mit eckigen Mützen und Pompon. Was jetzt kam, sträubt sich die Feder, es zu beschreiben. Wir wurden alle gehängt mit Ausnahme der beiden Kleinen, die hat man mit dem Strick erdrosselt. Später sagten mir alle, die bei Hackbarths im Keller in der Polzinerstraße saßen, daß man unser unnatürliches Schreien weit gehört, auch im Keller gehört hat, aber niemand hatte Mut zum Kommen, jeder kämpfte zur selben Zeit selbst um sein Leben. Obwohl ich auf dem Boden bei meinen Angehörigen war, wußte ich doch nicht, welches Schicksal sie hatten; wenn ich auch ahnte, was geschehen war, Genaues wußte ich nicht. Denn mich selbst hatte man auf den Boden geworfen, auf den Kopf geschlagen und vergewaltigt, danach gehängt. Ich war sofort besinnungslos. Später hörte ich Stimmen, ich lag auf dem Boden, vier Mann knieten bei mir, und sagten ›Frau komm‹; als ich aufstehen wollte, fiel ich wieder hin. Später war ich auf dem Hof, zwei Mann hielten mich, man brachte mich ins Zimmer, legte mich aufs Bett, einer der vier Mann (ein Zivilist, Pole) blieb bei mir und fragte: ›Frau, wer gemacht?‹ Ich sagte: ›Die Russen.‹ Da schlug er mich wieder und sagte: ›Russen, gute Soldaten, Deutsche SS Schweine, hängen Frauen und Kinder.‹ Ich bekam einen Schreikrampf, es war unmöglich, zu weinen aufzuhören. Da kamen die andern drei wieder herein; als sie mich sahen, verließen sie meine Wohnung. Bald darauf kam ein Russe mit Peitsche rein, schrie mich immer an; wahrscheinlich sollte ich still sein, leider konnte ich nicht. Da gab er mir mit der Peitsche einen Schlag und schlug danach immerzu aufs Bett neben mir. Als auch das nichts half, verließ er mein Haus. Ich hörte dann Stimmen vor dem Haus, und bekam eine so furchtbare Angst wie nie zuvor und nachdem. In meiner Todesangst lief ich in den Gänsebach neben meinem Garten. Ich wollte mich ertränken, hab lange, lange gebraucht, bis ich ohnmächtig wurde. Aber auch hier war mein Leben noch nicht zu Ende. Wie alles gekommen ist, weiß ich heute noch nicht. Jedenfalls hat mich jemand rausgeholt aus dem Bach. Denn ich kam später zu mir und lag in Frl. Bauchs Zimmer bei Kaufmann Schmechel am Erdboden. Mich fror ganz Gott erbärmlich, denn Fenster und Türen waren nicht da oder kaputt, und die nassen Sachen, dazu Nacht 4. bis 5. März mit Eis und Schnee. Mit der Zeit sah ich, daß ein Bett im Zimmer war, dahinein legte ich mich und glaubte allein im Zimmer zu sein. Aber jetzt sah ich, daß jemand am Tisch gesessen hatte und aufgestanden war und an mein Bett kam, und o Schreck, es war ein Russe. Da stand mit einemmal mein ganzes Elend wieder vor meinen Augen. Ich schrie wieder und bat, er möchte mich erschießen. Er leuchtete mir mit der Taschenlampe ins Gesicht, zog seinen Mantel aus, zeigte auf seine Orden, und sagte mir, er wäre Oberleutnant und ich brauchte keine Angst zu haben. Er nahm von der Wand ein Handtuch und fing an, mich trocken zu reiben. Als er meinen Hals sah, welcher von der Schnur durchschnitten war, frug er mich: ›Wer gemacht?‹ Ich sagte, die Russen. ›Ja, ja, sagte er, ›die Bolschewiken waren, jetzt nicht Bolschewiken, jetzt Weißrussen, Weißrussen gut.‹ Dann schnitt er mit dem Bajonett meine Schlüpfer vom Körper, wobei ich wiederum mein Leben aufgab, denn man weiß ja nie, was kommt. Rieb auch meine Beine trocken, aber ich fror und wußte nicht, wo ich vor Frost hinsollte. Danach zog er nur den Ring ab und steckte ihn ein, frug, wo mein Mann ist, und vergewaltigte mich dann trotz meines elenden Zustandes auch noch. Danach versprach er, mir einen deutschen Mediziner zu schicken. Da freute ich mich sehr, aber ich hatte vergessen, daß gar kein deutscher Arzt mehr am Orte war.

Kurze Zeit, nachdem er gegangen war, erschienen vier ungefähr 18- bis 20jährige Russen. Total betrunken, rissen sie mich aus dem Bett und vergewaltigten mich auf unnormale Art wieder. Als ich aber bei meinem elenden Zustand dazu nicht mehr in der Lage war und vorm Bett hinfiel, wurde ich mit Stiefeln bearbeitet, wo es gerade hintraf; ich wurde wieder ohnmächtig. Als ich wieder zu mir kam, ging ich wieder ins Bett. Danach kamen nochmal zwei solcher Strolche, aber es war nutzlos, denn ich war mehr tot als lebend. Da habe ich kennengelernt, was ein Mensch aushalten kann, ich konnte nicht mehr sprechen, nicht mehr weinen, ja, nicht einmal mehr einen Laut von mir geben. Nachdem sie mich dann auch noch schlugen, was ich aber nicht mehr fühlte, da ich fast ohne Gefühl geworden war, gingen sie wieder fort. Und ich bin vor Erschöpfung eingeschlafen.

Als ich dann gegen Morgen wach wurde, konnte ich erkennen, wo ich mich befand. Bald darauf sah ich im offenen Schrank ein Kleid hängen, stand auch noch im Hemd und Schlüpfer. Und obwohl alles viel zu klein war, zog ich diese Sachen an, denn meine Sachen waren zu naß. Ich mußte das Kleid hinten ungeschlossen lassen. Strümpfe fand ich nicht, und meine waren bis zum Knöchel wie abgeringelt. Bald darauf bekam ich auch wieder Russenbesuch. Erst einer, welcher wohl glaubte, das Zimmer ist leer, und als er mich im Bett sah, sofort wieder den Raum verließ. Er kam mit drei Mann wieder, der eine wollte mich erschlagen, aber der Offizier ließ es nicht zu, zeigte aber auf das Hitlerbild an der Wand, welches mehrere Einschüsse hatte, und sagte nur, ich wäre Hitlerfaschist. Ich sagte: ›Nein! Ich bin nicht in meinem Quartier‹, da sagte er: ›Komm, Dein Quartier!‹ Ich mußte vorgehen in meine Wohnung und werde wohl ein schönes Bild abgegeben haben, denn als ich in mein Haus wollte, stand ein Lastwagen davor, und mehrere russische Soldaten trugen gerade mein Vieh geschlachtet ins Auto. Die Soldaten wollten sich totlachen, als sie mich sahen. Danach bedeuteten sie dem Offizier, indem sie sich mit dem Finger vor den Kopf tippten, ich wäre verrückt, und als noch vier weibliche Soldaten zukamen, wollten sie mich erschießen. Der Offizier ließ es aber nicht zu. Er fragte nach meinem Hals, worauf ich sagte: ›Russische Soldaten, Mann, Schwester, Kinder auch‹. Als er Kinder hörte, war er entsetzt. Ich bat, mit mir zu kommen zum Stall, das wollte er nicht, ich durfte auch nicht hin. Ich bat dann, zum Kommandanten zu können. Damit war er gleich einverstanden und schickte einen Soldaten mit. Aber als wir bei Kollatz an der Ecke waren, bedeutete er mir, die Neustettinerstraße entlangzugehen. Auf dem Markt waren schon einige Männer mit Aufräumungsarbeiten beschäftigt. Als ich bei Fleischermeister Albert Nass ankam, sagte ein russischer Soldat, ich sollte dort hineingehen, Kommandantur.

Als ich auf dem Hof war, standen drei Bauernfuhrwerke dort, besetzt mit Polen, Männer und Frauen, alle neu gekleidet. Aus den Fenstern flogen die Lederstühle und anderes Hausinventar, die Polen grölten dazu. Da sah ich dann auch den Polen, der, wenn ich mich nicht sehr irre, beim Mord dabei war, aber *ganz bestimmt* dabei war, als ich vom Boden geholt wurde. Der mich geschlagen hat, als ich sagte, die Russen waren es. Ich ging auf ihn zu und sagte, ich möchte zum Kommandanten. Da sagte er, ›nicht deutsch versteh‹. ›Doch‹, sagte ich, ›Sie waren gestern abend bei uns, da konnten sie sehr gut deutsch.‹ Da schrie er mich an: ›Ich da war, oder nicht da war, ganz egal, Du nicht noch einmal so sprechen!‹ Eine Polin kam und sagte: ›Was willst Du, deutsche Sau, Kommandant nicht für Deutsche. Kommandant für Polen. Ich nehme Peitsche und jag Dich vom Hof.‹ Als ich vom Hof wollte, stand dort ein russischer Soldat und sagte: ›Deutsche, eine Treppe, geh rauf.‹ Und somit war ich Gefangene. Wir wurden in einem Zimmer eingesperrt.

Als der Abend kam, begann die Hölle. Da wurde eine Frau nach der anderen rausgeholt. Einmal Frau Schuhmacher Graf (war hochschwanger), eine Frau aus Wusterhausen und Peters Tochter Frau Schmidt. Sie wurden mit einem weggefahren. Die Frauen schrien, als sie in Auto mußten, und oben schrie auch alles. Dann die überreizten Nerven, dann das Motorengeräusch, die Russen blendeten in die Fenster, so daß alles im Zimmer wie Feuer war; da schrien die Frauen, jetzt gebrauchen sie Flammenwerfer. Die Kinder schrien entsetzlich, es war furchtbar. Gegen Morgen kamen die Frauen zurück. Zwei kamen ins Zimmer, fielen über die eigenen Beine, eine Frau war vor der Türe nochmals geholt worden. Ich selbst wurde in der Nacht auch noch geholt und im Schlachthaus auf einem Federbett an der Erde gebraucht. Als ich wieder rauf kam, weinte Herr Held über mich. Mein Hals war inzwischen so dick, daß ich Mühe hatte, den Mund zu bewegen, und ich spuckte Blut.

Am nächsten Morgen versuchten dann auch die Herren Polen, uns Frauen zu holen, aber niemand ging mit. Der bewußte Pole, immer der schlimmste, die Eheringe hatte er an jedem Finger von der Wurzel bis ziemlich bis zur Fingerspitze. (O, es ist alles so widerlich, noch immer daran zu denken). Die nächste Nacht war auch nicht viel besser als die erste. Zu essen oder trinken hatten wir noch immer nichts. Gegen Morgen kamen die Polen und sagten, daß wir am Morgen nach Neustettin müßten. Dort bekämen wir dann vom Kommandanten in Neustettin die schriftliche Genehmigung, daß wir in unsere Häuser zurückkönnten. Sie trieben uns auf die Straße und sagten, wer nicht mitkommt, wird von ihnen in der kommenden Nacht ermordet. Fleischermeister Nass mit Familie war inzwischen auch daheim. Desgleichen kamen Leute aus den gegenüberliegenden Häusern. Ich fühlte mich so furchtbar elend und wollte nicht mit; Frau Löwke sagte, bleiben sie bei uns, dann kann kommen was will, wir schaffen den Marsch auch nicht. Aber alle anderen, besonders Familie Peters, sprachen auf mich ein und fürchteten, ich würde den nächsten Morgen dann nicht mehr lebend erblicken. Peters hatten einen Handwagen mit Betten mit, daran sollte ich mich hinten anfassen, und dann wollten sie mich mitziehen. Allmählich setzte sich der Marsch in Bewegung; vorne die Fuhrwerke, besetzt mit geputzten Polen, dann die Polen mit neuen Rädern, und als letzte die Deutschen. Ein Elendszug, der die Ausländerzüge, welche während des Krieges durch Bärwalde kamen, noch bei weitem übertraf.

Abends landeten wir in Neustettin, wurden von den Russen in die Offiziersvilla eingewiesen. Hatten noch immer nichts zu essen und konnten uns auch dort nichts kochen, obwohl Lebensmittel vorhanden waren, da sonst Rauch zu sehen wäre. Die Nacht verlief ruhig. Am nächsten Morgen erschienen zwei Russen, forderten uns auf, mit zum Kommandanten zu kommen, Dokumente abzuholen, nach Hause zu gehen. Das Gepäck blieb dort auf der Straße, ebenfalls blieben Frauen mit kleinen Kindern, Alte und Schwerkriegsbeschädigte zurück. Wir wurden, um die Kirche rum, ich glaube, zur Fischerstraße getrieben. Ohne Vernehmung in ein Haus. Wir waren damals 28 Bärwalder. Frauen links, Männer rechts, ins Zimmer getrieben. Es waren schon viele Deutsche da. Wir kamen in ein Zimmer, etwa 12 qm, es waren zwei Bettstellen mit Matratzen, ein Schrank, ein Chaiselongue, ein Stuhl darin. Wer nicht sitzen konnte, mußte stehen. Zu essen bekamen wir am dritten Tag, an diesem Tag wurden wir gezählt, und dabei gleich die Opfer für die Nacht ausgesucht.

Wenn die Bestien nachts kamen, wollte natürlich niemand mit, und es spielten sich furchtbare Sachen ab.

Nach mehreren Tagen mußten wir wieder auf die Straße zum Abtransport. Wir Bärwalder waren noch immer nicht registriert, und da man sich nicht erklären konnte, weshalb wir noch immer nicht in der Liste standen, erklärte man uns alle zu Hitlerfaschisten mit falscher Namensangabe.

Wir kamen darauf nach dem Gerichtshof. Wurden dort aufgeschrieben, gleich mit Zugehörigkeit zur Partei. Bei mir schrieb die Dolmetscherin Frauenwerk. Da ich dagegen Einspruch erhobt, verbot sie mir den Mund und sagte, andere Frau verraten (am nächsten Tag war die Namensliste schon wieder fort). Nach der Aufzeichnung nahm uns ein Russe mit und sperrte uns im Gericht in den Keller. Kein Inventar, der Fußboden rote Mauersteine, die Fenster entzwei. Außer uns Bärwalder Frauen waren noch einige Neustettiner Frauen mit drin, zwei davon nicht sehr kollegial. Am nächsten Morgen beim Austreten, welches jedesmal unter Russenbewachung im Holzstall – Männer und Frauen zusammen – vor sich ging, sahen wir, daß auf dem Hof Hausrat ausgegraben wurde. Wir stahlen dort einige Sachen, damit wir uns raufsetzen konnten. Nachts mußten immer zehn Frauen von uns zum Kartoffelschälen, eine Badewanne voll, in die Küche. Anschließend aus dem dunklen Holzstall unter Dolmetscher-Bewachung Holz holen. Ich war jedesmal bei. Was mich das für Nerven gekostet hat, weiß nur ich.

Am dritten Tag ging wieder ein Transport ab, darunter Fleischermeister Nass, Herr Kaske, Frau Nass. Die Tochter und Nichte von Nass blieben noch zu ihrem größten Schmerz. Wir kamen danach in die Wohnräume der Gefängnisleitung. Lagen auch hier auf bloßem Fußboden, aber es war wenigstens Holzboden. In dem Raum lagen mehrere Kranke, darunter Ruhrkranke. Wir hatten auch alle den Durchfall, Geschwüre und dergleichen. Wasser zum Waschen oder Trinken hatten wir noch kein mal bekommen. Wir stanken alle.

In der folgenden Nacht war der Teufel los. Es kam fortwährend Russenbesuch. Die kamen mit ihren Stiefeln und Sporen im Dunkeln zwischen uns schlafende Frauen; wo sie hintraten, war ihnen egal. Da hat auch die Nichte von Herrn Nass, ein 16jähriges Mädchen, welches neben mir lag, den Säbel unter der Kehle durchgezogen bekommen, weil sie sich weigerte, allerdings die stumpfe Seite. Und das tapfere Mädchen hat keinen Laut von sich gegeben, aber sich auch nicht gebrauchen lassen. Aber auch in der Fleischerstraße sind unglaubliche Sachen nachts passiert, so daß eines Morgens die Männer sagten, welche im Raum unter uns lagen, sie hätten es diese Nacht nicht mehr ertragen können, daß die Russen bei uns Frauen so hausen, und darüber Beschwerde geführt; und wir hatten gehört, daß die Männer geschlagen wurden, wir sagten ihnen: ›Oh, wenn man euch bloß nicht so schlagen würde!‹ So haben wir immer doppelt zu tragen gehabt, das eigene Schicksal und das der Mitmenschen. Nach dieser furchtbaren Nacht im Gefängnis mußten wir am folgenden Morgen auf den Hof und kamen, nachdem wir das erste Brot, das erste Brot nach so vielen Wochen als Marschverpflegung erhalten hatten – es schmeckte wie der schönste Kuchen, und niemand traute sich von uns zu essen, damit es nicht alle wird – nach Hammerstein. Wir kamen in eine feine Villa, welche wir nur gezwungen betraten, da wir glaubten, es wäre ein Freudenhaus.

Dort sind wir endlich vernommen worden. Und da ich nirgends organisiert oder in der Partei war, bin ich entlassen worden. Mußte dann den furchtbaren Weg alleine nach Hause antreten. War fünf Tage unterwegs. In den Wäldern wurden noch immer Partisanen bekämpft. Da kam ich in ein Dorf und wollte über Nacht bleiben, aber es waren die Häuser zum großen Teil von Polen bewohnt, die ließen keinen Deutschen übernachten. In anderen Häusern waren Tote. Wo Deutsche waren, meldeten sie sich gar nicht aus Furcht. Oder es waren mehrere Familien zusammen, trotzdem noch immer dasselbe Bild: ›Frau komm‹ und räubern und plündern. Die Polen, die mit den Fuhrwerken unterwegs waren, frugen vom Wagen herunter: ›Deitsch oder Polake?‹ Sagte man ›deutsch‹: ›Deutsch nix gut.‹ Und zur Bekräftigung gab es mit der Peitsche um die Ohren. In den Waldrändern irrte hungerndes Vieh umher. Und unzählige Leichen lagen noch immer da. Viele mit zertrümmertem Schädel, den Frauen waren die Röcke hochgeschlagen. Es war genau so grausam wie der Hinmarsch. Als ich in der Nähe von Grabunz war, kamen mir Frauen und Männer aus Bärwalde entgegen, die sollten die Leichen, die die Straßen bedeckten, beerdigen; von denen erfuhr ich dann, daß am Abend vorher meine Lieben von jenen in meinem Garten beerdigt worden sind. Solange hatten sie gehangen. Da wurde mein Weg noch schwerer. Gleichzeitig als man die Beerdigung vorgenommen hat, ist auch mein Haus ausgeplündert worden, alles in die Kirche zum Abtransport nach Rußland gebracht worden.

Als ich bei meinem Hause angelangt war, war es aus mit mir. Die Fenster sämtlich entzwei, die Fensterladen und Bekleidungsstücke lagen auf dem Fahrdamm, der rechte Giebel war zum Teil durch die Bomben zerstört oder zerschossen. Im Haus alles Mobiliar, was noch vorhanden war, zerschlagen, Tische und Stühle umgeworfen. Was in den Schränken war, lag am Erdboden, dazwischen Wasser und Schmutz. Ich war nicht in der Lage, mein Haus zu betreten. Ich lehnte am Haustürrahmen und wäre am liebsten tot gewesen. So entdeckte mich Maurermeister Hackbarths Familie. Herr Hackbarth holte mich dann in sein Haus, nachdem er mich frug: ›Sind Sie Frau Neumann? Oder sind Sie es nicht?‹ Einige Tage danach frugen meine Schwägerinnen, Frau Marquardt und Frau Holz, welche mich auf der Straße trafen, dasselbe.

Dann rieten Hackbarths, daß ich zum Stadtkommandanten gehen, mich anmelden und meine Nähmaschine und Betten zurückverlangen sollte. Meine sieben Stand-Federbetten, Uhren, Spiegel, Sofa, Radio usw. waren, wie ich schon schrieb, in der Kirche. Ich hatte Angst vor dem Weg, aber Hackbarths sagten, der Kommandant ist ein gerechter guter Mann. So faßte ich mir ein Herz. Die Dolmetscherin trug ihm mein Anliegen vor. Er ließ fragen, wo ich wohnte; ich sagte ihm, in dem Haus, wo er gestern meine Angehörigen zur Beerdigung freigegeben habe. Da frug er, wie solches passiert sei, ich sagte: ›Russische Soldaten, halb Zivil, halb Militär, hätten es getan.‹ ›Wann gewesen?‹, ich sagte: ›4. März gegen Abend.‹ Und als ich weinte, ließ er mir sagen, wenn ich nicht gleich aufhörte zu weinen, käme ich in den Keller, und er ließe sich nicht mehr sprechen, denn deutsche SS hätten vier Jahre in Rußland so gehaust. Und Soldaten mit eckigen Mützen wären polnische Soldaten gewesen, ebenfalls die Zivilpersonen. Es wären polnische Partisanen, welche bei Neustettin im Gefangenenlager gewesen seien, am 4. März durch Bärwalde gekommen, die hätten es getan. Meine Nähmaschine könnte ich wiederhaben, wenn ich mich verpflichtete, für die Kommandantur, aber nur für diese, zu nähen. Ich willigte ein. Ein Bett bekam ich nicht, das sowie was ich sonst brauchte, sollte ich mir aus anderen Häusern holen. Und da mein Haus kaputt und verschmutzt war, sollte ich mir eine andere, aber gute Wohnung suchen und dann Bescheid sagen. Ich habe dann die Wohnung von Bürgermeister Stöckmann bei Hackbarths bezogen. Ein Pole, welcher gerade in die Kirche Betten fuhr, brachte meine Nähmaschine dorthin. Derselbe hieß Smuda, hat mir dann öfter Fleisch, Schmalz u. dergl. gebracht, denn mein Schicksal tat ihm sehr leid. Verpflegung oder Bezahlung bekam ich für meine Arbeit nicht, nur das übliche Brot, alle Woche eins, und hin und wieder 2 Pfd. Sirup. Nach zwei Monaten kam die Frau des Kommandanten mit Kind. Da wurde es für mich besser, da bekam ich Verpflegung, und die war auch sehr nett im Gegensatz zu den Dolmetscherinnen. Nach wiederum zwei Monaten wurde die ganze Polzinerstraße sowie einige Häuser der Schirlitzstraße von den Russen enteignet. Die Stadtkommandantur kam weg, dafür die Kriegskommandantur. Ich wurde auch an die Kriegskommandantur übergeben, mußte für sie nähen, und da Hackbarths das Haus räumen mußten, zog ich in mein Haus.

Das hatte Herr Hackbarth inzwischen wieder einigermaßen hergestellt. Jetzt kamen auch die Kongreßpolen in unsern Ort. Ähnlich oder noch schlimmer als die Zigeuner. Total zerlumpt, barfuß gingen sie auf die polnische Bürgermeisterei, holten sich einen Zettel, und trieben uns Deutsche aus den Häusern. Bei mir waren sie zweimal, konnten aber nichts machen, da mein Haus für die russische Kommandantur beschlagnahmt war. Ich mußte zu der Zeit noch mehrere Frauen beschäftigen. Es waren Frau Hampel, Frl. Witzker, Frl. Schellin, und Frau Schellin kochte für uns. Wir mußten für das Bataillon, welches in Greifenberg, Altdamm und bei uns stand, 200 Mann, den sogenannten Stab, nähen. Uns gings in der Zeit gut. Wir bekamen dieselbe Verpflegung wie der russische Soldat. Außerdem mußten wir abends den Offizieren noch immer etwas nettes kochen und hatten dadurch noch Zusatzverpflegung. Gegen etwaige russische oder polnische Ausschreitungen wurden wir geschützt, hatten auch Bescheinigungen, daß wir bei ihnen beschäftigt wären. Besonders nett und gerecht war Hauptmann Koslowski. Er sorgte wie ein Vater für uns, wenn wir mit irgendeinem Wunsch uns an ihn wendeten. Und wenn die Polen nicht gewesen wären, hätten wir in dieser Zeit keinen Grund zur Klage gehabt. Anders die Bevölkerung, die nicht beim Kommando war. Dieser ist es z. Zt. mehr als traurig ergangen. Die polnische Miliz hauste wie irre, die Polen, die die Häuser belegten, nicht anders. Oft kamen Frauen zu mir und baten, ich möchte es doch der Kommandantur melden. Einmal kam ein Frl. Minna Schulz, das ganze Gesicht blau geschlagen von ihrem Polen, danach kam sie noch ins Gefängnis. Ich meldete die Sache der GPU, und etwas Abhilfe wurde geschaffen. Die Kaufmannsfrau Manske aus Patzig bat mich um Meldung, sie würde jede Nacht von Russen vergewaltigt, auch ihre alte Schwiegermutter. Der Kommandant sagte mir einige Tage nachdem, es wären Russen, die die Telephonleitung dort legten. Und so noch mehr Frauen. Hatten die Polen nicht genug Arbeitskräfte abbekommen, ging die polnische Miliz mit Gewehr von Haus zu Haus, ohne Erlaubnis wurden Haus, Stall, ja selbst der Garten durchsucht, und falls jemand angetroffen wurde, unter Bewachung zur Arbeit getrieben.

Ich wurde nun öfter nach den Tätern meiner Lieben gefragt, ich sagte dann natürlich, daß es die Polen gewesen sind. Hierauf wurde ich mehrmals von Deutschen gewarnt, daß mich die Polen verhaften wollten. Am 5. November 1945 kam dann auch Fr. Stegemann zu Frl. Schellin und sagte ihr, sie hätte gehört, daß ich bestimmt morgen früh von den Polen ins Lager gebracht würde. Ich sagte es dem einen russischen Offizier, er möchte mich doch über die Oder bringen lassen, wie es mir versprochen worden sei, wenn ich gut arbeitete. Er sagte, es ginge seit drei Tagen nicht mehr. Über dieses hätten seit fünf Tagen die Polen zu bestimmen. Ich spielte darauf verrückt, hoffte, daß man mich dann erschießen würde, aber die Russen blieben sehr ruhig. Abends war unsere Angst sehr groß, Margot Schellin schlief seit Beschlagnahme ihres Hauses vor drei Monaten bei mir. Um ungefähr 12 Uhr klopfte es ans Fenster: ›Aufmachen!‹ Margot hielt mich fest umklammert, wir zitterten beide wie Espenlaub. Es klopfte wieder, ich faßte mir ein Herz, denn es waren vier Schläge, wie mit den Russen verabredet, wenn nachts Arbeit abgeholt wurde, um zu verladen. Und, o Wunder, es waren die russischen Offiziere, sagten mir, ich soll schnell mein Bett und etwas Kleidung einpacken, morgen früh zehn Minuten vor acht kommt russisches Auto, bringt mich nach Müncheberg bei Berlin ins Lager. Sie hätten Erkundigungen eingezogen, um acht Uhr wollten mich die Polen holen. Margot dürfe niemand, auch keinem Deutschen die Wahrheit sagen, solle sagen: Frau Neumann Greifenberg, neue Schneiderstube. Bald nach sieben Uhr am 6. November fuhr ein russisches Sanitätsauto vor, sechs GPU-Soldaten drin, und los ging mit mir die Fahrt. Da unterwegs noch Brücken und Straßen ausgemessen wurden, war ich nach zwei Tagen in Küstrin und wurde Anfang Februar 1946 über die Oder gebracht. Allerdings vorher vollkommen ausgeplündert.«

Н. К. О.
ВОЙСКОВАЯ ЧАСТЬ
ПОЛЕВАЯ ПОЧТА
— 05332 —
30. 10 1945
№ 6

Справка

Дана такая . . Мари . . . Нойман . . . . .
в том, что она работает в Войсковой части полевая почта
05332, что и удостоверется.-
Действительна по 1 декабря 1945г.
Командир ВЧ. ПП 05332
Подполковник /Тайжевский/

*»СПРАВКА« eine Art Ausweispapier, das Marie Neumann von den sowjetischen Behörden im Dezember 1945 erhielt*

Man fragt sich, wieviel Leiden der Mensch ertragen kann, ohne den Verstand zu verlieren. Der Bericht der Marie Neumann und andere, die in der Ost-Dokumentation des Bundesarchivs vorliegen, zeigen die Grenzen der menschlichen Leidensfähigkeit. Und aus solchen Erfahrungen entsprangen auch ganz persönliche Dichtungen wie das Poem der Erika Trakehnen aus ihrer Sammlung »Gedanken einer Mutter«:

Zu Hause und doch nicht zu Haus' –
die Russen kommen jede Nacht –
Lieber Gott ich bitte Dich
schenke mir Schlaf und Vergessen . . .
Vergessen . . .
Beschämt, erniedrigt und geschunden
erheb ich mich wieder mit neuen Wunden. –
Vergessen . . .
Ist man als Frau nur zertreten – geknechtet?
Fragt denn niemand nach einem Rechte?
Vergessen . . .
Ist dies unser Leben, dies uns're Pein'?
nur für Männer Lust da zu sein?
Vergessen . . .
Sind wir nur für dies eine da?
Ich stand doch mit Peter am Traualtar . . .
Vergessen . . .
Ich hab' doch die Kinder – wir alle gleich.
Wir haben uns're Männer, wenn auch nicht hier . . .
Vergessen . . .
Ich bitte dich Gott, schenk mir Schlaf und Vergessen
und wollest mein Leben nicht hiernach bemessen . . .

Darum wirkt es nur wie eine klägliche Arabeske am Rande der harten Realität, was Professor Boris Telpuchowskij vom Institut für Marxismus–Leninismus beim Zentralkomitee der KPdSU in seiner »Geschichte des Großen Vaterländischen Krieges« schrieb: »Das Benehmen der Sowjetsoldaten, der Zöglinge der KP, zur deutschen Bevölkerung war menschlich.«

# Die Flucht über die Ostsee

Millionen Ostdeutsche flohen nach Westen, darunter auch die ehemaligen Bombenevakuierten. Im Gegensatz dazu blieb die deutsche Bevölkerung im Rheinland, im Ruhrgebiet, in Westfalen und im ganzen Westen zu Hause. Sie brauchten nicht zu fliehen. Im Osten herrschte die Angst. Bald war sogar der Weg über Land abgeschnitten. So treckten Hunderttausende zur Ostsee in der Hoffnung, über See evakuiert zu werden.

Während der ganzen Strecke bis zur Küste war es bitter kalt gewesen, doch jetzt hätten sich die Flüchtlinge noch härtere Kälte gewünscht, denn das Eis war zwar dick, aber nicht immer stark genug, um die schweren Wagen zu tragen, die jetzt darüber fuhren. Etwa 24 km mußten bis Pillau oder zur Nehrung über das Eis zurückgelegt werden. Manchmal ließ sich die Strecke in sechs bis acht Stunden bewältigen, manchmal dauerte es länger. Erschöpfung und Kälte forderten viele Opfer.

Was die Szene aber völlig gespenstisch machte, waren die russischen Tiefflieger, die gnadenlos die Flüchtlinge mit Maschinengewehren niedermähten oder das Eis bombardierten, so daß mancher Wagen in den Wassern des Haffs versank. Es war ein unvorstellbarer Kampf gegen die Verzweiflung.

*Flüchtlingstreck über das Frische Haff. 1945 (Bundesbildstelle, Bonn)*

Man schätzt die Zahl der Ostpreußen, die über das Haff Pillau oder andere Häfen auf der Nehrung erreichten, auf eine halbe Million Menschen.

Doch die Ankunft auf der Nehrung bedeutete noch keine Sicherheit, denn die Luftangriffe forderten immer mehr Menschenleben. Natürlich gab es in Pillau militärische Ziele – wie schließlich in jedem Hafen. Andererseits läßt sich nicht erkennen, daß es militärisch notwendig war, einen Hafen ständig unter Beschuß zu nehmen, in dem bekanntlich Zehntausende auf ihre Evakuierung warteten.

Mit den Rettungsunternehmen über See war Admiral Konrad Engelhardt betraut, der auf Anforderung von Großadmiral Dönitz jedes verfügbare Schiff für die Evakuierung in der östlichen Ostsee einsetzte. Insgesamt 790 Fahrzeuge, Marine- und Handelsschiffe und sogar kleine private Schiffe, waren an dem gewaltigen Unternehmen beteiligt, bei dem manche Schiffe bis zu zwölf Reisen machten. Diese Ostsee-Operation stellt die denkwürdige Evakuierung Dünkirchens durch die britische Marine im Mai 1940 in den Schatten.

Sie erwies sich als eine verhältnismäßig sichere Möglichkeit, viele Flüchtlinge in den Westen zu bringen. Die wenigen Katastrophen auf See waren aber so aufsehenerregend, daß man sie vielleicht überbewertet und damit den irrtümlichen Eindruck erweckt, Hunderttausende seien umgekommen.

*Transportschiff »Wilhelm Gustloff« (Fotoarchiv Norddeutscher Lloyd, Bremen)*

Die am besten dokumentierte Tragödie ist der Untergang der »Wilhelm Gustloff« am 30. Januar 1945, die von dem sowjetischen U-Boot S 13 unter dem Kapitän A. I. Marinesko versenkt wurde. Als erstes und größtes Schiff in einem Geleitzug fuhr die »Gustloff« mit ca. 6000 Flüchtlingen von Pillau an der pommerschen Küste entlang nach Mecklenburg. Nach mehrstündiger Fahrt wurde sie von drei aufeinander folgenden Explosionen erschüttert und zeigte bald darauf Schlagseite nach Backbord. Die Ostsee war unruhig, das Deck mit Eis überzogen, die Rettungsboote festgefroren, die Wassertemperatur betrug 2 Grad. Trotz der Anwesenheit anderer Schiffe im Geleitzug und trotz des langsamen Sinkens der Gustloff konnten nur knapp tausend Menschen gerettet werden.

Kapitän Harry Weller, einer der Überlebenden der Seekatastrophe, berichtet.

*Harry Weller, Offizier auf der »Wilhelm Gustloff«*

## *Das Zeugnis des Harry Weller*

Korvettenkapitän Wilhelm Zahn gab am 29. Januar den an Bord befindlichen Offizieren einen Bericht über die Lage in der Ostsee. Er erklärte, daß die Leningrader Bucht durch die deutsche Kriegsmarine vollständig kontrolliert werde. Die Gustloff habe auf der Fahrt nach Westen weder mit feindlichen Schiffen noch mit U-Booten zu rechnen. Mit Luftangriffen müsse dagegen gerechnet werden. Aus diesem Grunde solle das Schiff vor dem

Auslaufen noch einige Fliegerabwehrgeschütze erhalten. Die Fahrt solle deswegen auch erst gegen Abend angetreten werden. Deutsche Luftsicherung sei für den folgenden Tag gewährleistet. Die Gustloff war mit technischem Personal einigermaßen gut versehen. Der Leitende Ingenieur Franz Löbel hatte die Maschinen bereits am 27. Januar betriebsklar gemeldet. Kabinen, Säle, Schwimmbad und zum Teil Vorplätze waren mit Verwundeten und Flüchtlingen belegt. Eine Sorge der Schiffsführung war die Stabilität des großen Schiffes und die Versorgung der Menschen an Bord mit Schwimmwesten und genügend Rettungsmitteln. Von den 22 Rettungsbooten der Gustloff hingen nur noch 12 in den Davits. Durch die Vermittlung der Kriegsmarinedienststelle Danzig-Langfuhr wurden schnellstens zusätzlich Rettungsmittel für 5000 Menschen an Bord beschafft. Es wurden 20 Kriegsmarineboote auf dem Sonnendeck festgezurrt und eine ausreichende Zahl von Marinerettungsflößen aufgestapelt. Häufig wiederholte Durchsagen der Schiffsführung machten die Passagiere mit dem richtigen Verhalten im Gefahrenfall vertraut. Sicherungs- und Schottenübungen wurden durchgeführt. Die Schiffsführung bestellte am 29. Januar 4 Marineschlepper und einen Lotsen für die Bugsierung aus dem Hafen.

Gotenhafen war in den Tagen des Januar 1945 das letzte große Tor nach Westen. Die großen Fahrgastschiffe ›Deutschland‹, ›Hamburg‹, ›Hansa‹ und ›Wilhelm Gustloff‹ schluckten Tausende von Flüchtlingen. Die Schiffe sollten als gesicherter Geleitzug voller Flüchtlinge nach Westen überführt werden. Am Auslauftag, dem 30. Januar 1945, kommt jedoch nur das Geleit Hansa und Gustloff zustande. Auch dieses Geleit zerbricht, da die Hansa mit Maschinenschaden schon im Vorhafen vor Anker liegen bleibt. Statt vier Sicherungsfahrzeugen der Kriegsmarine geleiten zwei Boote die Gustloff in See. Es waren die Torpedoboote ›Löwe‹ und ›TF 1‹. Mit dieser geringen und schwachen Sicherung war Kapitän Weller nicht einverstanden und forderte vom Kommandierenden Admiral Östliche Ostsee stärkere Sicherung. Der Protest wurde abgelehnt, und die Reise mußte angetreten werden.

Nach einer formlosen Meldung des Zahlmeisters auf einem Zettel an den 1. Offizier befanden sich beim Auslaufen der Gustloff 918 Offiziere und Soldaten der Kriegsmarine, 173 zivile Besatzungsmitglieder (Stewards, Köche, Maschinenpersonal und seemännisches Personal), 373 Marinehelfer, 73 Schwerverwundete (völlig eingegipste Soldaten auf Tragbahren) – diese waren alle im Gesellschaftsraum unter der Kommandobrücke gelagert –

sowie 3121 registrierte Flüchtlinge an Bord. Wieviel Personen durch Beziehungen und schwarz an Bord gekommen sind, blieb der Schiffsführung unbekannt. Insgesamt waren 4658 Personen gezählt. Es waren aber bestimmt etliche Hundert mehr Menschen an Bord.

Mit 12 Knoten Fahrt folgte die Gustloff dem Torpedoboot Löwe und dem Torpedofangboot TF 1. Der Seegang wurde immer schwerer, und Spritzwasser schlug schon über die Back des Schiffes. Schneeschauer wechselten mit Aufklarungen. Bei Halbinsel Hela meldete TF 1 durch Winkspruch ›Wassereinbruch infolge Riß in einer Schweißnaht‹. Das Geleitboot mußte entlassen werden und lief nach Hela ein. Das leichte Torpedoboot Löwe übernahm die Sicherung allein. In der schweren See taten die Männer dieses Bootes ihr Bestes und sicherten den großen Passagierdampfer so gut sie es konnten. An seitliche Abschirmung war nicht mehr zu denken. Die Nacht des Grauens brach an.

Völlig abgedunkelt steuerte die Gustloff westwärts, der Seegang wurde heftiger. Ein verschlüsselter Funkspruch meldete dem Wachhabenden einen entgegenkommenden Minensuchverband. Auf dem äußeren minenfreien Weg in der Ostsee, den die Gustloff entlang steuerte, mußte ständig nach von Flugzeugen abgeworfenen Minen gesucht werden. Der küstennahe minenfreie Weg konnte von Gustloff aus verschiedenen Gründen nicht benutzt werden. Wegen des entgegenkommenden Minensuchverbandes wurden auf Gustloff die Positionslichter angezündet. Die Topplaternen und Seitenlichter, rot und grün, konnten durch Widerstände auf geringe Lichtstärke gedreht werden. Um 19.30 Uhr wurde Rixhöft passiert, um 21 Uhr mußte das Leuchtfeuer von Stilo querab sein. Alle Leuchtfeuer an der deutschen Küste brannten in Kriegszeiten nur in bestimmten, allen Schiffsführern bekannten Intervallen. Auch hier an der pommerschen Küste wußte der Wachhabende, wann Peilungen für die Standortbestimmung des Schiffes möglich waren. Der Navigationsoffizier trug den Schiffsort regelmäßig zu den bestimmten Zeiten in die Seekarte ein. Das Schiff stampfte durch die See, der Wind hatte etwas nachgelassen, die Sicht war gut, hin und wieder lugte der Mond durch die Wolken. Es wurde kälter, das Spritzwasser gefror leicht an Deck und Eisenteilen.

Es war 21 Uhr. An Backbord querab blitzte das Leuchtfeuer von Stilo kurz auf. Der Navigationsoffizier nahm die Peilung auf und trug sie in die Karte ein. Wachkapitän Weller überzeugte sich um 21.04 Uhr von dem Standort der Gustloff auf der Seekarte im

Kartenhaus. Als Weller zur Brücke zurückging und gerade im Türrahmen des Kartenhauses war, ging ein Stoß durch das Schiff. Der Wachkapitän wurde durch die Wucht des Stoßes hochgehoben und schlug mit dem Kopf oben an den Türrahmen. Mine, schrie er und stürzte mit einem Satz zum Maschinentelegraphen und riß ihn auf Stopp. Wir sind in ein Minenfeld geraten, war seine erste Vermutung. Schrille Klingelzeichen ertönten, und im gleichen Augenblick erschütterten ein zweiter und ein dritter schwerer Stoß das Schiff. Das Schiff erhielt sofort Backbordschlagseite, beim Blick über die Brückenreling sah man das Vorschiff absinken, von Wasser überspült. Aus dem vorderen Niedergang aus der Back quollen Menschen, die sich nicht mehr retten konnten. Alle Lichter im Schiff gingen aus. Ein russisches U-Boot hatte auf Lauer gelegen und der Gustloff drei Torpedotreffer verpaßt. Die Maschinen standen still, Telefone und Lautsprecheranlage blieben stumm. Das Brechen der Schotten begann, die eisernen Verbände rissen, das Schiff neigte sich mehr und mehr nach Backbord. Kapitän Weller rutschte in die Backbord Brückennock, raffte sich hoch und kletterte auf das Peildeck. Rot schießen, brüllte er die Signalgasten an. Alles an Signalmitteln abschießen. Es wurde zum Glück von einigen Schiffen empfangen. Geleitboot Löwe sah die roten Signallichter, hörte die SOS-Rufe und konnte sie weitergeben. Die Schiffsführung, alle Kapitäne und Korvettenkapitän Zahn waren auf der Brücke und sich einig: Schiff verloren! Rette sich wer kann! Alle Rettungsboote freigeben, alle Möglichkeiten nutzen!

Der Kampf um die Rettungsboote begann. Einige konnten von der Stammbesatzung zu Wasser gelassen werden, einige slipten aus und kamen zu Bruch zu Wasser. Frauen und Kinder zuerst war unmöglich. Die Passagiere aus den oberen Decks konnten sich an Deck retten. Beim Aufschwimmen der Marinekutter und Rettungsflöße konnten sich viele retten. Es begann in wilder Panik ein Kampf auf Leben und Tod. Mit der Pistole in der Hand versuchten diese Waffenträger zu retten, was zu retten war. An den Davits versuchten Seeleute den Mechanismus zum Funktionieren zu bringen, es gelang schlecht, die Winden und Taljen in Gang zu setzen. Sie waren inzwischen vereist. Das Gedränge war zu groß. Aus den unteren Decks und Räumen war kein Entfliehen möglich. Alle Treppenhäuser standen durch die Schlagseite steil und waren unbegehbar. Einige Personen aus den Maschinenräumen konnten sich über die Notstiegen in den Lüftungsschächten auf das oberste Sonnendeck retten. Die eingegipsten verwundeten Soldaten im großen Festsaal, die Marinehelferinnen im Schwimmbad, alle waren sie verloren. 90 Minuten dauerte die Tragödie der Gustloff. Auf der Brücke der Gustloff waren noch die Kapitäne Weller, Köhler und Korvettenkapitän Zahn, Navigationsoffizier, Funkoffizier und Signalgasten. Das Schiff hatte über 20 Grad Schlagseite, der Bug sank mehr und mehr, das Heck kam immer höher. Plötzlich flammte im ganzen Schiff die Notbeleuchtung auf, der Notdiesel war von unbekannter Hand in Gang gebracht. Die Gustloff sank langsam weiter. Mit den letzten aufschwimmenden Rettungsflößen konnten sich die Personen von Brücke, Peildeck und Sonnendeck retten. Einige der jüngeren Offiziere und Matrosen ließen sich von den älteren Seeleuten nicht beraten und sprangen mit Schwimmwesten über Bord, um sich schwimmend in die treibenden Boote und Rettungsflöße in Schiffsnähe zu retten. Man hat von ihnen nichts mehr gehört. Die Gustloff kündigte ihren Untergang durch das langgezogene, dumpfe Heulen der Sirene an. Die entweichende Luft im Schiffsinnern hatte sie in Betrieb gesetzt. Die Lichter verloschen. Torpedoboot Löwe umkreiste das sinkende Schiff, beleuchtete mit seinen Scheinwerfern das tausendfache Ringen um das nackte Leben. Löwe-Kommandant und Besatzung retteten, was möglich war, bis zur Grenze der Schwimmfähigkeit. An der Untergangsstelle der Gustloff wimmelte es von Schiffbrüchigen. Sie schwammen und hingen an Wrackteilen, Flößen, Rettungsbooten und Kuttern. Es vergingen zwei Stunden.

Das Torpedoboot T 36, als Geleitsicherung des schweren Kreuzers Admiral Hipper, näherte sich der Unfallstelle. Als erstes Schiff griff es in die Rettungsaktion ein. Torpedoboot T 36, unter Kommando von Kapitänleutnant Robert Hering, trieb mit über Bord gehängten Strickleitern, Tauen und Netzbroken (großen Tauwerknetzen), an denen sich kräftige Überlebende festhalten konnten und an Bord kletterten. Auch die Rettungsboote und Flöße konnten sich längsseits des T-Bootes manövrieren, soweit sie von Seeleuten gehandhabt wurden. Der Zufall wollte es, daß Korvettenkapitän Zahn, Kapitän Petersen und Kapitän Weller durch T 36 gerettet wurden. Zahn und Weller wurden von zwei verschiedenen Rettungsbooten aus ihren Flößen aufgepickt, wie so viele im Wasser treibende andere auch. In der etwa zweistündigen gespenstischen Lage gelang es aber den meisten Schiffbrüchigen nicht, ein rettendes Boot zu erreichen. Kapitän Weller konnte behilflich sein, schwangeren Frauen und Verwundeten aus dem Rettungsboot zu helfen, um das Deck des Torpedobootes zu betreten. Die Matrosen des Torpedobootes gaben ihr letztes, um die Schiffbrüchigen an Bord zu ziehen. Weller meldete sich sofort bei Kommandant Hering auf der Brücke des T 36. Hering fragte Weller, ob ihm nicht bekannt gewesen sei, ab Mittag des 30. Januar wäre U-Boot-Gefahr im Seegebiet der pommerschen Küste. Dieser Marinefunkspruch war auf der Brücke der Gustloff nicht bekannt geworden. Es wären andere Fahr- und Kursverhältnisse durchgeführt worden. Weller hatte in den Monaten vorher Truppentransporte nach baltischen Häfen durchgeführt und auch dort Torpedoangriffe erlebt.

Vereinzelt war vor dem Hafen von Libau doch ein russisches U-Boot geortet. Kapitän Köhler und 1. Offizier Reese der Gustloff waren, wie später bekannt geworden ist, auf gleiche Weise von Torpedoboot Löwe gerettet. Völlig durchnäßt und erschöpft wurden die Schiffbrüchigen auf T 36 ins Trockene gebracht. Weller und Zahn befanden sich im Steuerhaus von T 36, als dort dem Kommandanten Hering vom Funkmeßraum, von einem dort vorhandenen Gerät ähnlich dem heutigen Radar, die Ortung eines U-Bootes gemeldet wurde. Abstand 1400 Meter, Peilung 15 Grad an Backbord. Höchste Gefahr für Schiff und Menschen. Ringsum Boote, Flöße, Menschen. Kommandant Hering mußte auf das feindliche U-Boot zulaufen: Volle Kraft voraus, Wasserbomben werfen! Es geschah auch so. Unter diesen Umständen eine furchtbare Entscheidung. Es war die letzte Möglichkeit für die schon Geretteten. Viele der längsseits liegenden Boote und Flöße kenterten beim Fahrtaufnehmen des T 36. Durch die Detonationen der Wasserbomben gab es für viele ein schnelles Ende. Furchtbar! Durch und nach dem Wasserbombenangriff war das russische U-Boot nicht mehr feststellbar. Zwanzig Minuten konnte an der Unfallstelle noch verharrt werden. Dann mußte Kommandant Hering aufgeben, sein Schiff war bis auf den letzten Platz besetzt und überladen. Weit über 500 Menschen waren auf dem Torpedoboot untergebracht. T 36 nahm Kurs auf Saßnitz auf Insel Rügen. Weller wurde im Funkmeßraum untergebracht und hatte so Gelegenheit, die neuesten Navigations-und Sicherungsmöglichkeiten zu erleben. Nach Kommandantenliste befanden sich 564 Gustloffgerettete auf T 36. Auf der Fahrt in der Nacht bis zum nächsten Mittag in Saßnitz waren jedoch viele gestorben; Erschöpfung, Erstarrung, Schwäche überfiel die Geborgenen in den überfüllten Mannschafts-, Wirtschafts- und Heizräumen. Ein geretteter Arzt konnte aber auch in dieser Nacht schwangeren Frauen Beistand leisten und neuem Leben ans Licht der Welt helfen. Mehrere Erdenbürger waren geboren.

Auf der Gustloff waren aus Danziger Krankenhäusern Schwangere und Kreißende eingeschifft worden. Es war der Schiffsleitung ebenso gemeldet wie die Einschiffung der auf Tragbahren liegenden eingegipsten Soldaten. Ärzte für die Betreuung dieser Personen waren an Bord kommandiert. Auch Torpedoboot Löwe mußte auf der Suche nach Schiffbrüchigen wegen Platzmangels abbrechen. Mit 252 Geretteten steuerte es nach Kolberg. Später an der Unfallstelle angekommene Fahrzeuge der Kriegsmarine und Handelsschiffe konnten noch Menschen aus Rettungsbooten und Flößen sowie von Wrackteilen retten. Neben den von den beiden Torpedobooten T 36 und Löwe geretteten etwa 800 Menschen konnten noch etwa 300 Personen geborgen werden. Der Zahl 1100 Geretteten steht die Zahl von über 5000 Ertrunkenen gegenüber.«

Der sowjetische Kapitän Marinesko versenkte nach der ›Gustloff‹ am 10. Februar 1945 auch den Verwundetentransporter ›General von Steuben‹. Rund 3500 Menschen ertranken.

Die wohl verheerendste Schiffskatastrophe wurde durch die Versenkung der Goya durch das russische U-Boot L-3 unter

*Verwundetentransporter »General von Steuben« (Fotoarchiv Norddeutscher Lloyd, Bremen)*

Kapitän V. K. Konowalow am 16. April 1945 ausgelöst. Man hat später berechnet, daß zwischen sechs- und siebentausend Flüchtlinge mit dem Frachter befördert wurden; nur 183 Menschen überlebten den Untergang.

Trotz dieser aufsehenerregenden Versenkungen setzten die deutsche Marine und die Handelsflotte ihr Rettungsunternehmen bis in die letzten Tage des Krieges fort. Die Halbinsel Hela an der Putziger Nehrung war noch überfüllt mit Flüchtlingen, die noch gerettet zu werden hofften. So konnten am 6. Mai 1945 noch dreiundvierzigtausend Menschen von Hela geholt werden. Sogar noch zwei Wochen nach der Kapitulation landeten Schiffe mit Flüchtlingen in Schleswig-Holstein an. Das letzte Schiff, das den Hafen erreichte, beendete seine Reise mit einem zerbrochenen Kompaß. Auf Hela blieben noch Tausende von Zivilisten und Soldaten zurück, die nicht mehr evakuiert werden konnten. Sämtliche Soldaten und viele Zivilisten wurden zur Zwangsarbeit in die Sowjetunion geschickt, von der viele nicht mehr zurückkehrten.

Der Auszug aus den Erinnerungen eines Marineoffiziers, der damals bei der Evakuierung in der Danziger Bucht mit Koordinierungsaufgaben betraut war, spiegelt die Stimmung wider:

## *Das Zeugnis des Korvettenkapitäns A*

»Über Gotenhafen tobte ein eisiger Oststurm, und der rote Sturm war in der Nacht vom 11. zum 12. Januar 1945 losgebrochen. Rasch stießen russische Panzerkeile nach Westen vor und fächerten zur Ostsee hin aus, die Zivilbevölkerung vor sich hertreibend bzw. grausig überrollend. Schon bald erreichte der Russe bei Cranz die Ostsee und schnitt die Nehrung nach Memel ab.

Minensuchboote brachten aus Pillau die ersten Flüchtlinge: Frauen, denen die Kinder in den Armen erfroren. Gotenhafen schwappte von Flüchtlingen über, die mit Eisenbahn, mit Trecks und zu Fuß kamen.

Den unter Admiral Thiele zu einer Kampfgruppe zusammengefaßten Schiffseinheiten gelang es mit den schweren Schiffsgeschützen, an verschiedenen Küstenabschnitten den Vormarsch der Russen wenigstens etwas aufzuhalten. Bald meldete die Kampfgruppe Munitionsbedarf; Antwort der zuständigen Stellen: Munition ist vorhanden, jedoch keine Leute, um sie zu transportieren! Himmler, der neue Oberbefehlshaber in Pommern und in diesem Raum, habe alles Marinepersonal aus Gotenhafen zur Verteidigung der Marienburg befohlen. Es bedurfte schon einer listenreichen Befehlsakrobatik, um das Personal für die Munitionsdepots wieder zurückzuführen. Es war wichtiger, daß für die Schiffsartillerie Munition an Bord kam, als diese völlig ungeeigneten Verteidiger totschießen zu lassen.

Inzwischen trafen die ersten Schiffe zum Abtransport der Flüchtlinge ein. Mit 8000 hielt man den schönen Hapag-Dampfer ›Arcona‹ für überfüllt; bei seiner nächsten Fahrt wollte man schon mehr als 12 000 darauf pferchen!

Nach 10 Tagen war der Russe auch schon in Elbing und am Haff. Die Flüchtlinge versuchten die Flucht über das Eis. Tausende ertranken, erfroren, kamen bei Tieffliegerangriffen um. Dann sollte das Eis aber wieder aufgebrochen werden, damit der Russe nicht übersetzen könne. Die wackeren Seeleute der Sicherungsflotille landeten an der Nehrung, standen bis zum Bauch im eisigen Wasser und hoben Frauen und Kinder an Bord. Inzwischen leerte sich auch Gotenhafen. Plünderer wurden erschossen und lagen zur Abschreckung herum; Eisenbahngüterwagen mit massenweise erfrorenen Flüchtlingen standen auf den Geleisen am Hafen.

Gegen Ende März brach der Russe in Richtung Zoppot durch. Danzig und Gotenhafen lagen unter Dauerbeschuß, und die Tieflieger tummelten sich ungehindert über den beiden Städten. Am 27. März fiel Danzig. Ein Versuch, noch Verwundete aus dem Lazarett abzutransportieren, scheiterte. Wie wir später erfuhren, wurde ein Teil von ihnen in ihren Betten erschossen. Auf einem der letzten von Danzig noch auslaufenden Schiffe rettete sich das noch übriggebliebene Fachpersonal der Schichauwerft aus Elbing und Danzig. Sie bauten sich später in Bremerhaven eine neue Existenz auf. Von See her sah man die Brände. Voll Wehmut dachte ich an jene winterliche Vollmondnacht, in der mich die schaurige Ahnung überfiel. Wer noch nicht geflohen war, wich in die Weichselmündung aus, die sich nach Sprengung der Dämme noch einigermaßen verteidigen ließ.

Die schlimmsten Szenen spielten sich seit Ende März 1945 bei der Einschiffung auf Hela-Reede ab. Kamen Luftangriffe, so setzten sich die Transporter in Bewegung und warfen die Zubringerboote los, denn die Wracks von zwei vorschriftsmäßig international gekennzeichneten Lazarettschiffen am Nordoststrand von Hela waren Warnung genug. So kam es, daß Kinder von ihren Müttern getrennt wurden und erst Jahre später nach langwieriger Sucharbeit des ›Roten Kreuzes‹ wieder zusammen fanden. An manchen Tagen wimmelten über 100 000 Flüchtlinge auf Hela, bis das nächste Geleit eintraf. Dann hatte man liebe Not, daß nach einem Luftangriff die Toten unter die Erde kamen. Die Truppe war so abgestumpft, daß die tote Frau und das verblutete Kind da überhaupt nicht mehr zählten.

Ein Fährprahmführer, der aus Pillau mit Verwundeten kam, brummelte, die Hälfte sterbe unterwegs. Erschütternd die lange Reihe in ihren verbluteten Papierverbänden – etwas anderes gab es längst nicht mehr. Aber der Befehl blieb: Alle Verwundeten werden abtransportiert!

Von drei Seiten schoß der Russe in das liebe alte Marinestädtchen Pillau. Noch immer krochen aus dem Schutt Frauen und Kinder zum Abtransport. Mit dem Eisbrecher ›Ostpreußen‹, gespickt mit Flak-Waffen, erschien von Königsberg/Pillau kommend der Herr Gauleiter Koch in Hela-Hafen. Großmäulig verlangte er Geleitsicherung; er sei auf dem Wege zum Führer. Der ›Admiral Östliche Ostsee‹, Admiral Burchardi, lehnte jedes Sondergeleit ab. Sein Chef des Stabes ließ schnell noch einige 100 Ostpreußenflüchtlinge zum Liegeplatz der ›Ostpreußen‹ dirigieren, doch die Leibgarde dieses Halunken Koch jagte sie davon. Er hatte auch den rechtzeitigen Abtransport eines großen etwa 2000 Maiden fassenden Lagers in Samland verhindert. Koch trug auch die Schuld, daß wohl einer der fähigsten Truppenführer dieser Phase, General Hossbach, in dem Augenblick, als er die Verbindung mit Westpreußen südlich Elbing wiederherstellen wollte, auf sein Betreiben von Hitler abgelöst und die Truppe wieder um 180 Grad herumgeworfen wurde.

Auf Hela wurde die Verpflegung knapp. Trotzdem bedurfte es schon erfahrener Kurlandkämpfer, bis das erste Pferd geschlachtet wurde. Gegen Zahnfleischbluten wurde das Kauen von Kiefernnadeln geübt bei einem kurzen Gang auf den Eisenbahnschwellen in der warmen Aprilsonne. Weiter abseits störte man Liebespärchen, die sich in der Untergangsstimmung auch nicht vor russischen Granaten schämten, die von der Oxhöfter Kempe herüberrauschten.

Am 8. Mai 1945 wurden nochmal 70 000 Mann eingeschifft, während im Westen schon die Waffen ruhten. Die Einschiffungsleitstelle meldete: ›Kein Verwundeter, kein Flüchtling mehr auf Hela!‹

Etwa 1,5 Millionen Flüchtlinge hat die Marine zusammen mit der wackeren Handelsmarine aus Ost- und Westpreußen eva-

*Flüchtlingstrecks auf der Fahrt durch Schlesien. Januar–Februar 1945 (Bildarchiv Preußischer Kulturbesitz)*

*Flüchtlingstrecks auf der Fahrt durch Schlesien. Januar–Februar 1945 (Bildarchiv Preußischer Kulturbesitz)*

kuiert; allein 387 000 im April 1945. Knapp 1 Prozent ist dabei umgekommen. (Auf dem Landwege verlor die Zivilbevölkerung mehr als 15 Prozent!) Hinzu kamen 300 000 Verwundete und über 700 000 Soldaten. Die Bevölkerung, die überrollt wurde, hat Entsetzliches erlebt.«

So spielte sich das Ende im Norden ab. Weiter südlicher, in Schlesien, flüchteten die Menschen auf dem Landwege, die meisten auf Trecks, andere mit der Bahn. Viele hatten Dresden als Ziel.

## Die Zerstörung Dresdens

Dresden war bis Anfang 1945 von Bombenangriffen verschont geblieben. Es gab kaum militärische Ziele dort – höchstens den Bahnhof als Verkehrsknotenpunkt. Viele dachten, daß Dresden wegen seiner kulturellen Bedeutung genauso wie Paris oder Rom verschont werden würde.

Nicht weniger als 200 000 Schlesier, wahrscheinlich sehr viel mehr, befanden sich in der Stadt am Dienstag, dem 13. Februar.

*Die zerstörte Innenstadt Dresdens (Bildarchiv Preußischer Kulturbesitz)*

Um 22 Uhr erscheint über Dresden eine dichte Wolke britischer Bomber. Der erste Angriff ist um 22.21 Uhr abgeschlossen. Die Stadt brennt. Ein zweiter Angriff erfolgt um 1.30 Uhr am 14. Februar. Insgesamt 1400 britische Flugzeuge sind beteiligt. Und als ob dies nicht genug wäre, folgen um 12.12 Uhr mittags die Bomben von 450 amerikanischen Flugzeugen.

Insgesamt werden 3000 Tonnen Brand- und Sprengbomben abgeworfen. Mindestens 135 000 Menschen sterben. 400 000 werden obdachlos. Das Ende des Krieges wird dadurch nicht um einen Tag beschleunigt. Das Massaker ist militärisch bedeutungslos. Es ist reiner Terror.

Johanna Mittmann, eine mutige Frau aus Oberschlesien, flüchtete mit 78 Kindern vor den vordringenden Sowjets aus Oppeln (Oberschlesien) nach Dresden. Seit 30 Jahren ist sie eine amerikanische Staatsbürgerin, die in Florida lebt. Frau Mittmann erinnert sich an den Tag des ostdeutschen Holocausts:

*Johanna Mittmann*

## *Das Zeugnis der Johanna Mittmann*

»Wir kamen schließlich übermüdet nach Dresden. Wir hatten auch die im Heim Kronprinzessin Caecilia untergebrachten Bahnerkinder mitgenommen, als wir in Zillertal Erdmannsdorf einen Wagen für die 78 Kinder angewiesen bekamen. Das jüngste der Kinder war 8 Wochen alt und der Älteste der 14 Jahre alte Franzl Butter sowie Franzl Friebe, der später zur Großmutter kam, weil seine Eltern nicht aufzufinden waren.

Die Kinder kauerten erschöpft auf den Bänken oder huddelten auf dem Fußboden. Wann würden wir abgeholt? – Es schien doch unmöglich, daß jemand in Dresden, wo in dieser Nacht etwa zwei bis drei Millionen sich zusammendrängten – denn Dresden war bisher verschont geblieben und hatte daher kaum Flak oder Panzerabwehr oder andere Kampftruppen –, in diesem Menschenhaufen die todmüden Kinder finden könne. Aber schließlich hatten wir die zwei Kinder des Reichsbahn-Rates Meyer in unserem Transport, und Herr Meyer wußte die Nummer des Zuges, mit dem wir im Hauptbahnhof Dresden eintreffen sollten. Der würde schon Mittel und Wege finden.

Da plötzlich ein eigenartiges Knistern in der Luft. Unmengen von Lametta tanzten in der plötzlich verdunkelten Gegend – und Menschenmengen drängten und quollen aus all den abgestellten Zügen, um gegebenenfalls noch einen der Dresdner Bunker zu erwischen. Da es einfach unmöglich war, die 78 Kinder zusammenzuhalten unter diesen Umständen, entschlossen wir uns, eben im Zug zu verbleiben und immer zwei der Kinder zusammenzubringen – einen der Älteren jeweils für einen der Jüngeren verantwortlich zu machen, falls wir dennoch aus dem Zug müßten. Ich hatte außerdem eine schrille Pfeife und machte den Kindern klar, daß sie, falls wir irgendwie auseinanderkämen, baldmöglichst dahin rennen sollten, wo sie mich zuletzt gesehen hätten oder wo der Pfeifton erklingen würde. Da fielen schon die ersten Bomben und gleich in unmittelbarster Nähe. Jetzt saßen und knieten wir alle ausnahmslos auf dem Boden des Waggons und flehten zum Himmel, uns doch zu verschonen. Da ich auf der Gottesmutter Fürsprache zutiefst vertraue, wiederholten wir endlos das Gebet: ›Hilf, Maria, es ist Zeit – hilf, Mutter der Barmherzigkeit ...‹ Die Einschläge schienen alle gleich nahe und unabwendbar ... Schreie draußen und selbst auf unserem Bahnsteig aufbrechende Spalten, aus denen Flammen schossen. Ja, ich sah sogar zwei ältere Männer, die auf unsern Waggon zuliefen, plötzlich eingeschlossen von Flammen. Sind denn die, die da oben die Bomben lösen, nicht auch Menschen? Kann denn ein Mitmensch den Auftrag gegeben haben, so wahllos zu töten? Der Kinder angsterfülltes Flehen konnte einem schier das Herz brechen – und unser Grüpplein war doch nur ein so geringer Anteil der in Dresden zusammengepferchten Menschheit.

Ich hatte in eine Schlafdecke gewickelt den Klaus Dietrich auf dem Rücken, denn der fast 9jährige hatte eine Lungenentzündung, und wir hatten schon Schwierigkeiten, ihn von Buchwald nach Zillerthal mitzunehmen – aber wir konnten ihn doch nicht den Russen überlassen, nachdem ich einige Beispiele ihrer Roheit gesehen hatte. Aber auf einmal war es vorüber, und Minuten später verstummte das Wimmern der Kinder – sie schliefen. Ich selbst muß geschlafen haben, denn als ich erschreckt hochfuhr, waren wir am Elbeufer auf der westlichen Seite, und der Bahnhof war jenseits ein einziges Flammenmeer. Obgleich die Hitze nun drückend wurde, konnten wir dennoch nicht aus dem Waggon, denn der zweite Angriff hatte gerade begonnen. Es war gegen drei Uhr morgens. Ich glaubte, es wäre gut, mit den Kindern hinunter zur Elbe zu kriechen. Aber das Wasser brannte ja – erst später hörte ich, daß während des ersten Angriffs ausschließlich Brandbomben geworfen worden waren und im zweiten Angriff Naphta- und Sprengbomben, um die Überlebenden in den Bunkern auch zu zermalmen – und die Menschen, die in Parks zusammenhockten, konnten von Bäumen oder Gebäuden erschlagen werden! Das war doch Hölle auf Erden! Schließlich mußte aber der fiebernde Klaus etwas Wasser haben oder einen feuchten Umschlag. Als also der Angriff endlich längst vorüber war, stiegen wir aus dem Wagen, in dem wunderbarerweise nicht einmal ein Fenster geplatzt war, und marschierten im Gänsemarsch, um etwas zu trinken oder gar zu essen zu bekommen und aus der stickigen Luft herauszukommen, die sogar die Sonne verdunkelte.

Als wir endlich Rote-Kreuz-Helfer fanden, rissen die ihre Augen weit auf: LEBENDE zwischen all den Toten und gleich ein so nettes Grüppchen. Die Eisenteile, die noch heiß waren, hatten wir vermieden. Einzelne hatten Brandblasen bekommen, als sie stolperten. Aber wie man so sagt: ›Wo kommt ihr denn her?‹ Und es war hart zu glauben, daß von da, wo nicht eine Maus überlebt zu haben schien, vom Hauptbahnhof Dresden, wir alle gekommen waren und schier ausgedörrt um Wasser bettelten.«

Johanna Mittmann erzählt uns vom Überleben. Sie erspart uns jedoch die Schilderungen des Grauens, als ganze Häuserblocks vom Erdgeschoß bis zum Dachstuhl brannten, wie einzelne Menschen aus diesem Feuerofen herauswankten. »Brennende Fackeln. Sie schrien, wie nur Menschen in Todesnot schreien können. Sie stürzten zusammen. Hunderte brennende, schreiende Fackeln stürzten zusammen, verstummten. Und immer neue folgten, und keiner kam mit dem Leben davon ... Die Straße mit Leichen übersät, Torsos hingen in den verstümmelten Bäumen ... Menschen irrten umher. Einer lief wie unter einem Zwange in ein brennendes Haus hinein, das krachend über ihm zusammenstürzte ... Die Glut entfachte Sturm. Fauchend schürte er die Flammen ...«[38a]

Gerhart Hauptmann, der schlesische Dichter aus Agnetendorf im Riesengebirge und Literatur-Nobelpreisträger, befand sich im Sanatorium Weidner in Dresden-Loschwitz. Von dort aus sah er die brennende Stadt und sagte in Tränen: »In diesem Augenblick wollte ich sterben.« Später schrieb er:

»Wer das Weinen verlernt hat, der lernt es wieder beim Untergang Dresdens. Dieser heitere Morgenstern der Jugend hat bisher der Welt geleuchtet. Und ich habe den Untergang Dresdens unter den Sodom- und Gomorra-Höllen der englischen und amerikanischen Flugzeuge persönlich erlebt.

Ich stehe am Ausgangstor des Lebens und beneide alle meine toten Geisteskameraden, denen dieses Erlebnis erspart geblieben ist. Ich weine. Man stoße sich nicht an dem Wort Weinen. Die größten Helden des Altertums, darunter Perikles und andere, haben sich seiner nicht geschämt.

Von Dresden aus, von seiner köstlich gleichmäßigen Kunstpflege in Musik und Wort, sind herrliche Ströme durch die Welt geflossen, und auch England und Amerika haben durstig davon getrunken. Haben sie das vergessen?

Ich bin nahezu 83 Jahre alt und stehe mit meinem Vermächtnis vor Gott, das leider machtlos ist und nur aus dem Herzen kommt: Es ist die Bitte, Gott möge die Menschen mehr lieben, läutern und klären zu ihrem Heil als bisher.«[39]

Besonders entsetzlich an dem Massaker ist die Tatsache, daß es kaltblütig verübt wurde. Die Verbrechen an Frauen und Kindern in Nemmersdorf (S. 62ff.) und Metgethen (S. 67ff.) geschahen als Begleiterscheinung einer Infanterieoffensive mit hohen Verlusten bei den Soldaten. Die Täter begingen die Vergewaltigungen und andere Exzesse an der Zivilbevölkerung in der Psychose des Kampfes, im Rausch des Erlebten oder des Alkohols. Dagegen waren die Flächenbombardierungen deutscher Städte durch anglo-amerikanische Verbände nichts anderes als Terrorangriffe, befohlen von Schreibtischtätern. Die »area bombing« des Strategic Bombing Command gehen zurück auf einen Beschluß des britischen Kriegskabinetts vom 14. Februar 1942, wonach die Operationen hinfort hauptsächlich darauf abzielen sollten, die Moral der feindlichen Zivilbevölkerung, vor allem der industriellen Arbeiterschaft, zu zerbrechen.[39a] Etwa 600 000 Zivilpersonen sind diesem Luftterror zum Opfer gefallen.

# Teil IV: Alliierte Entscheidungen zur Umsiedlung

Für die Ausschreitungen, die während des Krieges begangen wurden, trägt jede Armee – sowohl die deutsche als auch die alliierte – die eigene Verantwortung. Dies gilt für die Verbrechen der sowjetischen Armee in Ostdeutschland ebenso wie für die Vernichtung Dresdens durch anglo-amerikanische Bomberverbände. Eine andere Frage betrifft die Verantwortung für die prinzipielle Entscheidung der Alliierten, Millionen Deutsche zu entwurzeln und umzusiedeln.

Im August 1941 trafen der britische Premierminister Churchill und der amerikanische Präsident Roosevelt mitten im Atlantik zusammen und einigten sich auf eine Erklärung ihrer gemeinsamen Ziele, die dann zwei Tage nach Abschluß der Konferenz, am 14. August 1941, bekanntgegeben wurde.

Ähnlich wie Präsident Wilsons 14 Punkte im Ersten Weltkrieg stellte die Atlantik-Charta einen allgemeinen Prinzipienkatalog dar, ein Programm für den Frieden. Die wichtigsten ihrer acht Punkte waren:

1. Die Anglo-Amerikaner erklären, daß sie keine territoriale Vergrößerung wünschen.
2. Sie wünschen keine Gebietsveränderungen, die nicht mit den frei geäußerten Wünschen der betroffenen Völker übereinstimmen.
3. Sie achten das Selbstbestimmungsrecht der Völker.
4. Sie werden sich bemühen, allen Staaten, groß oder klein, Siegern oder Besiegten, fördernd zu helfen, daß sie unter gleichen Bedingungen zum Welthandel und zu den Rohstoffen der Welt, welche für ihr wirtschaftliches Gedeihen notwendig sind, Zutritt haben.

Bald bekannten sich die anderen Nationen der Anti-Hitler-Koalition zu den Prinzipien der Atlantik-Charta: so auch die Sowjetunion, die Exilregierungen Polens und der Tschechoslowakei.

# Erste alliierte Umsiedlungspläne

Dennoch bemühte sich während dieser Zeit Dr. Eduard Benesch, der Präsident der tschechoslowakischen Exilregierung in London, die Ausweisung der Sudetendeutschen aus der Tschechoslowakei vorzubereiten.

In einer Vorlesung an der Universität Manchester trug Benesch 1942 vor: »Umsiedlungen sind eine schmerzhafte Operation. Die Verfasser der Friedensregelung können sich nur dann einverstanden erklären, wenn die Umsiedlungen human organisiert und international finanziert werden.« Benesch nahm Bezug auf den Bevölkerungsaustausch zwischen Griechenland und der Türkei, der sich 1923–1926 unter Obhut des Völkerbundes gemäß dem Lausanner Vertrag abgespielt hatte. Insgesamt wurden damals etwa eine halbe Million Türken mit doppelt so vielen Griechen ausgetauscht.

Beneschs Plan zielte zunächst darauf ab, das Münchener Abkommen für nichtig zu erklären, um die Wiederherstellung der im Vertrag von St. Germain festgelegten Grenzen zu ermöglichen. Jedoch war Benesch bereits während der Münchener Krise 1938 vom britischen Premierminister Chamberlain informiert worden, daß im Falle eines bewaffneten Konflikts die Tschechoslowakei »nicht in ihren Grenzen wiederhergestellt werden könnte, wie immer auch der Ausgang des Konfliktes sein möge.« Selbst nach Hitlers Verletzung des Münchener Abkommens durch die illegale Besetzung Böhmens und Mährens wiederholte Chamberlain in einer Rede zu Birmingham, daß die in den Pariser Verträgen festgelegten Grenzen ungerecht gewesen seien. Von dieser Auffassung rückte dann der neue britische Außenminister Eden ab, als er im August 1942 erklärte: »Bei der endgültigen Festlegung der tschechoslowakischen Grenzen, die bei Kriegsende vorgenommen werden muß, wird sich die britische Regierung nicht von irgendwelchen seit 1938 vorgenommenen Änderungen beeinflussen lassen.« Eden informierte Benesch ferner darüber, daß »seine Kollegen im Kabinett mit dem Prinzip der Umsiedlung einverstanden« seien.

Dieser ersten offiziellen Zustimmung zu dem Prinzip, Hunderttausende von Menschen zu entwurzeln, folgten im Sommer 1943 die der Vereinigten Staaten und der Sowjetunion.

Weitere provisorische Entscheidungen über die Vertreibung der Deutschen wurden auf der Konferenz von Teheran im Dezember 1943 getroffen. Da Stalin die östliche Hälfte Polens behalten wollte, die er gemäß dem Molotow-Ribbentrop-Pakt im September 1939 besetzt hatte, mußte irgendwie eine Entschädigung für die Polen gefunden werden. Ostpreußen sollte an Polen abgetreten werden, vielleicht auch Oberschlesien. Die deutsche Bevölkerung sollte deshalb ausgesiedelt werden. Was Polen im Osten verliere, könne es im Westen gewinnen. Churchill demonstrierte mit Hilfe dreier Streichhölzer seine Gedanken über eine Westverlagerung Polens. Dies gefiel Stalin sehr.

Zwar waren die Polen entsetzt, daß sie Ostpolen samt Lemberg und Wilna verlieren sollten, aber die Westmächte suchten ihnen dies durch die Entschädigung im Westen mit deutschem Land schmackhaft zu machen. In einem Brief an den Premierminister der polnischen Exilregierung in London, S. Mikolajczyk, versprach Roosevelt seine Hilfe: »Wenn Polens Regierung und Volk im Zusammenhang mit der neuen Grenzziehung des polnischen Staates wünschen, Umsiedlungen in das und aus dem polnischen Gebiet vorzunehmen, wird die Regierung der Vereinigten Staaten keine Einwände erheben und, soweit möglich, die Umsiedlung erleichtern.«

Churchill war in seiner Parlamentsrede vom 15. Dezember 1944 noch eindeutiger: »Die nach unserem Ermessen befriedigendste und dauerhafteste Methode ist die Vertreibung. Sie wird die Vermischung von Bevölkerungen abschaffen, die zu endlosen Schwierigkeiten führt ... Man wird reinen Tisch machen.«

Doch die Experten im Foreign Office und im State Department beurteilten die Lage etwas vorsichtiger. Für sie ging es darum, die Umsiedlungen auf ein Minimum zu begrenzen. Man setzte sich dafür ein, nur »selektive« Umsiedlungen durchzuführen, die erst viele Monate nach Beendigung des Krieges anfangen sollten. Man sprach von einer »Population Transfers Commission«, die die Bedingungen und Modalitäten der Umsiedlung regeln würde. Mit mehreren Expertenmemoranda gingen dann Roosevelt und Churchill nach Jalta.

# Die Konferenz von Jalta

Die Außenminister Eden und Stettinius hatten davor gewarnt, die Westgrenze Polens bis an die Oder auszudehnen, weil die Bevölkerungsumsiedlung zu umfangreich wäre. Sie befürworteten lediglich die Abtretung Ostpreußens, die eine Umsiedlung von zweieinhalb Millionen Deutschen bedeuten würde. Stalin und Molotow verlangten aber eine Ausdehnung bis an die Oder und westliche Neiße, die eine Umsiedlung von elf Millionen Menschen bedeutete – neun Millionen Einheimische der Ostprovinzen und zwei Millionen aus Altpolen und dem Warthegau. Churchill und Roosevelt wußten genau, worum es ging. Sie wurden nicht – wie manche denken – von den Russen übertölpelt, weil sie keine geographische Vorstellung hatten. Sie wußten wohl, daß es zwei Neiße-Flüsse gab, und sie waren unmißverständlich gegen eine Grenze an der westlichen Neiße.

*Die Konferenz in Jalta. 4.–11. Februar 1945 (U.S. Army)*

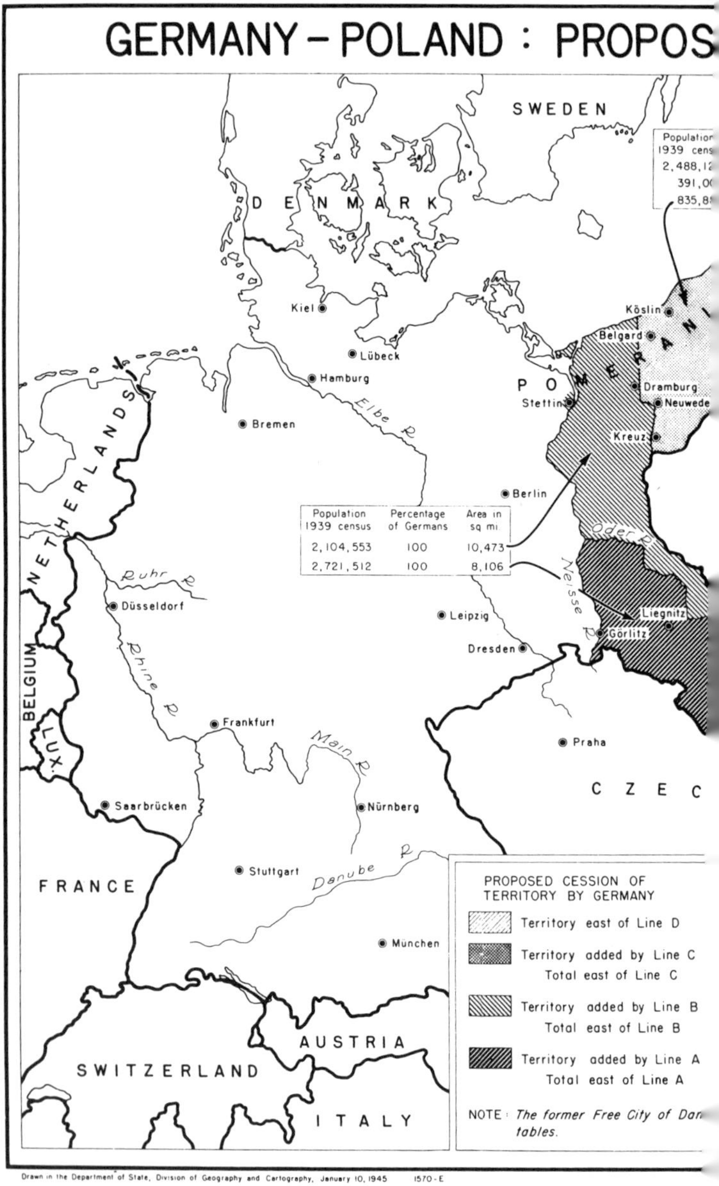


305575 O - 55(Face p. 233)

*Offizielle Landkarte der amerikanischen Delegation bei der Konferenz von Jalta (Faksimile)*

# ED TERRITORIAL CHANGES

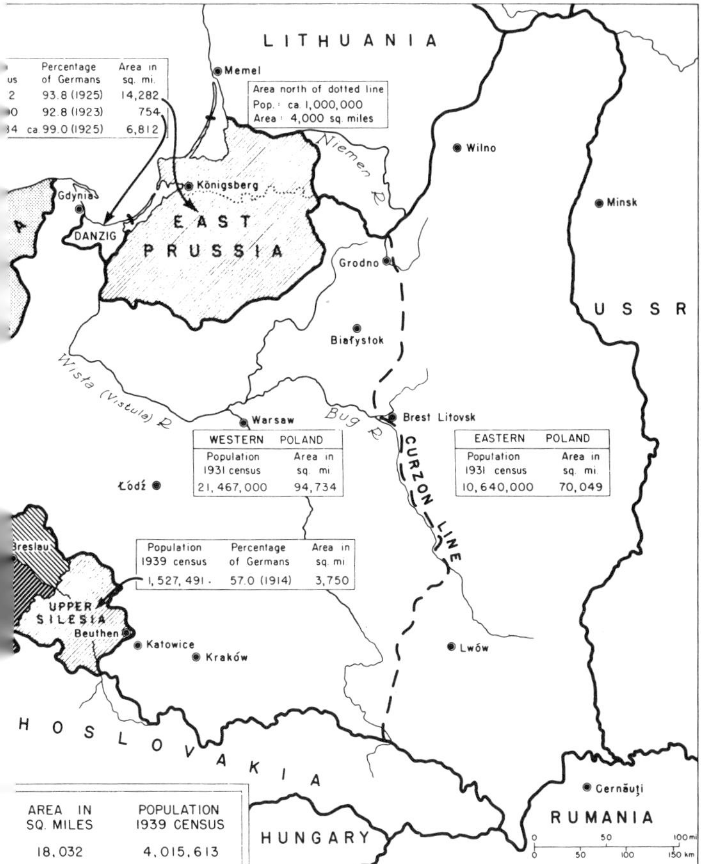


| AREA IN SQ. MILES | POPULATION 1939 CENSUS |
|---|---|
| 18,032 | 4,015,613 |
| 6,812 | 835,884 |
| 24,844 | 4,851,497 |
| 10,473 | 2,104,553 |
| 35,317 | 6,956,050 |
| 8,106 | 2,721,512 |
| 43,423 | 9,677,562 |

*is not included in the above*

| PROPOSED ANNEXATIONS BY POLAND | AREA IN SQ. MILES (Cumulative | POPULATION 1939 CENSUS Totals) |
|---|---|---|
| East of Line D | 14,766 | 3,406,613 |
| East of Line C | 21,578 | 4,242,497 |
| East of Line B | 32,051 | 6,347,050 |
| East of Line A | 40,157 | 9,068,562 |

NOTE: *Tables include Danzig and exclude East Prussia north of dotted line (probable minimum annexation by USSR).*

Churchill widersetzte sich den Absichten Stalins, weil, wie er sagte, »ein beachtlicher Teil der britischen öffentlichen Meinung entsetzt wäre, wenn vorgeschlagen würde, Deutsche in großer Anzahl auszuweisen«.

Darauf meinte Marschall Stalin, die meisten Deutschen in dem fraglichen Gebiet wären bereits vor der Roten Armee geflüchtet. Diese Behauptung war falsch, denn mindestens fünf Millionen Deutsche lebten noch dort, obwohl tatsächlich schon etwa vier Millionen geflohen waren.

Churchill bestand aber darauf, daß jede Umsiedlung im Verhältnis zu dem bleiben müsse, was Polen verdauen und was nach Deutschland überführt werden könne. »Es wäre höchst bedauerlich, wenn man die polnische Gans so mit deutschem Futter mästete, daß sie an Verdauungsbeschwerden einginge.« Roosevelt protestierte ebenfalls und meinte, es gebe keine Rechtfertigung dafür, die Grenze bis zur westlichen Neiße vorzuschieben.

Die Entscheidung wurde vertagt. Zunächst wollte man den Krieg gewinnen.

Eine verhängnisvolle Entscheidung wurde dann aber am 11. Februar 1945 getroffen. Die Diskussion drehte sich um Reparationen für die Sowjetunion, die die Verwendung von deutschen Arbeitskräften verlangte. Hier ging es schlicht und einfach um Menschenhandel, um Sklaverei. Doch die Staatsmänner hatten ein euphemistisches Wort dafür geprägt: »Reparations in kind«(Kriegsentschädigungen in Leistungen). Churchill und Roosevelt stimmten zu.

Mit den noch zu schildernden Auswirkungen der Jalta-Vereinbarung über »Reparations in kind« vor Augen (siehe unten, Teil V, S. 166 ff.) ist es nicht schwierig, die Mitverantwortung von Roosevelt und Churchill zu erkennen, auch wenn keine deutschen Zivilisten zu Zwangsarbeit nach Amerika oder Großbritannien verschleppt wurden. Die Anglo-Amerikaner übernahmen aber darüber hinaus noch zusätzliche Verantwortung vor der Geschichte in dem Augenblick, in dem sie über die Geschicke Deutschlands zu bestimmen hatten.

## Die Konferenz von Potsdam

Cecilienhof, 1913–1917 für den Kronprinzen Wilhelm von Hohenzollern erbaut, wurde Tagungsort der Konferenz von Potsdam. Vom 17. Juli bis 2. August 1945 tagten die Regierungschefs der Vereinigten Staaten, Großbritanniens und der Sowjetunion – die

*Die Potsdamer Konferenz. Foto vom 17. Juli 1945 (U.S. Army)*

»Big Three«, wie man sie nannte; Frankreich wurde nicht eingeladen.

Es war aber keine Friedenskonferenz wie 1919 in Paris – allenfalls eine Vorkonferenz, um die dringendsten Probleme zu lösen. Der Krieg war noch nicht zu Ende, Amerika und England führten noch Krieg gegen Japan, an dem sich auch die Sowjetunion beteiligten sollte.

Andere Entscheidungen waren daher für die »Big Three« wichtiger als das Schicksal der Ostdeutschen. Für die Sowjets hatte die Frage der Reparationen besondere Bedeutung. Damit war die Frage der Grenzziehung verbunden, denn wie sollte man Reparationen aus Oberschlesien nehmen, wenn dieses Gebiet nicht mehr zu Deutschland, sondern zu Polen gehören sollte?

Churchill und der neue Amerikanische Präsident Harry S. Truman äußerten sich gegen eine Ausdehnung Polens bis zur Oder und westlichen Neiße. Polen sollte höchstens bis zur Oder reichen, aber nicht weiter. Bei der fünften Sitzung am 21. Juli 1945 wies Truman auf den deutschen Charakter der Gebiete an Oder und Neiße und auf die neun Millionen Deutschen hin, die dort ansässig waren. Stalin antwortete wie fünf Monate zuvor in Jalta, viele von ihnen seien im Krieg getötet worden, die übrigen

*Trümmerfrauen in Berlin (U.S. Army)*

geflohen. Er betonte, nicht ein einziger Deutscher lebe in dem Territorium, das Polen übergeben worden sei. Der amerikanische Admiral Leahy rief dem Präsidenten zu: »Natürlich nicht, die ›Bolschies‹ haben sie alle umgebracht.«

Die polnische Regierung, eingeladen, um ihre Ansichten zur Oder-Neiße-Grenze vorzutragen, sprach von nur anderthalb Millionen Deutschen in den umstrittenen Gebieten, und diese würden »freiwillig ziehen, sobald die Ernte vorbei sei«.

Doch sagte keiner, daß von den etwa fünf Millionen Deutschen, die geflohen waren, weit über eine Million versuchte zurückzukehren. Im Sommer 1945 betrug die Zahl der deutschen Bevölkerung in den Oder-Neiße-Gebieten etwa fünfeinhalb Millionen.

Nun rechneten die Anglo-Amerikaner nur mit einer begrenzten Zahl Umsiedler, gewiß nicht aus Mitleid mit den Deutschen, sondern aus praktischen Erwägungen im Hinblick auf konkrete Probleme des Nachkriegsaufbaus. Denn als die Alliierten die Gewalt über Deutschland übernahmen, wurden sie damit auch für Ernährung und Unterbringung der deutschen Bevölkerung verantwortlich.

# An die Bevoelkerung Niederschlesiens u. der Brandenburger-Südgebiete!

Die urslavischen von Polen durch den germanischen, imperialistischen Drang abgerissenen Gebiete sind dank dem siegreichen Vordringen der verbündeten Roten Armee sowie der heldenhaften Polnischen Armee für die Heimat zurückgewonnen.

Auf Grund einer Bestimmung des Ministerrats der Republik Polen übernehme ich die Staatsverwaltung auf diesen reinslavischen, zurückeroberten Gebieten.

**Ich fordere die Bevölkerung zur loyalen und restlosen Unterordnung allen Verfügungen der polnischen Verwaltung sowie zur strikten Befolgung und Ausführung sämtlicher Anordnungen auf.**

**Jeder aktive sowie passive Widerstand wird mit Gewalt gebrochen und die Schuldigen werden nach den Bestimmungen des Kriegsrechts bestraft.**

Die mit Gewalt u. Hinterlist germanisierte slavische Bevölkerung wird von mir betreut und ihr die Möglichkeit gegeben, zum Polentum zurückzukehren, für das die besten Töchter und Söhne dieser urslavischen Gebiete geblutet haben.

Der Beauftragte d[illegible] R[illegible] Po[illegible]
für das Verwaltungsgebiet Nied[illegible]

Im Apr[illegible] 194[illegible]

**Mgr. STANISŁAW PIAS[illegible]OWSKI**

*Bekanntmachung über die sog. Zurückgewinnung von »urslawischen« Gebieten (Faksimile)*

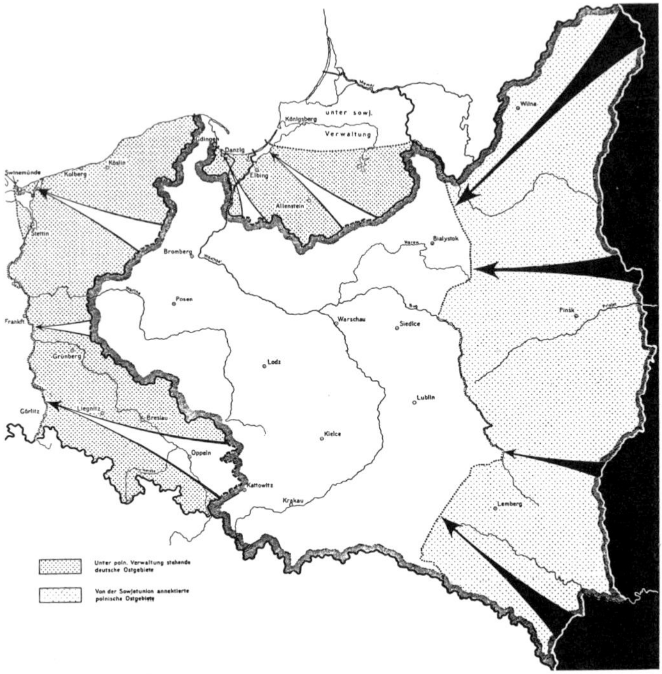


*Karte: Die Westverschiebung Polens (Herder Institut, Marburg)*

So verlangte Churchill, daß jede Umsiedlung begrenzt bleibe. Er schlug sogar vor, daß ein Teil der deutschen Flüchtlinge, die schon in den Westen geflohen waren, die *Erlaubnis zur Rückkehr* in ihre Wohnorte östlich von Oder und Neiße erhalten sollte. Die Briten hätten, wie Churchill sagte, schwere moralische Bedenken gegen umfangreiche Bevölkerungsumsiedlungen. »Wir konnten uns in eine Ausweisung von ebenso vielen Deutschen finden, wie Polen aus Ostpolen östlich der Curzon-Linie übersiedelten, sagen wir, *zwei bis drei* Millionen; doch eine Ausweisung von acht oder neun Millionen Deutschen, wie sie die polnischen Forderungen mit sich brachten, war zu viel und völlig falsch.«

Doch trotz dieser Einwände stimmten die westlichen Alliierten schließlich der Aussiedlung der Deutschen zu. Man hätte »nein« sagen und es darauf ankommen lassen können, aber man

*Außenminister Byrnes und Präsident Truman über einer Europakarte (United Press International)*

vermied einen Bruch mit den Sowjets. Sir Denis Allen, Mitglied der britischen Delegation, erinnert sich:

»Wir waren uns damals dessen bewußt – und zu einem heute nur schwer nachzuvollziehenden Grad –, daß wir zu wenig Informationen über das Geschehen in Osteuropa hatten und daß wir kaum etwas tun konnten, um den Gang der Dinge dort zu beeinflussen.

Die Erfahrungen der Nazi-Zeit und des Krieges überhaupt hatten zu einer gewissen Abstumpfung der Gefühle und zur Gleichgültigkeit über das menschliche Leben geführt, ferner aber auch zur Hoffnung, daß trotz allem die Kriegskoalition weiterhin befestigt werden könnte, und zwar zu einem realistischen System für Nachkriegskooperation in Europa und in der ganzen Welt. Es herrschte die Auffassung, daß wir unsere Sorgen über das Geschehen im Osten, das wir sowieso nicht ändern konnten, nicht zu nachdrücklich vertreten sollten, wenn dies den Kontrollrat und die Vereinten Nationen gerade in der Geburtsphase beeinträchtigen könnte. Wenn unsere Hoffnungen enttäuscht

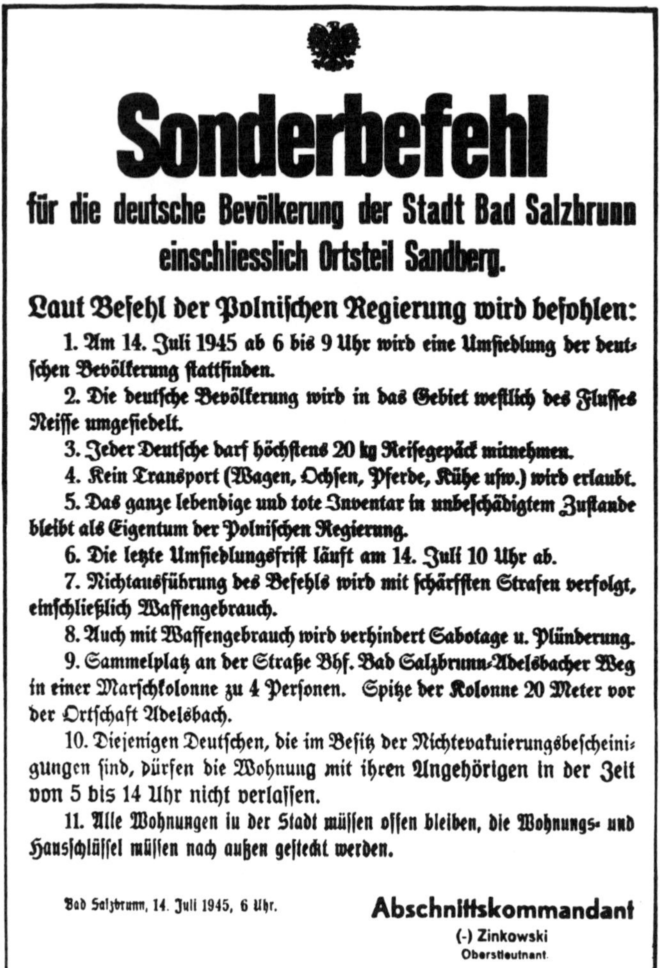

# Sonderbefehl

## für die deutsche Bevölkerung der Stadt Bad Salzbrunn einschliesslich Ortsteil Sandberg.

**Laut Befehl der Polnischen Regierung wird befohlen:**

1. Am 14. Juli 1945 ab 6 bis 9 Uhr wird eine Umsiedlung der deutschen Bevölkerung stattfinden.
2. Die deutsche Bevölkerung wird in das Gebiet westlich des Flusses Neisse umgesiedelt.
3. Jeder Deutsche darf höchstens 20 kg Reisegepäck mitnehmen.
4. Kein Transport (Wagen, Ochsen, Pferde, Kühe usw.) wird erlaubt.
5. Das ganze lebendige und tote Inventar in unbeschädigtem Zustande bleibt als Eigentum der Polnischen Regierung.
6. Die letzte Umsiedlungsfrist läuft am 14. Juli 10 Uhr ab.
7. Nichtausführung des Befehls wird mit schärfsten Strafen verfolgt, einschließlich Waffengebrauch.
8. Auch mit Waffengebrauch wird verhindert Sabotage u. Plünderung.
9. Sammelplatz an der Straße Bhf. Bad Salzbrunn-Adelsbacher Weg in einer Marschkolonne zu 4 Personen. Spitze der Kolonne 20 Meter vor der Ortschaft Adelsbach.
10. Diejenigen Deutschen, die im Besitz der Nichtevakuierungsbescheinigungen sind, dürfen die Wohnung mit ihren Angehörigen in der Zeit von 5 bis 14 Uhr nicht verlassen.
11. Alle Wohnungen in der Stadt müssen offen bleiben, die Wohnungs- und Hausschlüssel müssen nach außen gesteckt werden.

Bad Salzbrunn, 14. Juli 1945, 6 Uhr.

**Abschnittskommandant**
(-) Zinkowski
Oberstleutnant.

*Plakat: Sonderbefehl zur Umsiedlung der deutschen Bevölkerung aus Bad Salzbrunn, Schlesien, vom 14. Juli 1945 noch vor der Potsdamer Konferenz (Faksimile)*

werden sollten, sollten nicht wir, sondern die Russen die Verantwortung dafür tragen.«[40]

Ein anderes Mitglied der britischen Delegation in Potsdam, Sir Geoffrey Harrison, weist heute auf die psychologischen

Momente hin, insbesondere auf den Glauben, daß Konferenzen erfolgreich sein müssen. »Wir wollten Jalta und Potsdam als ›success story‹ verstehen. Erst 1947 gaben wir die Idee auf, daß jede Konferenz ein ›Happy End‹ haben muß.«[41]

Ähnlich äußert sich James Riddleberger, Mitglied der amerikanischen Delegation und Chef der Mitteleuropäischen Abteilung im State Department.[42] Er kannte die Memoranden von George Kennan, der vor den Gefahren einer Grenze an der Oder und Neiße vergeblich gewarnt hatte. Er unterstützte auch den amerikanischen Außenminister James Byrnes, der sich allerdings über die mangelnde Zähigkeit der übrigen Mitglieder der amerikanischn Delegation beklagte: »Ich bedauere, keine Zeichen der Entschlossenheit unsererseits zu sehen. Jeder scheint davon auszugehen, daß wir in der Frage der Oder-Neiße-Linie nachgeben werden. Jedoch versuche ich noch, Rückgrat in diese Sache zu bringen.«[43]

Nach anfänglichem Widerstand seitens der Westalliierten wurden schließlich Artikel IX des Potsdamer Protokolls über die deutsch-polnische Grenze und Artikel XIII über den sogenannten »Transfer« der Deutschen beschlossen. Im Artikel XIII heißt es im ersten Absatz: »Die drei Regierungen haben die Frage unter allen Gesichtspunkten beraten und erkennen an, daß die Überführung der deutschen Bevölkerung oder Bestandteile derselben, die in Polen, der Tschechoslowakei und Ungarn zurückgeblieben sind, nach Deutschland durchgeführt werden muß. Sie stimmen darin überein, daß jede derartige Überführung, die stattfinden wird, in ordnungsgemäßer und humaner Weise erfolgen soll.«

Dies stellte zwar weder eine Anregung zu Vertreibungen noch eine pauschale Zustimmung dar. Es wurde aber so ausgelegt. Der Artikel beabsichtigte, die laufenden Vertreibungen in geregelte Bahnen zu lenken. Nach den Absätzen 2 und 3 sollte der Kontrollrat in Berlin bestimmen, wann und wieviele Deutsche umgesiedelt werden sollten. Bis dahin galt ein Moratorium bzw. ein Vertreibungsstop.

Sir Geoffrey Harrison, Mitglied der britischen Delegation, verfaßte den Entwurf dieses Artikels. Darüber schrieb er am 1. August 1945 an das Foreign Office: »Der Unterausschuß ist drei Mal zusammengetreten und hat einen von mir vorgelegten Entwurf beraten ... Die Verhandlungen waren nicht einfach – Verhandlungen mit den Russen sind nie einfach. ... Wir gerieten in eine große Auseinandersetzung, die in der Plenarsitzung behandelt werden mußte, über die Aufnahme der letzten dreiein-

# Bekanntmachung

## fuer die deutsche Bevoelkerung

Im Interesse aller Deutschen rufen wir die deutsche Bevölkerung auf, sich am **18. Oktbr. 1945** zur freiwilligen Abreise nach Deutschland in dem **Barackenlager Karl Roenschstr. um 7 Uhr** zu melden. Falls dieser Befehl nicht ausgeführt wird, kommen alle Deutschen in ein Straflager.

Es wird weiter bekannt gegeben:

Jeder abreisende Deutsche hat eine Liste in d r e i Ausführungen über sein zurückbleibendes festes Inventar aufzustellen. Diese Listen müssen von dem Hausverwalter oder von zwei zurückbleibenden im gleichen Hause wohnenden Bürgern unterschrieben sein. Zwei Listen bleiben bei den Bürgern gegen eine Quittung. Eine behält der Abreisende, gegen welche er die Ausreisegenehmigung erhält.

**Die Abfahrt der Deutschen nach Deutschland**

**ist bis zum 22. X. 45, morgens 7 Uhr verlängert.**

Alle Deutschen müssen am 22. 10. 45, um 7 Uhr morgens am Sammelpunkt sich melden.

Stadthauptmannschaft Olsztyn

*Aufruf zur »freiwilligen Abreise« aus Allenstein vom 14. Oktober 1945 zur Zeit des im Artikel XIII des Potsdamer Protokolls vorgesehenen Vertreibungs-Moratoriums. Der Kontrollrat in Berlin hat erst am 20. November 1945 grünes Licht für bestimmte geordnete Umsiedlungen gegeben (Faksimile)*

halb Zeilen (gemeint ist hier das Umsiedlungsmoratorium). Das sowjetische Unterausschußmitglied Sobolew vertrat die Ansicht, daß der polnische und der tschechoslowakische Wunsch, ihre deutsche Bevölkerung auszuweisen, einer historischen Mission entspreche, welche die sowjetische Regierung keineswegs zu verhindern suche. Das amerikanische Ausschußmitglied, Cannon,

British Delegation,
BERLIN.

1st August, 1945.

My dear Jack,

<u>Transfers of German Populations</u>

You will have seen from the records of the Conference that a Sub-Committee was set up on July 25th consisting of Sobolev, Cannon and myself "to consider and report to the Foreign Secretaries' meeting what practical arrangements could be made for regulating transfer of populations in Europe, consequent on the defeat of Germany".

The Sub-Committee met three times, taking as a basis of discussion a draft which I circulated.

I attach a copy of the document as it finally emerged. The negotiations were not easy - no negotiations with the Russians ever are - but I hope the result will not be too unsatisfactory. William Strang and General Weeks are content.

We had a great struggle, which had to be taken up to the Plenary Meeting, about including the last three and a half lines. Sobolev took the view that the Polish and Czechoslovak wish to expel their German populations was the fulfilment of an historic mission which the Soviet Government were unwilling to try to impede. The view of the Soviet Government was that it was the function of the Allied Control Council in Germany to facilitate the reception of the transfer of populations as rapidly as possible. Cannon and I naturally strongly opposed this view. We made it clear that we did not like the idea of mass transfers anyway.

As/

J.M. Troutbeck, Esq., C.M.G.,
Foreign Office.

*Brief von Sir Geoffrey Harrison vom 1. August 1945 an das Foreign Office, Seite 1 (Public Record Office London)*

und ich wandten uns nachdrücklich gegen diesen Standpunkt. Wir erklärten, daß wir für den Gedanken an Massenausweisungen ohnehin nichts übrig hätten. Da wir sie aber nicht verhindern könnten, wollen wir dafür sorgen, daß sie in einer möglichst geordneten und humanen Weise durchgeführt würden.«

Aber das Moratorium wurde mißachtet. Die Vertreibungen liefen weiter – so wie sie vor und während der Konferenz selbst weitergelaufen waren.

Punkt 2 der Atlantik-Charta hatte vier Jahre zuvor keine Gebietsveränderungen versprochen, die nicht mit den frei geäußerten Wünschen der betroffenen Völker übereinstimmten.

As, however, we could not prevent them, we wished to ensure that they were carried out in as orderly and humane a manner as possible and in a way which would not throw an intolerable burden on the occupying authorities in Germany. Uncle Joe finally agreed to join in requesting the Polish and Czech Governments and the Control Council for Hungary to suspend expulsions until the report of the Allied Control Council in Germany was available. This may prevent mass expulsions for the timebeing, but I have no doubt that hundreds of Germans will continue to move westwards daily. Fortunately, the Russians and the Americans will bear the first brunt of the influx.

We did our best to get some reference to the absorptive capacity of Germany, but here the Russians dug their toes in, on the grounds that they at all events have no doubt whatsoever about Germany's capacity to absorb millions of transferees. The position is to some extent safeguarded by the phrase in paragraph 2 "having regard to the present situation in Germany".

I think one thing was established at this Conference, namely that the problem is now not going to be anything like on the scale we had originally foreseen. The Poles claim that there are only one to one and a half million Germans of whom they wish to dispose left in the area they are taking over up to the Oder-Neisse line. Benes has two and a half millions and there are a quarter of a million Schwaben. This makes a grand total of under four millions. Goodness knows this will be a big enough problem, and of course the millions of Germans who lived east of the Oder must have got somewhere. But people who have been in Germany have got the impression, rightly or wrongly, that there are fewer Germans in the Reich than had been supposed. Everyone agrees that one of the very first things to be done, as soon as possible, is to take a census, however rough and ready it may be.

You/

*Seite 2*

Die Sudetendeutschen, Ostpreußen und Schlesier wurden nicht befragt, ob sie ihre 700jährige Heimat verlassen wollten. Sie wurden hinausgeworfen.

Hinsichtlich der Anwendung der Charta auf Deutschland erklärte Anthony Eden in einer Rede vor dem Unterhaus am 23. Februar 1944: »Gewisse Teile der Atlantik-Charta beziehen sich sowohl auf Sieger als auch Besiegte, so zum Beispiel Artikel 4. Wir können aber nicht zugeben, daß Deutschland von Rechts wegen Anspruch darauf erheben kann, daß irgendein Teil der Charta auf Deutschland Anwendung finde.«

Ähnlich äußerte sich Churchill am 24. Mai 1944: »Die Atlantik-Charta bindet uns in keiner Weise hinsichtlich der Zukunft

69

You will have seen from telegrams which I sent off this morning to Paris, Prague and Warsaw that H.M. Representatives in those countries are being instructed to concert in communicating to the French, Polish and Czechoslovak Governments the text of the Agreement. The French are being invited to send appropriate instructions, after the conclusion of the Conference, to the Commander-in-Chief of the French forces of occupation in Germany.

It will in addition be necessary for us to communicate the text of the Agreement officially to Field-Marshal Montgomery and request him to concert with his colleagues on the Control Council in implementing it. I presume the War Office should do this as soon as possible. Will you bring this to their attention?

The War Office should also be moved to inform our Representative on the Allied Control Commission in Hungary of the Berlin Agreement unless this could be done through Joe Gascoigne (your letter C 4026/95/18 of July 22nd.).

Yours ever

Geoffrey Harrison

*Seite 3*

Deutschlands, noch stellt sie ein Geschäft oder einen Kontrakt mit unseren Feinden dar.«

Damit waren die edlen Prinzipien verworfen, wie der Labour-Abgeordnete Rhys-Davis im Parlament bekannte: »Wir haben diesen Krieg mit großen Motiven und hohen Idealen begonnen. Wir haben die Atlantik-Charta veröffentlicht, sie dann bespien und auf ihr herumgetrampelt und sie schließlich auf dem Scheiterhaufen verbrannt, und nun ist nichts mehr von ihr übrig.«[44]

# Teil V: Vertreibung und Verschleppung

## Die Vertreibungen aus der Tschechoslowakei

Bis Kriegsende gab es praktisch keine Flucht von Deutschen aus der Tschechoslowakei, weil das Land weitgehend in deutscher Hand geblieben war. Im Gegenteil: in das Sudetenland strömten einige hunderttausend Flüchtlinge aus Schlesien.

Im Westen Böhmens war es die amerikanische 3. Armee unter General Patton, die in den letzten Apriltagen die alte deutschböhmische Grenze überschritt. Bis zum 4. Mai hatten die Amerikaner das Egerland eingenommen. Sie machten aber Halt auf die Linie Karlsbad–Pilsen–Budweis. Es steht fest, daß es bei der Besetzung nicht zu Plünderungen, Vergewaltigungen oder sonstigen Drangsalierungen gekommen ist.

Am 5. Mai 1945 brach ein tschechischer Aufstand in Prag aus. Die Erinnerung an Lidice und an den Terror der Gestapo gaben den Anlaß für die Racheaktionen gegen deutsche Soldaten und Zivilisten.

Einer bewaffneten Gruppe Tschechen gelang es, den Sender Prag II in Besitz zu nehmen. Dann hieß es: *Smrt Němcum* (Tod den Deutschen) und *Povstáni! Povstáni!* (Aufstand). Wie in den meisten Revolutionen geriet die Menge in Raserei, und grausame Morde folgten. Deutsche Soldaten wurden entwaffnet, erhängt, mit Benzin übergossen und als lebende Fackeln verbrannt. Deutsche Zivilisten wurden verhaftet, mißhandelt, geschändet. Einige Tausende wurden getötet.

Nach der deutschen Kapitulation am 8. Mai setzten die gewaltsamen Vertreibungen in stärkstem Ausmaß ein. Am 30. Mai 1945 wurden etwa 30 000 Brünner Hals über Kopf gezwungen, das Land zu verlassen. Darüber berichtete die Londoner »Daily Mail«: »Kurz vor neun Uhr abends marschierten junge Revolutionäre der tschechischen Nationalgarde durch die Straßen und riefen alle deutschen Bürger auf, um neun Uhr vor ihren Häusern zu stehen, ein Gepäckstück in jeder Hand, bereit, die Stadt auf immer zu verlassen. Den Frauen blieben zehn Minuten, die Kinder zu wecken, sie anzuziehen, ein paar Habseligkeiten zusammenzupacken und sich auf die Straße zu stellen. Hier mußten sie allen Schmuck, Uhren, Pelze und Geld den Nationalgardisten ausliefern, bis auf den Ehering; dann wurden sie mit vorgehaltenen Gewehren in Marsch gesetzt, der österreichischen Grenze entgegen.

Es war stockfinster, als sie die Grenze erreichten; die Kinder weinten, die Frauen stolperten vorwärts. Die tschechischen Grenzwachen drängten sie über die Grenze den österreichischen Grenzwachen entgegen. Da kam es zu neuer Verwirrung. Die Österreicher weigerten sich, die Leute aufzunehmen, die Tschechen, sie wieder ins Land zu lassen. Sie wurden für die Nacht auf ein offenes Feld getrieben. Am nächsten Morgen erschienen ein paar Rumänen als Wache. Sie sind immer noch auf diesem Feld, das zum Konzentrationslager geworden ist. Sie haben nur zu essen, was ihnen die Wachen gelegentlich bringen. Rationen erhalten sie nicht. ... Jetzt wütet eine Typhusepidemie unter ihnen, und es heißt, daß täglich hundert sterben. Fünfundzwanzigtausend Männer, Frauen und Kinder haben diesen Gewaltmarsch aus Brünn mitgemacht, darunter eine Engländerin, die mit einem Nazi verheiratet ist, eine Österreicherin von siebzig Jahren, eine sechsundachtzigjährige Italienerin.«

*Sanitäter der 16. U.S. Panzer-Division behandeln deutsche Zivilisten, die von den Tschechen zusammengeschlagen wurden (U.S. Army)*

Über diese Phase der Tragödie gibt es nur wenige fotografische Dokumente. Ein Foto wurde am 8. Mai 1945 von einem amerikanischen Armeefotografen gemacht. Es trägt die Bildunterschrift: »Sanitäter der 16. U.S. Panzer Division behandeln deutsche Zivilisten, die von aufgebrachten Tschechen zusammengeschlagen wurden.«

Pilsen war amerikanisch besetzt. Dies gewährte der Bevölkerung einen gewissen Schutz vor Willkür. Denn in der Tat haben amerikanische Soldaten immer wieder eingreifen müssen. Mehrfach berichtete der politische Berater der amerikanischen Militärregierung, Robert Murphy, über diese Interventionen durch amerikanische Kommandeure, die »in freundlicher, aber fester Haltung den ansässigen Tschechen erklärt haben, daß gewisse Vorgänge im Namen der Menschlichkeit nicht geduldet werden können; dennoch haben sich rücksichtslose Ausweisungen ereignet, und zwar so häufig, daß unsere Soldaten oft Haß auf das befreite tschechische Volk empfinden.«

Der größere Teil der Tschechoslowakei, östlich der Linie Karlsbad–Pilsen–Budweis, war durch die sowjetische Armee besetzt. In diesen Gebieten ereigneten sich brutale Überfälle auf die deutsche Zivilbevölkerung; so durften mit Genehmigung der sowjetischen Armee die Deutschen schon vertrieben werden, lange bevor die Potsdamer Konferenz Zwangsumsiedlungen prinzipiell gebilligt hatte.

**Překlad:** **Befehl des Militärortskommandanten.**

Die Einwohner deutscher Volkszugehörigkeit der Stadtgemeinden Böhmisch-Leipa, Alt-Leipa und Niemes, ohne Unterschied des Alters und des Geschlechtes, verlassen am 15. J 1945 um 5 Uhr früh ihre Wohnungen und marschieren durch die Kreuz- und Bräuhausgasse auf den Sammelplatz beim Bräuhaus in České Lípě.

In Niemes versammeln sie sich im Raum Kreuzung 200 Meter westlich der Eisenbahnbrücke (Straße in der Richtung Reichstadt).

Diese Anordnung betrifft nicht die nachstehend angeführten Personen und die Familien derselben:

I. 1. Aerzte, Tierärzte, Apotheker, Pflegepersonal und Feuerwehr. 2. Gewerbetreibende und Angestellte der im Gange befindlichen Versorgungsunternehmungen. 3. Schmiede, Schlos Kraftfahrzeug-Reparaturwerkstätten, Schneider und Schuhmacher, die ihr Gewerbe betreiben. 4. Angestellte der im Gange befindlichen Fabriken und Unternehmungen. 5. Angeste der Eisenbahn, der Post sowie der Verkehrsunternehmungen.

Die unter Nr. 1—5 angeführten Personen haben sich mit einer Bestätigung über ihre Beschäftigung auszuweisen. Falls sie sich entfernen, werden sie zurückgeführt und entsp chend bestraft.

II. Die Ausweisung findet keine Anwendung auf Angehörige der kommunistischen und der sozialdemokratischen Partei, die sich mit einer Legitimation der Partei legitimieren und na weisen können, daß sie wegen ihrer Gesinnung und der bejahenden Einstellung zur ČSR. verfolgt d. h. inhaftiert oder ihres Postens enthoben wurden.

Jeder Einzelperson, auf die sich die Ausweisung bezieht, ist es gestattet, mitzunehmen: a) Lebensmittel auf 7 Tage und b) die allernotwendigsten Sachen für ihren persönlichen darf in einer Menge, die sie selbst tragen kann; c) Personalbelege und alle Lebensmittelkarten samt der Haushalts-Stammkarte.

**Wertsachen:** Gold, Silber und alle aus diesen Metallen hergestellten Gegenstände (Ringe, Broschen usw.), Gold- und Silbermünzen, Einlagebücher, Versicherungen, Bargeld, mit A nahme von 100 RM. pro Kopf sowie Photoapparate sind in ein Säckchen einzulegen oder in verschnürte Papierpäckchen einzupacken, unter Beischließung eines genauen schriftlichen zeichnisses dieser Wertsachen und unter Anführung der genauen Anschrift des bisherigen Wohnortes, der Wohnung und der Hausnummer. **Diese Wertsachen in Säckchen werden an der sammlungsstelle abgegeben.**

Ich mache aufmerksam, daß jede Einzelperson einer strengen Leibesvisite unterzogen wird. Auch der Inhalt der Gepäckstücke wird genau überprüft werden. Es ist daher jede heimlichung der angeführten Gegenstände bei sich, sowohl in der Kleidung, als auch in den Schuhen und anderen Stellen, so z. B. im Handgepäck, zwecklos und wird bestraft werden.

Haustiere bleiben an Ort und Stelle, das Verzeichnis der Tiere ist unter Angabe der Hausnummer und der Straße gleichzeitig mit den Schlüsseln an der Versammlungsstelle abzuge

Unbewegliches Eigentum und Einrichtung, wie verschiedene Maschinen, landwirtschaftliche Maschinen und Geräte, ist an Ort und Stelle zu belassen. Jede absichtliche Beschädig dieses Eigentums oder Einrichtung wird streng bestraft werden. Desgleichen wird die Uebergabe der angeführten Gegenstände und Einrichtungen an andere Personen zwecks Aufbewah bestraft werden. Schlüssel: Beim Abgang sind alle Haus- und Wohzimmereingänge sowie die Eingänge der Hofgebäude bzw. der Werks- und Betriebsstätten zu verschließen, die Schlüssel diesen Gebäuden von allen einzelnen Räumen sind mit Schnur zusammenzubinden und mit der genauen Anschrift der bisherigen Wohnstelle oder der Wohnung auf starkem Papier zu sehen, die an den Schlüsseln mittels Schnur zu befestigen ist. **Vor dem Verlassen der Wohnzimmer und der Gebäude muß jede Eingangstür verschlossen und mit einem Streifen Papier so klebt werden, daß dieser beide Türflügel verbindet und das Schlüsselloch überdeckt. In Häusern, in denen einige Mieter weiter verbleiben, werden bloß alle Eingänge der verlassenen Wo räume abgesperrt und die Türen mit Papierstreifen überklebt.** Nach Uebernahme der Schlüssel werden alle Gebäude sofort von Militär- und Gendarmerieorganen durchsucht werden. Perso welche unberechtigt und absichtlich die Gebäude nicht verlassen haben, haben eine strenge Bestrafung zu erwarten. Kranke, jedoch des Transports in einem Beförderungsmittel fähige sonen, werden von den Angehörigen ihres Haushalts zur Versammlungsstelle gebracht, von wo sie gemeinsam mit Transport durch das Rote Kreuz weiter befördert werden.

Böhmisch-Leipa, den 14. Juni 1945.

Der Militärortskommandant: **pplk. Voves e.**

*Maueranschlag: Der Ausweisungsbefehl für Böhmisch-Leipa, Sudetenland, am 14. Juni 194 (Faksimile)*

So wurden am 14. Juni 1945 die Deutschen aus Böhmisch-Leipa (Nordböhmen) vertrieben. Der Vertreibungsbefehl war einigermaßen »großzügig« und erlaubte den Vertriebenen, 100 Reichsmark mit sich zu nehmen. Gold, Silber und andere Wertsachen mußten abgegeben werden. Interessanterweise wurden Ärzte, Tierärzte, Apotheker und Facharbeiter von dieser ersten Anordnung nicht betroffen. Sie sind erst später vertrieben worden.

Nicht weit von Böhmisch-Leipa liegt Aussig an der Elbe. Hier kam es am 31. Juli 1945, noch während der Konferenz von Potsdam, zu einer Explosion im Kabelwerk. Grundlos wurde Sabotage vermutet. Ein Blutbad folgte. Frauen und Kinder wurden von der Brücke in den Fluß gestürzt, Deutsche auf der Straße erschossen. Man schätzt, daß zwischen 1000 und 2500 Menschen umgebracht wurden.

Der britische Botschafter in Prag, Mr. Nichols, der über diese Ausschreitungen in Aussig mit Entsetzen erfuhr, telegraphierte dem Foreign Office: »Zwei Frauen englischer Herkunft, die dabei in Ustí (Aussig) anwesend waren, bestätigen die Aussagen und fügen hinzu, daß die fraglichen Taten wahrscheinlich als spontane Ausschreitungen tschechischer Schlägertypen erfolgten. Sie meinen, die Masse der tschechoslowakischen Bevölkerung sei am nächsten Tag über die Ausschreitungen tief beschämt gewesen.«

Die Deutschen waren in den ersten Monaten nach Kriegsende schutzlos vor Verbrechen und Schikanen. In einem Bericht der U.S. Army vom 27. Oktober 1945 lesen wir: »Frau Anna Hruschka, eine Sudetendeutsche aus Kottiken, 7 km nördlich von Pilsen, sagte aus, daß ein tschechischer Soldat und mehrere tschechische Polizisten in ihr Haus eindrangen, Geschirr, Kristall und Kleidung beschlagnahmten, nachdem sie ihre Schwester und ihren Schwager zusammengeschlagen hatten. Frau Hruschka ging am gleichen Tage nach Pilsen, um den Überfall dem tschechischen Armeehauptquartier auf der Klattauer Straße zu melden. Nachdem sie in ihr Haus zurückgekehrt war, kamen zwei Polizeibeamte und nahmen sie zum Polizeirevier in Kottiken fort. Dort wurde sie über ihre Reise nach Pilsen befragt und mit einer Geldbuße in Höhe von 1000 Kronen belegt, weil sie ohne Genehmigung nach Pilsen gefahren war und weil sie die gelbe Armbinde nicht getragen hatte. Dann wurde sie so schwer mißhandelt, daß sie ohnmächtig wurde. Ein Auge ist heute noch verbunden, das andere Auge ist schwarzumrändert.«

Ähnliche Schikanen sind in den 40 000 Erlebnisberichten in der Ost-Dokumentation des Bundesarchivs zu finden.

Darüber hinaus gibt es noch viele tausende Schicksale, die im Bundesarchiv nie erfaßt wurden. Von den 12 Millionen Ostdeutschen, die ihre Flucht oder Vertreibung überlebten, schrieb nur ein kleiner Bruchteil seine Erinnerungen nieder. Erst nach der Veröffentlichung eines Buches über die Vertreibung oder nach der Ausstrahlung eines Filmes fühlten sich viele Vertriebene angesprochen und motiviert, ihre Erlebnisse mitzuteilen. So erreichte mich im Frühjahr 1977 – kurz nach der Veröffentlichung von »Nemesis at Potsdam« – ein Brief von Frau Else Seethaler aus Ludwigsburg, die über Kriegsende und Vertreibung berichtet:

*Else Seethaler*

## *Das Zeugnis der Else Seethaler*

»Als am 8. 5. 1945 die Front immer näher rückte, flohen wir vor den Russen in Richtung Westen. (Ich war noch nicht 18 Jahre.) Tiefflieger griffen die Trecks an – es gab Tote und Verwundete, um die sich niemand kümmerte. Unsere Fahrt endete bei Melnik. Zu Tausenden wurden Menschen in Güterwagen getrieben – wer sich weigerte wurde erschossen. Sie sollen als Arbeitskräfte nach Rußland gebracht worden sein.

Wir landeten auf Umwegen auf dem Rittergut des Prinzen Josef v. Lobkowitz. Wir wurden im Speicher eingesperrt und wie

*Schlesische Flüchtlinge im Sudetenland Anfang Mai 1945 (U.S. Army)*

Schwerverbrecher behandelt und bewacht. Zu 90 Prozent waren es alte Leute, Frauen und Kinder. Es hieß, da wir Zivilisten waren, wir bekämen Papiere und dürften wieder heim. Aber wir mußten 13 Monate unter katastrophalen Zuständen dort leben. Wir arbeiteten auf den Feldern von früh bis in die Nacht. ›Essen‹ gab es aus dem Schweinedämpfer. Wer sich bei der Arbeit am Feld etwas Eßbares organisieren wollte, wäre sofort erschossen worden (das war Diebstahl am tschechischen Volke!!!).

Nacht für Nacht waren wir den Russen ausgeliefert – was sich da abgespielt hat, ist unbeschreiblich! (Pfingsten 45 wurde ich von einem russischen Offizier bewußtlos geschlagen und rausgeschleppt. . . .) Vor Hunger aßen wir sogar die vergifteten Köder, die wir in die Kartoffelmieten legen sollten. Ein alter Mann wollte sich eine leere Blechbüchse vom Abfallhaufen holen, das sah der Posten. Wir mußten alle antreten, der alte Mann mußte sich bis aufs Hemd ausziehen, Arme hoch und auf einem Bein stehen und immer rufen: Wir danken unserm Führer – dabei wurde er ausgepeitscht, und wir mußten zusehen, bis er blutüberströmt zusammenbrach. Solche und ähnliche Fälle waren an der Tagesordnung.

Als wir ausgesiedelt wurden, hing wohl 1 Waggon mit Lebensmitteln hinten dran, aber beim Umladen an der deutschen

Grenze, dampfte er mit dem Güterzug zurück, ohne daß auch nur einer von uns etwas gesehen oder bekommen hätte.

Hier eine Abschrift unseres Ausweisungsbefehls:

›Bezirksverwaltungskommission in Friedland!

*Ausweisungsbefehl!*

Herrn, Frau ...

Es wird Ihnen aufgetragen, sich mit der ganzen Familie bis zum 17. Juni 1946 um 3 Uhr nachmittags, zwecks Abreise aus dem Gebiet der C.S.R. vorzubereiten. Jede Person kann höchstens 30 Kilo Gepäck mitnehmen. Die Sammelstelle ist um 3.30 Uhr am Bahnhof Friedland. Die Wohnung, bzw. das Haus sind zu schließen und die Schlüssel an der Sammelstelle am Bahnhof der Gendarmerie zu übergeben, mit der betreffenden Anschrift des Eigentümers.

Ich mache Sie darauf aufmerksam, daß jede Beschädigung, Vernichtung u. ä. des Eigentums und der Einrichtung des Haushalts sogar mit dem Tode bestraft würde!

Für die Bezirkskommission
V. Kysela e. H.‹

Und hier noch eine *Bekanntmachung:*

›Es wird mit sofortiger Gültigkeit angeordnet, daß alle Personen deutscher Nationalität vom 6. Lebensjahr an folgende Kennzeichnung tragen:

Eine weiße Scheibe im Durchmesser von 15 Zentimeter, und auf ihr aus schwarzer Leinwand aufgenäht ein »N« in der Stärke von 2 cm, dessen Rand 1 cm von der Umrißlinie des Kreises entfernt ist. Diese Kennzeichnung wird auf der linken Brustseite getragen. Deutsche, die in der NSDAP, der SA, der SS, NS-Volkswohlfahrt, NS-Frauengemeinschaft, NSKK oder in anderen Gliederungen der Partei organisiert waren, müssen diese Zeichen auch auf dem Rücken tragen.

Allen Deutschen wird die Fahrt auf öffentlichen Verkehrsmitteln, der Besuch öffentlicher und Unterhaltungslokale und Anlagen (Parkanlagen) verboten!

Allen Deutschen ist verboten, ab 20 Uhr ihre Wohnungen zu verlassen.

Bei Begegnung eines russischen oder tschechoslowakischen Offiziers müssen die Deutschen den Hut oder die Mütze abnehmen und müssen in angemessenem Abstand vorbeigehen.

Der Einkauf in den Geschäften ist eine Stunde vor der Sperre erlaubt. Die Abzeichen laut angegebenem Muster muß jeder

Deutsche sich selbst anschaffen. Die Nichtbefolgung des oben erwähnten Befehls ist strafbar.

Strafbar macht sich ebenfalls jeder Bürger anderer Nationalität, der auf irgend eine Weise die Deutschen begünstigt oder ihnen hilft!

Der Hauptmann des Nationalen Sicherheitsdienstes
in der Stadt Troppau‹«

Albin Vorndran, heute in Erlangen wohnhaft, mußte das aufgenähte »N« tragen.

*Albin Vorndran*

## *Das Zeugnis des Albin Vorndran*

»Ich heiße Albin Vorndran und bin am 16. August 1919 geboren. Wegen einer Verwundung gegen Ende des Zweiten Weltkrieges, den ich als Soldat mitmachte, erlebte ich den Einmarsch der Russen in Römerstadt, Ostsudeten, sowie die Vertreibung der Deutschen aus dieser Stadt durch die Tschechen. Die meisten Männer meines Alters waren entweder im Krieg oder in Gefangenschaft und waren selbst nicht Augenzeuge der Vertreibung. Ich kurierte damals meine Verletzung bei meinen Schwiegereltern Niesner in Römerstadt aus, die dort eine Bäckerei und ein Geschäft für Lebensmittel und Schuhe betrieben.

Die Russen besetzten am 4. Mai 1945 Römerstadt. Wenige Tage nach ihrem Einmarsch kam die tschechische Svoboda-

Armee und übernahm die Macht. Alle tschechischen Soldaten hatten drei Tage lang das Plünderungsrecht. Dabei nahmen sie alles mit, was ihnen gefiel. Doch das war nur der Anfang vom Schrecken. Eine amtliche Bekanntmachung wurde veröffentlicht, derzufolge alle Deutschen ihre Radiogeräte und Fotoapparate abliefern mußten. Die Todesstrafe drohte demjenigen, der dieser Verordnung nicht nachkam. Soweit ich weiß, haben alle Deutschen ihre Fotoapparate abgegeben. Es gab dagegen einen Fotografen in Römerstadt, der seinen Apparat behalten durfte, weil er für die russischen Soldaten Paßbilder und andere Aufnahmen machen mußte. Dabei wurde ihm mit der Todesstrafe gedroht, wenn er von oder für Deutsche Fotos machen würde. Das Bild, welches ich Ihnen überlassen habe, entstand gegen Ende Mai, Anfang Juni 1945 bei diesem Fotografen. Hätte man das Bild bei mir auf der Vertreibung gefunden, so wäre es mir sicherlich schlecht ergangen. Das auf dem Bild ersichtliche ›N‹ mußten alle Deutschen ab Mai 1945 bis zu ihrer Vertreibung sichtbar auf der Kleidung tragen.

Die ersten Deutschen wurden im August 1945 wie Hunde aus ihrer Heimat vertrieben. Man nahm einfach einzelne Familienmitglieder und trieb sie zum Bahnhof, wo bereits Viehwaggons bereitstanden. Diese Waggons waren ohne Dach, und sie wurden förmlich vollgestopft mit Menschen. Auch alte Leute und kleine Kinder wurden in diese Waggons getrieben und bekamen weder zu essen noch zu trinken. Dabei herrschten an diesen ersten Tagen der Vertreibung ca. 30 Grad Wärme. Wir standen in einer Entfernung von etwa 10–15 Metern, durften aber nicht einmal Wasser oder Lebensmittel unseren Angehörigen bringen. Selbst einem Priester, dessen Eltern bei diesem Transport dabei waren, wurde verweigert, seinen alten Leuten etwas zu bringen. Er weinte bitterlich, weil er den Notleidenden nicht einmal Wasser reichen durfte. Es kann sich niemand vorstellen, welches Leid und Tränen über die einzelnen Familien bei diesem Anblick und den Folgen dieser Tage hereinbrachen. Wohl aufgrund von Protesten aus dem Ausland wurde diese menschenunwürdige Vertreibung zunächst verboten. Allerdings begann eine zweite Vertreibungswelle im Januar 1946. Dabei wurde festgesetzt, daß alle Deutschen nur 50 kg Wäsche mitnehmen durften sowie 500 Reichsmark. Wer mehr Geld hatte, mußte dieses ersatzlos abliefern. Meine Schwiegereltern, meine Frau und ich wurden am 1. März 1946 vertrieben. Zunächst kamen wir alle in ein Lager, dort wurde unser Gepäck überprüft, gewogen und, was über 50 kg ging, beschlagnahmt. Außerdem wurden uns Dinge genommen, die innerhalb der erlaubten Menge waren, aber den Tschechen besonders gefielen. So kam es vor, daß viele nicht einmal ihre 50 kg Wäsche behalten durften. Nach dieser ersten Kontrolle begann eine Leibesvisitation. Dazu mußten wir zuerst unsere Zimmer verlassen, dann wurde das Zimmer nach evtl. zurückgelassenem Schmuck oder sonstigen Gegenständen untersucht. Selbst die Strohsäcke wurden auseinandergenommen. Anschließend wurde jeder einzelne zur Leibesvisitation geholt. Dabei mußte ich zum Schluß selbst noch meine Schuhe ausziehen, in deren Einlegesohlen ich je 2000 Reichsmark eingenäht hatte. Zum Glück war ich schon einige Wochen darauf herumgelaufen, so daß sie nicht mehr neu aussahen und die Einlagen nicht kontrolliert wurden. Somit überstand ich diesen Teil der Leibesvisitation glimpflich. Hätte man das Geld gefunden, so hätte ich mit schwerer Prügelstrafe rechnen müssen, denn es war strikt verboten, mehr als 500 Reichsmark bei sich zu führen. Am 3. März 1946 wurden wir ebenfalls in Viehwaggons verladen. Der ganze Zug war vom tschechischen Militär schwer bewacht. Als wir in Richtung Deutschland losfuhren, wußte niemand, was aus uns werden würde.

Zur Beschlagnahmung von Häusern und Geschäften: Ich habe auch persönlich die Wegnahme von Häusern und Geschäften erlebt. Wie bereits angeführt, hatten meine Schwiegereltern eine Bäckerei und ein Geschäft für Lebensmittel und Schuhe in Römerstadt, Kirchenplatz 8. Es war das letzte deutsche Geschäft am Ort. Am Abend des 21. Oktober 1945 gegen 18.00 Uhr kam eine Gruppe Soldaten, sperrte uns in ein Zimmer ein, das von einem Soldaten bewacht wurde, und hielt uns bis 22.00 Uhr gefangen. In der Zwischenzeit durchsuchten zwei Männer das Geschäft, das Lager und die Bäckerei. Um 22.00 Uhr mußten wir in den ersten Stock unseres Hauses, wo man uns wieder einschloß. Am darauffolgenden Tag wurden wir dann ins Gefängnis gesperrt, wo ich auch geschlagen wurde. Der Grund für die Prügel war nicht, weil ich etwas verbrochen hätte, sondern weil ich Deutscher war. Das war auch der Grund für unseren Gefängnisaufenthalt. Außerdem wurde in der Zeit, in der wir im Gefängnis festgehalten wurden, wie wir später feststellten, unser Haus von Grund auf ausgeplündert. Da man uns weder Parteizugehörigkeit noch sonstige Vergehen nachweisen konnte, wurden wir in der Nacht vom 31. Oktober zum 1. November um 23.00 Uhr entlassen. Glücklicherweise konnten wir bei Verwandten unterkommen, denn in unser Haus durften wir nicht mehr zurückkehren. So wurden wir über Nacht unseren Besitz los.«

Bilder von Sudetendeutschen mit dem aufgenähten »N« liegen in den Archiven vor, als Erinnerung an die Zeit der Rache und der *lex talionis.*

Es scheint, daß die Menschen aus dem Leiden nichts gelernt hatten. Man hatte gegen Hitler gekämpft, aber man verwendete seine Methoden weiter.

Dies ist aber nur ein Teil der Geschichte. Für manche war das korrekte Verhalten einzelner Tschechen, sei es im Amt oder am Arbeitsort, ein Lichtblick in einer sonst trostlosen Lage. Nicht wenige Sudetendeutsche verdankten der persönlichen Hilfsbereitschaft und dem Entgegenkommen mancher Tschechen, vor allem dort, wo durch jahrelanges Zusammenleben eine gegenseitige menschliche Wertschätzung gewachsen war und von der jeweiligen politischen Konstellation unberührt blieb, eine Erleichterung ihres schweren Schicksals.

Eine besondere Würdigung verdient die Hilfsaktion des Tschechen Přemysl Pitter für deutsche Kinder, die ihre Eltern durch die Kriegs- und Nachkriegsereignisse, vor allem in den tschechischen Lagern, verloren hatten und in den Massenlagern verwahrlosten und zugrunde gingen. Gegen den anfänglichen Widerstand der Behörden brachte er Hunderte von Kindern in den von ihm errichteten Heimen unter und rettete ihr Leben.

## Interniertenlager in Polen und in der Tschechoslowakei

Zwar wurden nicht alle Deutschen in einem Schlag aus ihrer Heimat in Polen und in der Tschechoslowakei vertrieben, aber nichtsdestoweniger verschlechterte sich auch die Lage derjenigen, die zunächst noch an ihren alten Wohnstätten zurückblieben, unaufhörlich. Tausende von ihnen wurden in Lagern interniert.

In Oberschlesien wurde das frühere Nazi-Lager Lamsdorf in ein Internierungslager für Deutsche, die vertrieben werden sollten, umgewandelt. Hier kamen vom August 1945 bis zum

Herbst 1946 insgesamt 6480 Deutsche um, darunter 623 Kinder.

In den 70er Jahren vernahm die bundesdeutsche Staatsanwaltschaft in Hagen über 100 Personen in der Ermittlungssache Lamsdorf. Die Täter sind namentlich bekannt und befinden sich im Jurisdiktionsbereich polnischer Gerichte. Doch die polnische Regierung und Presse bestreiten, daß überhaupt Verbrechen begangen worden sind. Eine Verfolgung in Polen ist wegen eines Amnestiegesetzes ausgeschlossen. Außerdem gilt in Polen Derartiges als verjährt.

Lamsdorf war keinesfalls das einzige Lager, wo Deutsche massenhaft zu Tode kamen. Aus einem vertraulichen Bericht von R. W. F. Bashford an das Foreign Office geht hervor: »Die Konzentrationslager sind nicht aufgehoben, sondern von den neuen Besitzern übernommen worden. Meistens werden sie von polnischer Miliz geleitet. In Swientochlowice (Oberschlesien) müssen Gefangene, die nicht verhungern oder zu Tode geprügelt werden, Nacht für Nacht bis zum Hals in kaltem Wasser stehen, bis sie sterben. In Breslau gibt es Keller, aus denen Tag und Nacht die Schreie der Opfer dringen.«

In einem ähnlichen Bericht vom 28. August 1945, der im amerikanischen Senat behandelt wurde, heißt es: »Im oberschlesischen Y. ist ein Aussiedlungslager eingerichtet worden, in dem zur Zeit tausend Menschen untergebracht sind ... Viele von ihnen leiden an Hungersymptomen; es gibt Fälle von Tuberkulose und immer neue Typhusfälle. ... Zwei Leute, die schwer an Syphilis erkrankt waren, sind auf eine sehr einfache Weise behandelt worden: man hat sie erschossen. ... Gestern wurde eine Frau aus K. erschossen und ein Kind verwundet ...«

Das Internationale Komitee vom Roten Kreuz erhielt ähnliche Berichte und bemühte sich seit Kriegsende, einen ständigen Delegierten nach Polen zu entsenden. Erst am 27. Juni 1947 konnte ein IKRK-Delegierter ein Internierungslager besichtigen. Zwar waren im Sommer 1947 die meisten Deutschen bereits vertrieben oder in den Lagern umgekommen. Es blieben aber immer noch Lager übrig, zu denen man das IKRK nicht zuließ.

In der Tschechoslowakei, wo das IKRK bereits im Herbst 1945 einige Lager besuchen konnte, war die Lage der Deutschen nicht viel besser. Im Lager von Svidnik zum Beispiel wurden die Deutschen zum Minenräumen eingesetzt.

Über das ehemalige KZ Theresienstadt, das in ein Internierungslager für Deutsche umgewandelt wurde, schrieb der tschechische Schriftsteller Dr. H. G. Adler, der dort selbst während des Krieges als Jude inhaftiert gewesen war: »Bestimmt gab es unter ihnen welche, die sich während der Besatzungsjahre manches hatten zuschulden kommen lassen, aber die Mehrzahl, darunter viele Kinder und Halbwüchsige, wurden bloß eingesperrt, weil sie Deutsche waren. Nur weil sie Deutsche waren ...? Der Satz klingt erschreckend bekannt; man hatte bloß das Wort ›Juden‹ mit ›Deutschen‹ vertauscht. Die Fetzen, in die man die Deutschen hüllte, waren mit Hakenkreuzen beschmiert. Die Menschen wurden elend ernährt, mißhandelt, und es ist ihnen um nichts besser ergangen, als man es von deutschen Konzentrationslagern her gewohnt war. ... Das Lager stand in tschechischer Verwaltung, doch wurde von ihr nicht verhindert, daß Russen gefangene Frauen vergewaltigten. ...«

## Das Schicksal der Donauschwaben in Jugoslawien

Die Volksdeutschen, die im Südosten Europas seit Jahrhunderten lebten, wurden ebenfalls von Krieg und Vertreibung hinweggefegt, wie ihre nördlichen Nachbarn. Ihre Schicksale sind weniger bekannt geworden als z. B. die traumatischen Kataklysmen der Ostpreußen. Deshalb werden hier einige Erlebnisberichte in verkürzter Fassung abgedruckt, stellvertretend für das ungeheuere Leiden, das die gesamte Volksgruppe erdulden mußte.

*Roland Vetter*

### *Das Zeugnis des Dr. Roland Vetter*

*Volksdeutsche aus Jugoslawien auf dem Weg in den Westen (U.S. Army)*

»Nach dem Willen der Reichsregierung sollten die Deutschen im Herbst 1944 vor der näher rückenden Front evakuiert werden. Ende September wurde die deutsche Bevölkerung des Banates in langen Kolonnen bäuerlicher Fahrzeuge durch die Batschka geleitet. Am 5. Oktober erhielten die Syrmiendeutschen den Evakuierungsbefehl und am 8. Oktober die der Batschka. Nicht nur auf Bauernwagen, sondern auch mit der Eisenbahn und zuletzt auch auf den Wasserstraßen zogen etwa 70 Prozent der Donauschwaben nach dem Westen.

Nach vorsichtigen Schätzungen lebten in Jugoslawien 500 000, in Rumänien 250 000 und in Ungarn 650 000 Donauschwaben, von denen allein aus Jugoslawien 370 000 geflüchtet oder umgesiedelt worden sind (70,7 Prozent der Deutschen), 31 000 sind gefallen (5,9 Prozent), während von den Zurückgebliebenen 55 000 (10,5 Prozent) in den Massenlagern, in die sie durch die nachgerückte Partisanenverwaltung gesteckt wurden, umgekommen sind. Etwa 30 000 überlebten; sie stellen heute eine verschwindende Minderheit im neuen jugoslawischen Staate dar.

Bezeichnend für die Einstellung zu den Deutschen im Lande dürfte die öffentliche Verurteilung eines hohen Geistlichen sein.

*Donauschwaben in ihrer neuen Heimat (Foto: Jakob Bohn, Stuttgart)*

*»Displaced Persons«-Siedlung in Linz, wo 3000 Heimatvertriebene aus Jugoslawien die ersten Monate und Jahre verbrachten (Foto: Jakob Bohn, Stuttgart)*

Am 23. Mai 1945 wurde der Landesbischof der Deutsch-Evangelischen Kirche in Jugoslawien, D. Dr. Philipp Popp, in Agram verhaftet. Er hatte es zuvor abgelehnt, das Land zu verlassen, und auch nach der Besetzung jede Fluchtmöglichkeit ausgeschlagen. Nach fünfwöchiger Haft wurde er am 28. Juni 1945 von der 2. Partisanenarmee zum Tode durch Erschießen verurteilt. Das Urteil wurde am folgenden Tage vollstreckt. Sein Leidensgefährte, der kroatische Erzbischof Stepinać (röm.-kath.), wurde zu 16 Jahren Haft verurteilt.

Über die Besetzung ehemals deutscher Gemeinden durch sowjetische Truppen und serbische Partisanen berichtete Frau K. Z., geb. 20. 12. 1903, wohnhaft in Neu-Werbas, nach ihrer Ausreise nach Karlsruhe am 16. 4. 1947 u. a.: ›Meine Heimatgemeinde Novi Vrbas wurde am 19. 10. 1944 von serbischen Partisanen und russischen Truppen besetzt ... Partisanen und russische Soldaten gingen in die Wohnhäuser und holten sich, was ihnen gefiel. Öfters wurden auch bei Nacht die Wohnungen erbrochen und Frauen und Mädchen vergewaltigt. Die Soldaten nahmen dabei keine Rücksicht auf das Alter. So z. B. wurde die mir bekannte Dorfgenossin, die über 50jährige Frau des Jakob Schneider geb. Beni zusammen mit ihrer Pflegetochter Jolanthe Hetzel geb. Schneider vergewaltigt. Das 15jährige Mädchen Johanna Burbach, die ich persönlich gut kenne, wurde vor den Augen ihrer Eltern geschändet. Sie blieb in anderen Umständen und gebar später ein Kind.‹

Über ihren Lageraufenthalt berichtet Frau K. H. im Sommer 1945 in Kecskemet: ›Was jemand tragen konnte, mußte er ins Lager schleppen. Der Rest wurde vom Wagen nachgebracht. Alles Geld, Gold und Schmuck wurde vorneweg abgenommen ... Dann wurden alle Frauen kurz geschoren. Ebenso wurden die Kinder nach Geschlechtern getrennt mit den Erwachsenen geschoren. Morgens gab es Einbrennsuppe, gelegentlich mit Petroleum geschmelzt, Mittagessen fiel aus. Abends Kürbissuppe mit einigen Nudeln, von der ein Liter auf vier Personen verteilt wurde. Morgens fünf Uhr aufstehen. Tagsüber Arbeit am Wiederaufbau des zerbombten Bahnhofes: Ziegel- und Mörteltragen, Mauern usw. Oftmals Strafen wegen Beschaffung von Nahrung von Privatleuten.« Zum Schlusse des Berichts wird der Abschub beschrieben: »Beim Abtransport nach Wien durfte überhaupt nichts mitgenommen werden. Manche sind ohne Strümpfe und Schuhe fort, besonders Kinder im ersten Transport. ... Als Verpflegung erhielten je vier Personen ein Kilogramm Brot mit auf den Weg nach Wien, der eine Woche dauerte. Unterwegs wurden Kartoffeln und Rüben überall geholt. Im Waggon wurden uns noch die letzten Kleider, Geld und Schmuck herausgepreßt. Am Rande unserer Kraft sind wir in Wien angekommen.‹

Zu den Verlusten an Leib und Leben kamen die Güterverluste. Die Donauschwaben wurden in Jugoslawien per Gesetz enteignet. Während das Hab und Gut der Geflüchteten konfisziert wurde, waren die im Lande Verbliebenen längst *de facto* von Haus, Hof, Feld oder Betrieb getrennt. In die Häuser wurden zu Beginn des Jahres 1945 Neusiedler aus südlichen Landesteilen (Montenegro, Bosnien) eingewiesen. Damit war der Enteignungsvorgang abgeschlossen.«

Ein weiteres Schicksal wie Tausende andere aus dieser leidensvollen Zeit beschreibt Frau Justina Hoffmann, geboren am 20. Oktober 1906 in Sekic (Kreis Bačka-Topola).

## *Das Zeugnis der Justina Hoffmann*

»Während des Umsturzes im Herbst 1944 war ich mit meinem Ehemann Jakob Hoffmann und mit meinem sechzehnjährigen Jungen in unserem Heimatort Feketic. Wir hatten dort ein Schnittwaren- und Konfektionsgeschäft. Feketic hatte rund sechstausend, größtenteils ungarische Einwohner. Volksdeutsche gab es etwa zweitausend. Am 17. Oktober 1944 zogen russische Truppen in unser Dorf ein, nach einigen Tagen übernahmen einheimische jugoslawische Partisanen die Macht. Unser Geschäft wurde schon in den ersten Tagen von den Partisanen restlos ausgeplündert, alles wurde fortgeholt.

Frauen und Mädchen mußten sich vor den russischen Soldaten nachts verstecken, um nicht vergewaltigt zu werden. Auch ich mußte einmal nachts durchs Fenster fliehen. Aber auch tagsüber blieben Frauen von Belästigungen der Soldaten nicht verschont. So wurde die mir bekannte Ehefrau des Zimmermeisters Andreas Körper am hellen Tage von einem russischen Soldaten vergewaltigt, während ein anderer Soldat vor der Wohnung Wache stand. Um ihre Hilferufe zu ersticken, wurde ihr ein Tuch in den Mund gesteckt. Die fast sechzig Jahre alte Frau Elisabeth Weissmann geb. Glock wurde von einem betrunkenen russischen Soldaten in ihrer Wohnung überfallen und vergewaltigt. Frau Sofia Dietrich, die das Versteck ihrer Tochter nicht verraten wollte, wurde schwer, bis zur völligen Entstellung, geschlagen.

Die Deutschen waren alle zu Feldarbeiten verpflichtet. Am 17. November 1944 wurden nachts die deutschen Männer ohne Unterschied auf Alter unter schwersten Mißhandlungen aus den

Wohnungen geholt, sie wurden so geschlagen, daß ihnen das Blut aus zahlreichen Wunden, aus dem Mund und aus der Nase floß, und ins Gemeindehaus gesperrt, darunter auch mein Ehemann. Drei Tage später wurden alle Deutschen, auch ich und mein Sohn, zusammengetrieben und zusammen mit den 48 Männern, die schon vorher verhaftet waren, nach Bačka-Topola getrieben. Von hier wurden die Frauen wieder zurück nach Feketic geschickt. Wir mußten weiterhin Feldarbeiten verrichten, durften in den Wohnungen bleiben, die jedoch täglich auch in der Nacht von den russischen Soldaten und den Partisanen geplündert und in die eingebrochen wurden.

Am 16. Januar 1945 wurden wir aus unseren Häusern endgültig herausgeworfen und ins Sekicer Lager gebracht. Hier waren etwa sechstausend Volksdeutsche aus der nördlichen Batschka interniert. Von hier kam ich am 27. Januar 1945 nach Subotica ins Zivilinternierungslager, in die Stärkefabrik, wo mehrere tausend Volksdeutsche sehr eng zusammengepfercht waren. In meinem Raum lagen 107 Frauen. Täglich mußten wir um 4.30 Uhr antreten und bei größter Kälte am Antreteplatz stundenlang in Doppelreihen stehen. Partisanen führten uns zu unseren Arbeitsplätzen ab und brachten uns abends wieder zurück. Jeden Abend wurden wir in Reih und Glied am Antreteplatz abgezählt. Wenn die Zahl nicht gestimmt hatte, und das war fast jeden zweiten Tag der Fall, mußten wir oft bis Mitternacht, draußen in der Kälte stehen bleiben. Männer und auch Frauen wurden dabei mißhandelt. Die Männer wurden oft über unserem Raum alle in ein Zimmer zusammengepreßt, daß sie kaum stehen konnten, und blieben so die ganze Nacht hindurch eingesperrt.

Am 24. Mai 1945 kam ich mit etwa vierhundert Männern und Frauen zurück ins Lager nach Sekic. Die Kinder wurden hier, während die Mütter auf der Arbeit waren, gesondert untergebracht und wurden geschlagen, wenn sie versucht hatten, mit ihnen in Verbindung zu kommen. Die abgemagerten, hilflosen Kinder hinter Stacheldraht boten einen furchtbaren Anblick. Am 1. Oktober 1945 mußte das ganze Lager, über 8000 Personen, antreten. Mütter mit kleinen Kindern, Arbeitsunfähige, Kranke, Alte und Krüppel wurden in die sogenannten Vernichtungslager nach Gakovo, Krusevlje und Ridjica gebracht, wo mehrere Tausende verhungerten. Ich blieb mit den Arbeitsfähigen, etwa 1500, in Sekic zurück. Am 27. Januar 1946 entschloß ich mich zu fliehen, nachdem mein Sohn schon im September 1945 in Zemun mit vielen anderen 14- bis 16jährigen Jungen gestorben und mein Mann verschleppt worden war.«

Abschließend soll auch erwähnt werden, daß parallel zu den Inhaftierungen zahlreich Erschießungen volksdeutscher Männer begannen, die häufig den Charakter von Massenliquidationen annahmen. In Startschowa wurden z. B. nach einem willkürlichen Ausleseverfahren in der Nacht auf den 22.10.1944 ca. 80 Männer erschossen, ähnliches ereignete sich in Sartscha, Deutsch-Zerne und vielen Orten des Banates, sowie ebenfalls der Batschka. Eine Partisanengruppe erschoß Volksdeutsche in Hodschag; vielleicht das gleiche Liquidationskommando trieb am 25.10. in Filippowa etwa 350 volksdeutsche Männer zusammen und erschoß 240 von ihnen. Die Vermutung ist nicht von der Hand zu weisen, daß es förmliche Exekutionseinheiten der Partisanen gab, die von einer donauschwäbischen Ortschaft zur anderen zogen, um dort ihre Sonderaufträge zu erfüllen.[44a]

## Anglo-Amerikanische Stimmen gegen die Vertreibung

»Sofern das Gewissen der Menschheit jemals wieder empfindlich werden sollte, werden diese Vertreibungen als die unsterbliche Schande aller derer im Gedächtnis bleiben, die sie veranlaßt oder sich damit abgefunden haben ...

Die Deutschen wurden vertrieben, aber nicht einfach mit einem Mangel an übertriebener Rücksichtnahme, sondern mit dem denkbar höchsten Maß von Brutalität.«

So beurteilte der britische Verleger und Autor Victor Gollancz die Vertreibung der Deutschen in seinem denkwürdigen Buch »Our Threatened Values«, das er 1946 veröffentlichte. Gollancz war Sozialist, jüdischen Glaubens; überall trat er für die Menschenrechte und für Menschenwürde ein. Vor dem Kriege veröffentlichte er eine Reihe Bücher gegen Hitler wie das des exiltschechischen Ministers Ripka.

Neben Victor Gollancz ließen sich nur wenige Proteststimmen vernehmen. Klage erhob auch Bertrand Russell, der am 19. Oktober 1945 in der »Times« schrieb: »In Osteuropa werden jetzt von unseren Verbündeten Massendeportationen in einem unerhörten Ausmaß durchgeführt, und man hat ganz offensicht-

*Victor Gollancz mit einem Flüchtlingskind 1946*

lich die Absicht, viele Millionen Deutsche auszulöschen, nicht durch Gas, sondern dadurch, daß man ihnen ihr Zuhause und ihre Nahrung nimmt und sie einem langen, schmerzhaften Hungertod ausliefert. Das gilt nicht als Kriegsakt, sondern als Teil einer bewußten ›Friedens‹-Politik ... Im Potsdamer Protokoll wird vorgeschrieben, daß die Ausweisungen von Deutschen in

*Die Tragik der Flüchtlingskinder (Schweizerisches Rotes Kreuz)*

›geregelter und humaner‹ Weise durchgeführt werden sollten. Und es ist wohl bekannt, ... daß diese Bedingung von unseren russischen und polnischen Verbündeten nicht beachtet worden ist.«

Die Hilfskommission des Internationalen Komitees vom Roten Kreuz berichtete: »Am 27. Juni 1945 kam im Westhafen von Berlin ein Schiff mit der traurigen Fracht von rund dreihun-

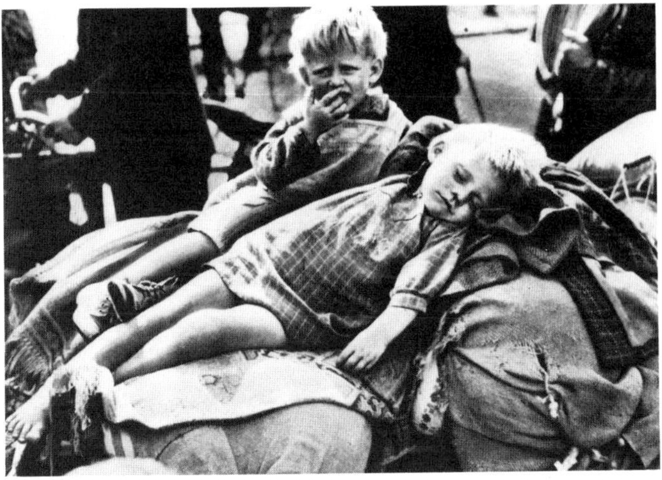

*Diese beiden Waisenkinder werden von einer mitleidigen Frau auf ihren Handwagen gelegt, um sie irgendwohin in ein Kinderheim zu bringen (Schweizerisches Rotes Kreuz)*

dert fast zu Tode verhungerten Kindern an, die aus einem Heim im pommerschen Finkenwalde stammten. Kinder von zwei bis vierzehn Jahren lagen bewegungslos auf dem Schiffsboden, die Gesichter von Hunger gezeichnet, an Krätze leidend, von Ungeziefer zerfressen. Leib, Knie und Füße waren geschwollen – bekanntes Symptom des Hungers.«

Gerade dieses Bild von verhungernden Kindern, vor allem von Waisenkindern, wiederholte sich immer wieder in jenen Nachkriegsmonaten und Jahren. Die amerikanische Wochenzeitschrift »Time« nahm sich des Themas an und veröffentlichte am 12. November 1945 das Bild von drei Waisenkindern aus Danzig. Unter der Legende »Sünde ihrer Eltern« lautet der Kommentar: »Diese drei deutschen Kinder büßen für Sünden, die ihre Eltern vielleicht begingen. Weggejagt aus einem polnischen Waisenhaus in Danzig, wurden sie in vollgestopften Viehwagen nach Deutschland ohne ärztliche Betreuung und beinahe ohne Lebensmittel zurückgeschickt. Die Polen, deren Kinder vor gar nicht langer Zeit ähnlich aussahen, sind dabei, sämtliche Krankenhäuser von Deutschen zu säubern, egal wie krank. Der Junge links ist neun Jahre alt und wiegt 18 Kilo und ist zu schwach, um zu stehen. Der Junge in der Mitte ist 12 und wiegt 21 Kilo. Seine Schwester rechts ist acht und wiegt 17 Kilo.«

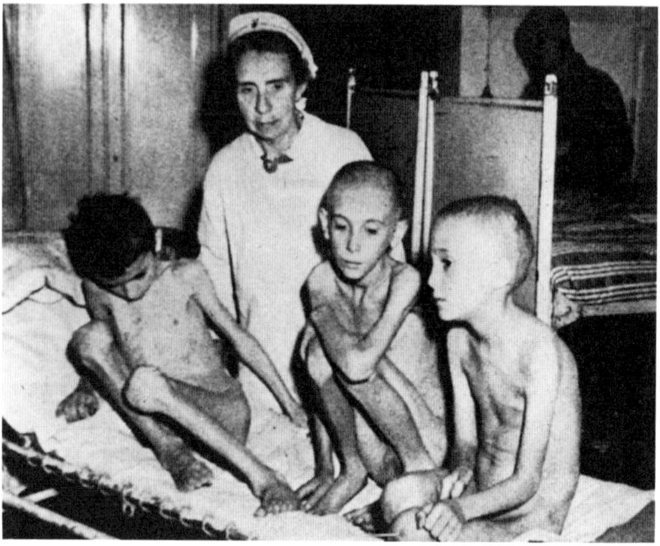

*»Sünde ihrer Eltern« (Time): Drei Waisenkinder aus Danzig (Foto: Black Star)*

Ähnlich berichtete am 10. September 1945 der Berliner Korrespondent der Londoner »Times«: »Hier im Robert-Koch-Krankenhaus, das ich heute morgen besuchte, sind mehr als sechzig deutsche Frauen und Kinder, die allesamt vor einem Monat aus einem Danziger Kranken- und einem Waisenhaus geholt und in Viehwagen ohne Stroh, ohne jede Nahrung oder Wasser, nach Deutschland transportiert wurden. Als der Zug Berlin erreichte, hieß es, daß von dreiundachtzig Personen, die in zwei Waggons zusammengepfercht gewesen, zwanzig gestorben waren ...«

Am 18. Oktober telegraphierte General Eisenhower nach Washington: »In Schlesien verursachen die polnische Verwaltung und ihre Methoden eine große Flucht der deutschen Bevölkerung nach dem Westen. ... Viele, die nicht weg können, werden in Lager interniert, wo unzureichende Rationen und schlechte Hygiene herrschen. Tod und Krankheit in diesen Lagern sind extrem hoch. Die von den Polen angewandten Methoden entsprechen in keiner Weise der Potsdamer Vereinbarung. ... Die Todesrate in Breslau hat sich verzehnfacht, und eine Säuglingssterblichkeit von 75 Prozent wird berichtet.

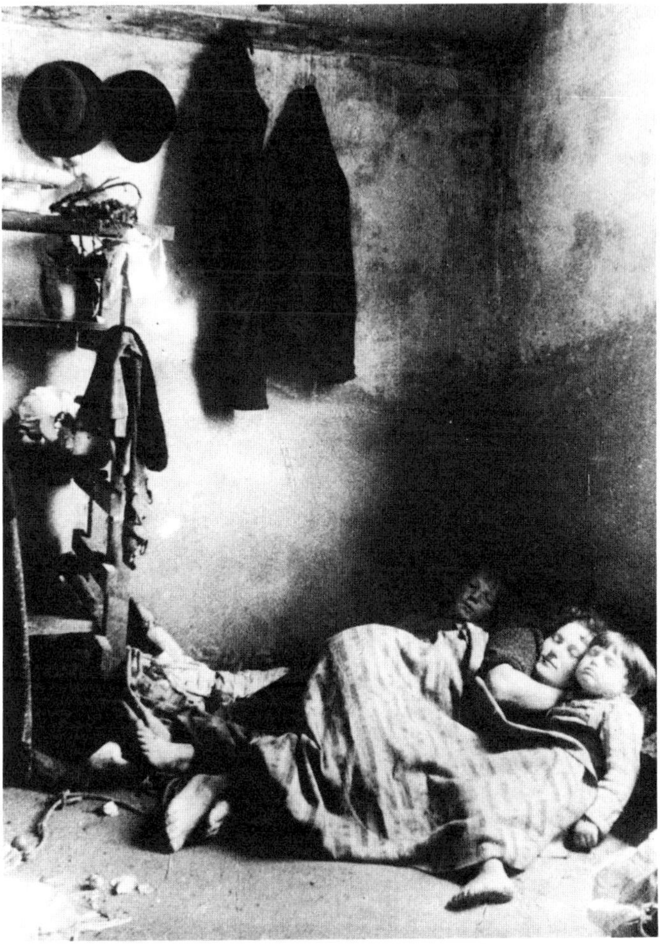

*Die Tragik der Flüchtlingskinder (Schweizerisches Rotes Kreuz)*

Typhus, Fleckfieber, Ruhr und Diphtherie verbreiten sich. Man schätzt, daß zehn Millionen Menschen aus Polen und der Tschechoslowakei in die russische Zone kommen. ... Keine koordinierten Maßnahmen sind getroffen worden, diese Flüchtlingsbewegung nach bestimmten Orten zu lenken oder Unterkunft und Nahrung zu gewähren. ... Es besteht Gefahr einer Epidemie sol-

*Zwei Flüchtlingsfrauen suchen nach Essen in einer Müllkiste in Berlin (U.S. Army).*

chen Ausmaßes, daß sie ganz Europa und damit auch unsere Truppen bedrohen könnte, und die Wahrscheinlichkeit des Hungertodes in ungeahntem Ausmaß.«

Diese Warnungen führten zu Protesten der Westalliierten durch ihre Botschaften in Warschau und Prag. Dadurch wurde wenigstens erreicht, daß sich die Vertreibungen in die amerikanische und britische Zone allmählich verlangsamten.

*Zwei Frauen transportieren ihre wenige Habe durch das zerbombte Berlin, Juli 1945 (U.S. Army)*

*Vertriebene aus Pommern in Berlin im Juli 1945 (U.S. Army)*

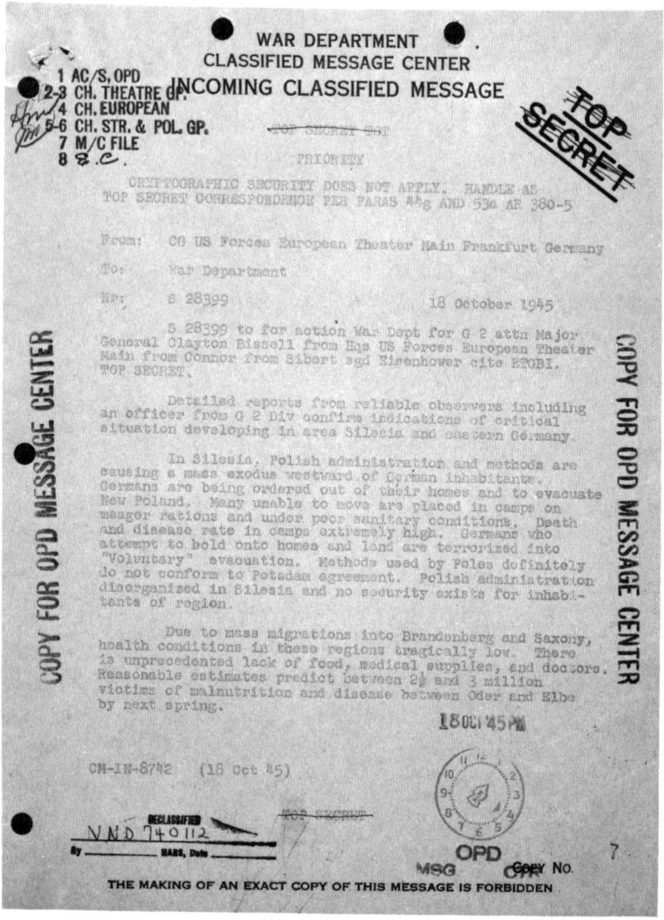

WAR DEPARTMENT
CLASSIFIED MESSAGE CENTER
INCOMING CLASSIFIED MESSAGE

1 AC/S, OPD
2-3 CH. THEATRE GP.
4 CH. EUROPEAN
5-6 CH. STR. & POL. GP.
7 M/C FILE
8 S.C.

TOP SECRET

~~TOP SECRET EOT~~

PRIORITY

CRYPTOGRAPHIC SECURITY DOES NOT APPLY. HANDLE AS TOP SECRET CORRESPONDENCE PER PARAS 44g AND 53a AR 380-5

From: CG US Forces European Theater Main Frankfurt Germany

To: War Department

Nr: S 28399 18 October 1945

S 28399 to for action War Dept for G 2 attn Major General Clayton Bissell from Hqs US Forces European Theater Main from Connor from Sibert sgd Eisenhower cite ETGBI. TOP SECRET.

Detailed reports from reliable observers including an officer from G 2 Div confirm indications of critical situation developing in area Silesia and eastern Germany.

In Silesia, Polish administration and methods are causing a mass exodus westward of German inhabitants. Germans are being ordered out of their homes and to evacuate New Poland. Many unable to move are placed in camps on meager rations and under poor sanitary conditions. Death and disease rate in camps extremely high. Germans who attempt to hold onto homes and land are terrorized into "Voluntary" evacuation. Methods used by Poles definitely do not conform to Potsdam agreement. Polish administration disorganized in Silesia and no security exists for inhabitants of region.

Due to mass migrations into Brandenberg and Saxony, health conditions in these regions tragically low. There is unprecedented lack of food, medical supplies, and doctors. Reasonable estimates predict between 2½ and 3 million victims of malnutrition and disease between Oder and Elbe by next spring.

18OCT45PM

CM-IN-8742 (18 Oct 45)

~~TOP SECRET~~

DECLASSIFIED
NND 740112
By ______ NARS, Date ______

OPD
MSG CTR
COPY NO. 7

COPY FOR OPD MESSAGE CENTER

COPY FOR OPD MESSAGE CENTER

THE MAKING OF AN EXACT COPY OF THIS MESSAGE IS FORBIDDEN

*Telegramm Eisenhowers vom 18. X. 45 (Faksimile), Seite 1 und 2*

WAR DEPARTMENT
CLASSIFIED MESSAGE CENTER
INCOMING CLASSIFIED MESSAGE

~~TOP SECRET~~ TOT

TOP SECRET

Page 2

From: CG US Forces European Theater, Main Frankfurt Germany

Nr: S 28399 18 October 1945

Breslau death rate increased ten fold, and death rate reported to be 75% of all births. Typhoid, typhus, dysentery, and diphtheria are spreading.

Total number potentially involved in westward movement to Russian Zone of Germany from Poland and Czechoslovakia in range of 10 million. Estimate 65 to 75 per cent already departed or on the road westward. No coordinated measures yet taken to direct stream of refugees into specific regions or provide food and shelter. Tendency of refugees is to move into cities, and cities of Saxony, especially are becoming dangerously over crowded. Attention is invited in this connection to serious danger of epidemic of such great proportion as to menace all Europe, including our troops, and to probability of mass starvation unprecedented scale.

Copies of special reports for your information are being forwarded by Mail Annex Nbr 3 to our Special Intelligence Bulletin Nbr 3 gives a preview of this problem.

End

ACTION: Gen Bissell

INFO : Gen Arnold, Gen Hull, C of S

CM-IN-8742 (18 Oct 45) DTG 181435A da

~~TOP SECRET~~

COPY NO. 7

THE MAKING OF AN EXACT COPY OF THIS MESSAGE IS FORBIDDEN

*Donauschwaben ziehen durch Ungarn (National Archives)*

*Vertriebene ziehen im Sommer 1945 durch Brandenburg (U.S. Army)*

*Flüchtlingslager in der amerikanischen Besatzungszone 1945 (Sudetendeutsches Bildarchiv)*

*Deutsche Flüchtlinge in der Tschechoslowakei unter russischer Bewachung. Mai 1945 (U.S. Army)*

*Bei der Massendeportation aus Polen. 1946 (National Archives, Washington)*

## »Geordnete« Umsiedlungen

Es muß auch festgehalten werden, daß die Ausweisung der Deutschen nicht nur in wilden Vertreibungen erfolgte. Es gab auch eine Phase von »geordneten« Umsiedlungen, die zwischen den Alliierten und den Vertreibungsstaaten abgesprochen worden waren.

Das Potsdamer Protokoll sprach aber nicht nur von »geordneten«, sondern sogar von »humanen« Umsiedlungen. Aber kann eine Zwangsumsiedlung, die Entwurzelung aus der Heimat, jemals »human« sein? Ist eine Umsiedlung, die unfreiwillig erfolgt, nicht schon deswegen eine Vertreibung? *Human kann keine Zwangsumsiedlung sein.* Wenn aber die unmenschliche Entscheidung schon getroffen worden ist, Menschen aus der Heimat auszuweisen, so sollte diese Ausweisung wenigstens möglichst geordnet vor sich gehen.

*General Lucius Clay mit seinem politischen Berater Robert Murphy in Berlin 1945 (U.S. Army)*

Deshalb bemühten sich die West-Alliiierten in Potsdam zunächst um ein Vertreibungsmoratorium. Als dies nicht beachtet wurde, versuchten sie durch die Maschinerie des Kontrollrates in Berlin, die Vertreibungen in den Griff zu bekommen, sie in einen bestimmten Plan zu lenken. Dies geschah am 20. November 1945.

Nach diesem Plan erfolgten die ersten »geordneten« Umsiedlungen aus der Tschechoslowakei, Polen und Ungarn im Januar 1946. Zunächst verliefen sie noch unbefriedigend. So beschreibt General Lucius Clay die Lage: »Der Anblick, den die erste Zugladung aus Ungarn bot, war erschütternd. Die Ausgewiesenen waren ohne genügenden Proviant und nur mit notdürftigstem Reisegepäck zusammengeholt worden; hungrig und armselig kamen sie an. Nach mehrfach wiederholten Vorstellungen wurde vereinbart, daß jeder Ausgewiesene etwas Gepäck und 500 Reichsmark mitnehmen durfte. Besondere Schwierigkeiten gab es mit den Tschechen; nicht nur der persönliche Besitz der Sudetendeutschen, auch junge kräftige Arbeiter wurden zurückbehalten, während man uns die Alten, die Frauen und die kleinen Kinder schickte. Erst als wir aus diesem Grunde die Transporte zeitweilig einstellten, erreichten wir auf dem Verhandlungsweg, daß diese Zustände behoben wurden.«

Ein Beispiel unter vielen der späteren Umsiedlungen stellt die Entdeutschung des ungarischen Dorfes Deutschbohl (heute Boly) im Donau-Drau-Dreieck, 200 km südlich von Budapest, dar.

## *Das Zeugnis des Franz Trischler*

»Die ungarische Bevölkerung verhielt sich der von der Aussiedlung betroffenen Personengruppe gegenüber zurückhaltend, jedoch keinesfalls feindselig. Die katholische Kirche blieb allen diesen Geschehnissen gegenüber sehr passiv und leistete ihren in Not geratenenen Gläubigen keinerlei Hilfe.

Die Aussiedlungsaktion begann Ende Juni 1946 und betraf rund ein Drittel der deutschbohler Bevölkerung. Jede Person durfte einen Koffer mitnehmen, der von der Polizei auf seinen Inhalt überprüft wurde. Die Aussiedlung erfolgte per Bahn in Güterwagen und kann als geordnet bezeichnet werden. Sie dauerte vier Tage. Die Verpflegung während des Transportes war für damalige Verhältnisse angemessen. Ziel des Transportes aus Deutschbohl war Bad Schwalbach bei Wiesbaden.

Die Bevölkerung in Bad Schwalbach und Umgebung verhielt sich den Neuankömmlingen gegenüber sehr reserviert, was aus damaliger Sicht von einer hungernden, frierenden und durch die Bombardierung der Städte in katastrophalen Wohnverhältnissen lebenden Menschen mehr als verständlich war.«

Die späteren Umsiedlungen aus der Tschechoslowakei verliefen einigermaßen geordnet. In einem Film, der im Sommer 1946 durch die amerikanische Armee aufgenommen wurde, um eine exemplarische Umsiedlung festzuhalten, sehen wir, wie amerikanische Offiziere mit tschechischen Behörden die Umsiedlung abstimmen, wie sudetendeutsche Frauen und Kinder – Männer waren kaum dabei – ihr Gepäck zu den Zügen tragen; sie werden nicht geschlagen oder mißhandelt, wie so oft, wenn die Kameras nicht gerade drehen.

Sie steigen in die Züge. Meistens stehen sie, aber die Züge sind nicht mehr so voll wie 1945 oder Anfang 1946. Dann überqueren sie die Grenze zur amerikanischen Zone. Jetzt werfen sie Armbinden weg. Aus allen Türen und Fenstern fliegen hunderte von Armbinden heraus. Denn in Bayern brauchen sie keine Armbinden.

Die Ankunft in Bayern war jedoch nicht immer glücklich. Wieviele hatten noch Verwandte im Sudetenland, die interniert waren oder nicht herausgelassen wurden, weil sie wertvolle, vorläufig unersetzbare Facharbeiter waren? Die Flüchtlingsquartiere waren auch zu eng und zu kaputt. Es war nicht wie zu Hause vor dem Krieg.

Diese sudetendeutsche Familie hat es resigniert hingenommen. Frau Matzka sitzt stumm. Sie weint nicht mehr. Sie ist 82.

*Frau Anna Matzka im Münchener Flüchtlingslager (U.S. Army)*

Die Kinder begreifen meistens nicht, was um sie herum passiert. Sie haben bloß Hunger. Überall sind dieselben Szenen des Elends. Hier eine Waise mit leerem Blick, dort ein Junge, der nach Essen in einer Mülltonne sucht.

Ein weiterer Dokumentarfilm, mit dem Titel »Daybreak«, wurde im Auftrag des World Church Service von der New Yorker Filmgesellschaft International Film Foundation 1947/48 hergestellt und zeigt u.a. zahlreiche Barackenlager für vertriebene Volksdeutsche und Displaced Persons in Österreich, hauptsächlich in Linz und Umgebung sowie im Salzkammergut und in Salzburg. Dabei wird das Nachkriegserleben der Donauschwaben am Schicksal eines Heimkehrers aus Jugoslawien, Dr. Roland Vetter (s. oben, S. 142 ff.), geschildert.[44b]

*Ein Junge sucht nach Essen in einer Mülltonne (Gollancz)*

*Tonnen mit eßbarem und nicht-eßbarem Müll werden desinfiziert (U.S. Army)*

*In einer Lagerbaracke (Schweizerisches Rotes Kreuz)*

## Verschleppung in die Sowjetunion

Wie bereits geschildert, hatte die Konferenz von Jalta der Sowjetunion Kriegsentschädigung in Form von Arbeitsleistungen zugestanden. Nach Unterlagen des Deutschen Roten Kreuzes wurden insgesamt 874 000 deutsche Zivilpersonen in die Sowjetunion verschleppt. 45 Prozent der sog. Reparationsverschleppten starben.

Am härtesten wurden die Donauschwaben und die Siebenbürger Sachsen getroffen, daneben insbesondere die Ostpreußen und Pommern. Für ihr Schicksal, das keine Filme und keine Bilder festgehalten haben, sollen die folgenden Schilderungen stehen.

### *Das Zeugnis eines Mannes aus Siebenbürgen/Rumänien*

»Ich war, als Unteroffizier der Reserve, im rumänischen Heer, als am 27. Januar 1945 eine Abordnung sowjetischer Militärs bei unserer Einheit erschien und sämtliche Deutsche sammelte – ich bin Deutscher aus Siebenbürgen und war damals rumänischer Staatsbürger, 27 Jahre alt. Wir wurden, elf Männer, in rumänischer Uniform nach Diemrich/Deva in Siebenbürgen gebracht und dort auf durchfahrende Güterzüge mit zwangsverschleppten Deutschen aus dem Banat aufgeteilt. Es ging nach Osten. Ich hatte weder meine Familie noch Freunde verständigen können. Wie ich später erfuhr, war meine Frau schon am 15. Januar in einer südsiebenbürgischen Stadt, Schäßburg, festgenommen und in die UdSSR verschleppt worden; unseren einjährigen Jungen hatte sie ihrer Mutter, meiner Schwiegermutter, zurücklassen müssen.

Nach rund anderthalb Monaten kam der Eisenbahnzug, auf dem sich etwa 1500 Menschen befanden, in Ufaley an, zwischen Tscheliabinsk und Swjetlowsk; es gab dort große Nickelbergwerke. In drei weiträumigen Baracken untergebracht, brach kurz nach der Ankunft Typhus aus, an dem etwa 350 bis 400 Menschen starben. Dessenungeachtet wurden wir – Männer wie Frauen aller Altersschichten, sämtlich Deutsche aus Rumänien – zur Arbeit getrieben, zunächst unter Tag beim Nickelabbau. Da sowohl das Essen als die Absicherungen an den Arbeitsplätzen mehr als mangelhaft waren, kamen zu den Typhustoten die

Unfalltoten. Zeitweise arbeitete ich auch über Tag. Wir fällten Bäume für Knüppeldämme, auf denen die von den USA den Sowjets gelieferten modernen Selbstentlader-Lkws fuhren. Die Arbeit war brutal. Nicht einmal die gesetzlich vorgeschriebenen 32 Grad minus als äußerste Temperaturgrenze für Arbeitserlaubnis wurden eingehalten. Verschüttungen bei den Arbeiten im Bergwerk, Erfrierungen beim Bäumefällen, Schwächeanfälle mit fatalen Folgen wegen der Unterernährung u. a. m. gab es ›am laufenden Band‹. Tagaus, tagein erhielten wir Krautblättersuppe, manchmal das sogenannte ›Kascha‹ – ein Gerstenbrei –; durch das vom Hunger bedingte häufige Wassertrinken und die unzureichende Ernährung waren wir alle aufgedunsen – ein Druck mit dem Finger etwa auf den Schenkel hinterließ eine tiefe Delle. Geld für die Arbeit gab's kaum; das meiste wurde von der Administration zurückgehalten. Wenn jemand die vorgeschriebene Arbeitsnorm nicht erfüllte, erhielt er überhaupt kein Geld, was tödliche Folgen haben konnte, da in solchen Fällen keine Zusatznahrung zu beschaffen war.

Durch die große Zahl an Wanzen und anderem Ungeziefer gab es immer wieder Flecktyphuswellen; auch eine Art Malaria – ›wolhynisches Fieber‹ hieß es dort – peinigte uns. Immer wieder wurden daher von der Administration Krankentransporte zusammengestellt, die die Menschen in die Heimat zurückbrachten, die nicht mehr arbeitsfähig waren. Aber die Administration leistete sich auch Scherze mit uns. Einmal, im Frühjahr 1948, hieß es, daß die fleißigsten, besten Arbeiter nach Hause fahren dürften; ich gehörte zu ihnen. Wir wurden in der Nacht zusammengeholt, auf Lkws geladen – jedoch nicht nach Hause, sondern über Tscheliabinsk nach Nias gebracht, in die SIS-Lkw-Fabrik, wo etwa 5000 deutsche Kriegsgefangene arbeiteten, unter die wir aufgeteilt wurden, obgleich wir keine Kriegsgefangenen, sondern Zivildeportierte waren.

Brieflichen Kontakt mit der Heimat hatten wir nicht. Obwohl wir von der Lageradministration Postkarten erhielten, die wir auch beschrieben und zum Versand übergaben, erreichte uns keine Nachricht unserer Familien. Kurz vor der Auflösung des Barackenlagers entdeckten wir dann körbeweise unsere beschriebenen und niemals abgeschickten Karten. So erfuhr ich erst Jahre nachher, daß meine Frau – wie die meisten Frauen und Männer der deutschen Bevölkerung aus Siebenbürgen – in die südliche Ukraine, in die Gegend um Stalino, Konstantinowska, Enakjewo und Petrowska, verschleppt worden war. Sowohl meine Frau – die von Beruf Buchhalterin ist – als auch ich – von Beruf Lehrer

– überstanden die Jahre gesundheitlich ohne größere Schäden, weil wir beide sportlich und noch jung waren.

Am 21. Juni 1948 wurden wir in Nias – wie bei all diesen Aktionen kurz nach Mitternacht – aus den Pritschenbetten gejagt, nach unserer Herkunft aus Siebenbürgen zusammengeschart und in einen Güterzug verladen. Ungefähr einen Monat später war ich zu Hause. Noch ein ganzes Jahr mußte ich auf die Rückkehr meiner Frau warten, von deren Verbleib ich in der ganzen Zeit niemals etwas erfahren habe.«
Z. Zt., Düsseldorf

Ein anderer Überlebender der Deportation nach Rußland war Josef Weber aus dem Banat, Rumänien, der heute in Kitchener, Kanada, lebt. Er wurde von dem siebenbürgischen Dichter Hans Bergel befragt, der diesen und andere erschütternde Berichte für eine Rundfunksendung »Als der Exodus begann / Die Not der Deutschen in Siebenbürgen und im Banat« sammelte.

## *Das Zeugnis des Josef Weber*

»Unser Transport brachte uns in die Gegend zwischen Swerdlowsk im Norden und Tscheliabinsk im Süden östlich des Ural. Wir waren 42 Tage lang unterwegs gewesen. Durch Krankheit ohne jede ärztliche Hilfe während des Transports, bei der Ankunft und in den zwei Wochen Ausgesetztseins unter freiem Himmel bei 30 Grad Kälte war unser Haufen dezimiert worden. In einem der vielen Lager bei Ufalej arbeitete ich dann im Freien. Kurz bevor ich eines Tages nach Njassepetrowsk gebracht wurde, erfuhr ich zum erstenmal etwas über meine Frau – sie war 21 Jahre alt. Ein Bekannter, den ich traf, erzählte mir, daß auch sie verschleppt worden war und daß er sie in einem Bergwerk bei Stalino getroffen hatte.

Im Winter 1949/50 verletzte mir im südlichen Ural bei Rodungsarbeiten ein Baumstamm das rechte Bein so stark, daß ich nach wochenlangen Eiterungen und Wundfieber von der Lagerverwaltung der Sowjets für den nächsten Krankentransport nach Westen nominiert wurde. Drei Wochen vorher hatte ich erfahren, daß meine Frau in einem ukrainischen Arbeitslager an Silikose, das ist Staublunge, gestorben war. Als ich dann nach wochenlanger Fahrt über Kiew zuerst Frankfurt an der Oder und dann Berlin erreicht hatte, wollte ich nur in meine Banater Heimat zurückkehren, konnte es aber wegen des schlimmen Zustands meines verletzten Beines nicht. Zwei Jahre lang quälte ich mich in Krankenhäusern und bei Ärzten herum. Als ich endlich 1952 gesundheitlich wiederhergestellt war, erhielt ich die Nachricht, daß die deutschen Bewohner meines Heimatortes in der Nähe der rumänisch-jugoslawischen Grenze zusammen mit 50 000 anderen von den rumänischen Behörden in die Donau-Steppe evakuiert und dort zum Winterbeginn im Freien ohne Dach über dem Kopf ausgesetzt worden waren. Meine alten Eltern starben dort innerhalb von zwei Wochen. Damit hatte ich niemanden mehr aus der Familie in meiner ehemaligen Heimat. Denn mein dreijähriger Sohn war, nur einen Monat nach der Verschleppung meiner Frau, im Februar 1945 an einer niemals festgestellten Krankheit gestorben, ein älterer Bruder bei Stalingrad 1942 gefallen und meine Schwester 1949 in der Verschleppung in der Sowjetunion umgekommen.«

## *Das Zeugnis einer Frau aus Siebenbürgen*

»Am 15. Januar 1945 wurde ich, zusammen mit Tausenden anderer, in einer mittelsiebenbürgischen Stadt ›ausgehoben‹. Ein uniformierter rumänischer Polizist und ein sowjetischer Soldat waren in unser Haus eingedrungen, hatten mir soviel Zeit gelassen, daß ich einen kleinen Koffer packen konnte, und mich dann mitgenommen. Aus fast allen Häusern wurden Menschen auf die gleiche Art von bewaffneten Uniformierten geholt; wir wurden in einem Schulgebäude interniert. Ich war achtzehn Jahre alt.

Eine Woche später wurden wir in Viehwaggons, die mit zweistöckigen Holzpritschen ausgestattet waren, gepfercht und nach Rîmnicul-Sarat an der Moldau, östlich der Ostkarpaten, gebracht und in Viehwaggons der breitspurigen sowjetischen Eisenbahn verladen; auch hier gab es Holzpritschen, ein winziges Eisenöfchen, und ein in den Bretterboden gesägtes Loch mußte uns, Frauen und Männern, als WC dienen. In dem ganzen Eisenbahnzug waren etwa tausend Menschen untergebracht. An den 32 Tagen, an denen wir über Odessa, Kiew, Kriwoi Rog nach Kungur im Ural, nicht weit von Tscheliabinsk, gefahren wurden, durften wir die Waggons zweimal verlassen, jedesmal nachts, und erhielten dreimal warmes Essen; wir ernährten uns von den paar

Vorräten, die wir von zu Hause mitgenommen hatten. Unter uns befanden sich Menschen zwischen sechzehn und fünfundfünfzig Jahren.

In Kungur wurden wir bei 40 Grad Kälte ausgeladen und in eine Kirche gebracht, in der wir etwa drei Monate lebten; einige der Männer wurden geholt, um Holzbaracken zu bauen, in denen wir später wohnen sollten. In der Kirche jedoch brach durch die Menge an Ungeziefer, das sich innerhalb weniger Tage durch den Kontakt mit einigen Personen der russischen Zivilbevölkerung unter uns ausgebreitet hatte, Flecktyphus aus; 139 von uns starben. Ernährt wurden wir mit einer Mahlzeit aus Kichererbsen, täglich 300 Gramm Brot und einerm fingergroßen Stück Fisch oder Speck. Noch ehe wir in die Baracken umzogen, wurden wir zur Arbeit gebracht – wir Frauen mußten mit Brechstangen, Krampen und Schaufeln bei großen Kältetemperaturen Gußeisenblöcke in der Größe von Obstkisten, die entlang dem Bahndamm zu Bergen aufgehäuft waren, aus dem Eis herausbrechen und auf Lkws verladen, die sie zu den Hochöfen fuhren. Im wesentlichen blieb dies unsere Arbeit während der folgenden fünf Jahre. Die beiden ersten Jahre waren die härtesten. Unsere Untererernährung führte zu allen möglichen Krankheiten, die durch die zwölfstündige Arbeit und das völlige Fehlen sanitärer Einrichtungen immer wieder Tote forderten. Ich habe Frauen gesehen, denen durch die Anstrengung der schweren Arbeit die Gebärmutter zum Geschlechtsteil herausgetreten war, andere, denen durch das jahrelange Essen der ungefetteten Krautbrühe am ganzen Körper – vor allem auf den Brüsten – offene Wunden und eiternde Löcher entstanden; alle hatten wir jahrelang Untertemperatur bis zu 33 oder 34 Grad. Da die Winter dort, im nördlichen Ural, sehr lange dauern, gab es auch keine freien Sonntage für uns; auf unseren Bettdecken mußten wir an diesen Tagen den um die Baracken herum von uns geschaufelten Schnee ans Flußufer bringen, woher wir auch das Wasser zum Waschen holten, das allerdings bei den niedrigen Temperaturen nach wenigen Schritten in den Kübeln gefror, so daß wir mit Eisbrocken in den Baracken ankamen.

Ab 1947 wurde die Ernährungslage um einiges besser. Wir wurden für die Arbeit bezahlt, freilich blieb an Barauszahlung kaum etwas übrig, da uns für ›Wohnung‹, ›Heizung‹, Essen usw. das meiste abgezogen wurde; 500 Gramm schlechtes, nasses Brot kosteten etwa 15 Rubel. Trotz der relativen Verbesserung war das Essen immer noch so schlecht und mangelhaft, daß die meisten versuchten, mit Brennesseln, Kartoffelschalen, sogar Gras

u. ä. Zusatznahrung zu sich zu nehmen. Das führte zu Aufdunsungen, so daß die meisten von uns Wasser in den Knie- und Knöchelgelenken oder im Gesicht hatten. Durch, daß wir keine medizinische Betreuung erhielten, wurden z. B. die immer wieder aufbrechenden Wundstellen an allen Körperteilen zur Qual, weil sie an der Kleidung anklebten und dadurch vergrößert wurden. Die Kleiderläuse, Flöhe, Wanzen, mit denen wir ständig während all der Jahre zu kämpfen hatten, kamen hinzu; fast unablässig hatten wir auch Hautkrankheiten wie Krätze, gegen die wir uns nicht wehren konnten.

Die meisten von uns Frauen erlitten körperliche Schäden für das ganze Leben. Da der Organismus – selbst wenn es nicht zu Arbeitsunfällen kam – die Belastungen nicht verarbeitete, blieb bei sehr vielen von uns infolge dieser Umstände jahrelang die Monatsregel aus, von Schlimmerem zu schweigen. Gravierender sind die seelischen Schäden, das Trauma, das ich seither nicht mehr los wurde.

Am 22. Dezember 1949 wurden wir auf dem Güterbahnhof in Kungur wieder einwaggoniert. Nach dreißig Tagen war ich wieder in meiner Heimatstadt in Siebenbürgen. Auch meine vor wenigen Jahren erfolgte Aussiedlung nach Westdeutschland konnte mir den Alptraum jener Jahre im Ural nicht nehmen.«

I. R., München

Den Verschleppten aus Ostpreußen oder Pommern ist es nicht besser ergangen. Frau Margarete Marquardt aus Preußisch Holland, Ostpreußen, heute im Rheinland wohnhaft, berichtet:

## *Das Zeugnis der Margarete Marquardt*

»Am 9. Februar 1945 wurden wir Frauen mit den Kindern über 14 Jahren auf Marsch nach dem Osten gesetzt. Dann wurden wir in Viehwagen verladen. Fünf Tage blieben unsere Wagen, die total abgedunkelt und vernagelt waren, ungeöffnet. Während der ganzen Fahrt von 29 Tagen wurde nur einmal angehalten, und da durften wir uns satttrinken an einem See. Da waren schon von 100 Personen 32 tot. Als wir ankamen, waren wir von dem ewigen Dunkel beinahe geblendet. Laufen war auch schwer, weil von dem Hocken die Beine fast abgestorben und steif waren.«[45]

Hans Zeikau aus Elbing, Ostpreußen, berichtet über seine Gefangennahme als Rüstungsfacharbeiter (Zivilist) bei Metgethen, Ostpreußen, und anschließende Verschleppung in den Ural.

## *Das Zeugnis des Hans Zeikau*

»Als 1000 Mann zusammen waren, wurden wir verladen. Es waren 700 Frauen und 300 Männer im Alter von 14 bis 72 Jahren, alle ostpreußische Zivilisten. Zu 40 Personen kamen wir in einen Waggon. Nach 24tägiger Fahrt wurden wir Ende März 1945 im Ural ausgeladen. Hier kamen wir in ein Gefangenenlager, in dem deutsche Soldaten waren. Diese trauten ihren Augen nicht, als sie alte Männer und Frauen hier einziehen sahen. Vor kurzem hatte ihnen der russische Schulungsoffizier noch gesagt: ›Seitdem die Rote Armee in Ostpreußen eingezogen ist, geht das alte Leben dort seinen Gang weiter!‹ Durch unsere dünne Kleidung, welche vorher noch erheblich erleichtert worden war, und das schlechte Essen traten im Lager bald Krankheiten und Seuchen auf. Täglich starben 8 bis 15 Personen. Unser Lager hatte die Nr. 510 und lag ungefähr 20 km von Glasow entfernt. Unsere Arbeit war im Winter Holzeinschlag und im Sommer Torfstich.

Mitte April wurde ich auch krank und hatte das Glück, am 1. Mai ins Hospital nach Glasow zu kommen. Ich hatte Scharlach und Flecktyphus. Im Hospital war die ärztliche Betreuung und Behandlung gut. Anfang August kehrten alle Kranken ins Stammlager zurück, weil wir entlassen werden sollten.

Hier sah ich nur noch wenige gesunde Zivilisten aus unserem Transport aus Ostpreußen. Die kräftigsten Männer und Frauen hatte man ausgesucht und Scheine unterschreiben lassen, in denen sie sich für ständige Arbeit in Rußland verpflichtet hatten. Die Menschen wußten gar nicht, was sie unterschrieben hatten. Sie lebten dann außerhalb des Lagers und erhielten einige Rubel am Tag für ihre Arbeit im Torfbruch.

Am 20. August 1945 wurde der Rest der Überlebenden verladen. Ungefähr 50 bis 60 Prozent aller Verschleppten haben Frankfurt a./O. wiedergesehen.«[46]

Frau Paula D. aus Königsberg wurde ebenfalls in Metgethen von den Russen überrascht und in den Ural verschleppt.

## *Das Zeugnis der Paula D.*

»Am 28. Februar 1945 wurden wir Frauen in Bledau von unseren Kindern getrennt und nach dem Sammellager Carmitten transportiert. Hier verblieb ich etwa 3 Wochen. Während dieser Zeit wurden wir alle dauernd verhört – mit Vorliebe nachts – und während der Verhöre unaufhörlich geschlagen und auf viehische Art mißhandelt. Die einzelnen Quälereien will ich nicht angeben.

Nach 3 Wochen wurden wir ins Zuchthaus Tapiau verbracht. Hier saßen wir hinter verschlossenen Türen und Gittern von der Außenwelt abgeschlossen wie Verbrecher. Anfang März wurden wir dann mit der Bahn in Viehwagen Richtung Rußland verladen, 48 Frauen in einem Viehwagen. Nach etwa 4 Wochen fürchterlicher Fahrt langten wir im Kohlenbergwerk Ruja im Ural an. Neben vielen anderen Arbeiten mußten wir schwere Männerarbeit unter Tage leisten. Als Wachmannschaften hatten wir Polen, die sich durch Mißhandlungen, namentlich der Männer, besonders ›auszeichneten‹. Schläge, Fußtritte und Stockhiebe waren an der Tagesordnung.

Wir lagen in unterirdischen Baracken, die völlig verwanzt und verlaust waren, so daß wir nachts keine Ruhe fanden und im Freien schliefen. Bei einer Belegung von etwa 2000 Menschen starben an Hunger und Typhus täglich etwa 40 Menschen, die nackt ausgezogen und in irgendeine Grube hineingekippt wurden. Ich selber habe in der Wäscherei ohne Desinfektionsmittel die Wäsche der Typhuskranken wochenlang, fast den ganzen Sommer 1945 über waschen müssen.

Im Oktober 1945 kamen wir in ein Lager namens Kistin (Ural), das von deutschen und anderen Kriegsgefangenen belegt war. Hierher wurde der ganze Rest an Frauen des ersten Lagers befördert, es waren nur noch etwa 200 Frauen. Ich schätze den Verlust im ersten Lager auf über 60 Prozent.«[47]

# Teil VI: Die Heimatvertriebenen in der Bundesrepublik – gestern und heute

Gönnet einander den Platz auf fremdem Boden und teilet,
Was Ihr habet, zusammen, damit Ihr Barmherzigkeit findet.

*Goethe, Hermann und Dorothea*
5. Gesang, V. 203–204

Alle denken gewiß, in kurzen Tagen zur Heimat
wieder zu kehren, so pflegt sich stets der Vertriebene zu schmeicheln,
Aber ich täusche mich nicht mit leichter Hoffnung in diesen
Traurigen Tagen, die uns noch traurige Tage versprechen:
Denn gelöst sind die Bande der Welt; wer knüpfet sie wieder
Als allein die Not, die höchste, die uns bevorsteht!

7. Gesang, V. 85–90

## Flüchtlingselend und alliierte Hilfsmaßnahmen

Über das unvorstellbare Elend der Vertriebenen wußte damals außerhalb Deutschlands kaum einer Bescheid. Nur wenige Ausländer interessierten sich dafür und bemühten sich, Privathilfe zu leisten. Victor Gollancz war einer dieser wenigen, die versuchten, die Öffentlichkeit darauf aufmerksam zu machen. Er unternahm mehrere Missionen in die britische Zone Deutschlands und berichtete dann anschließend dem britischen Parlament. Seine zahlreichen Artikel und vor allem seine Bücher »Our Threatened Values« und »In Darkest Germany« haben viel dazu beigetragen, das Vertriebenenproblem bekannt zu machen und besondere Hilfeaktionen und vor allem höhere Nahrungsmittel-Rationen zu veranlassen.

Aus Amerika mußten Tonnen von Getreide und Kartoffeln nach Deutschland gebracht werden. Und dann kamen die CARE-Pakete. Dankbar nahmen die Deutschen diese Hilfe entgegen.

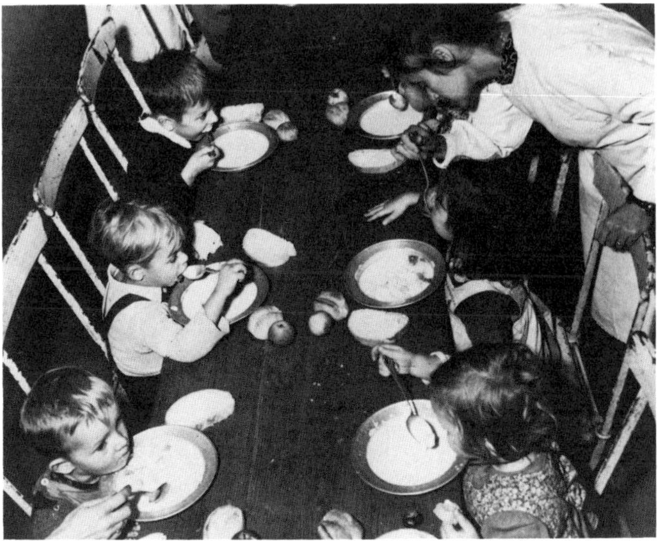

*Flüchtlingskinder in der Tuberkulose-Kinderklinik in Berlin (U.S. Army)*

In einer Rede an der Harvard Universität am 7. Juni 1947 verkündete der amerikanische Außenminister General George Marshall seinen Plan für die Rettung Europas. Die Hilfe Amerikas wurde allen europäischen Staaten angeboten. Am meisten erhielt Großbritannien, dann Frankreich und dann Italien. Doch die stärkste Wirkung zeigte sich in Deutschland, denn die Hilfe kam genau zum richtigen Zeitpunkt, als das Bedürfnis nach physischem und psychischem Wiederaufbau seinen Höhepunkt erreicht hatte. Der Zustand der deutschen Wirtschaft war so schlimm, wie er nur sein konnte. Die industrielle Produktion erreichte nur 27 Prozent des Vorkriegsvolumens. Dieser alarmierende Rückgang lag zum Teil an der gründlichen Demontage der deutschen Industrie, wie sie der Potsdamer Politik entsprach. Hinzu kam die Arbeitslosigkeit.

Was sollten dann die Vertriebenen? Wo sollten sie Arbeit finden? Aus diesem Grund versicherten viele amerikanische und französische Politiker, daß nur eine großzügige Auswanderung in andere Länder, einschließlich der Vereinigten Staaten und Australiens, eine Lösung bot. Noch 1950 empfahl ein Kongreßausschuß der Vereinigten Staaten, daß eine Million Vertriebener auswandern solle. Einige taten es. Doch die meisten wollten Deutschland nicht für immer verlassen.

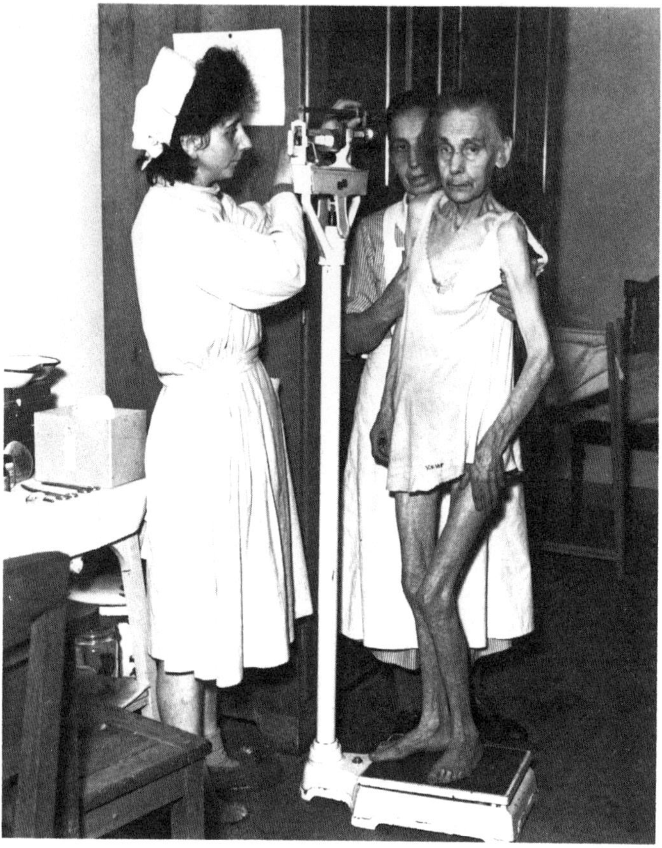

*Eine von Hunger und Flucht gezeichnete Frau in einem Berliner Krankenhaus (U.S. Army)*

Das hochgerühmte »Wirtschaftswunder«, ermöglicht durch den Zustrom von Marshall-Plan-Geldern, gründete sich zum anderen Teil auf die vielen ausgebildeten Arbeiter, die vorher ohne Beschäftigung gewesen waren. Mit einem Schlag wurden zwei wichtige Ziele erreicht: die schnelle wirtschaftliche Erholung und die Integration von Millionen Vertriebenen.

Wenn auch die meisten Vertriebenen aus vorwiegend landwirtschaftlichen Gebieten kamen, darf nicht übersehen werden, daß dort auch beachtliche Industrien angesiedelt waren und daß viele Vertriebene entsprechendes Fachkönnen und Fachkenntnisse mitbrachten.

*Die erste Ladung mit Saatkartoffeln trifft in Berlin ein. April 1946 (U.S. Army)*

*Eine Berliner Familie erhält ein CARE-Paket (U.S. Army)*

*Von den Polen abgeschobene Deutsche an der britischen Zonengrenze (Schweizerisches Rotes Kreuz)*

*Inter-Zonen-Verkehr in Bebra (U.S. Army)*

*Aus der Tschechoslowakei deportierte Sudetendeutsche bei der Ankunft an der Zonengrenze (Schweizerisches Rotes Kreuz)*

Erst durch das Wirtschaftswunder erhielten die Vertriebenen die Möglichkeit zu einem neuen Anfang. Sie hatten mehrere Jahre des Elends hinter sich. Endlich konnten sie wieder aufbauen und hoffnungsvoll in die Zukunft blicken. Nach dem Erhalt einer Arbeitsstelle wünschten sie endlich aus den Baracken und Notunterkünften auszuziehen. Aber noch im Jahre 1949 gab es viele Vertriebene, die in Massenunterkünften leben mußten.

Lesen wir aus dem Bericht des Bayerischen Roten Kreuzes über die Gemeinde-Flüchtlingslager im Regierungsbezirk Niederbayern/Oberpfalz vom 23. Februar 1949.

## *Bericht des Bayerischen Roten Kreuzes*

»Die Not und das Elend in Flüchtlingskreisen dürfte allen Stellen hinreichend bekannt sein. Vor der Währungsreform war es das Fehlen an Waren und nach der Währungsreform der Geldmangel, der es nicht zuläßt, daß die in dieses Chaos Hineingeratenen endlich wieder einmal herausfinden und in der Lage sind, neu zu beginnen. ...

*Selbst junge Menschen im Flüchtlingslager finden keine Arbeit (Schweizerisches Rotes Kreuz)*

In diesen Lagern sind die Männer teilweise arbeitslos, die Frauen teilweise alleinstehend, da sich ihre Männer noch in ausländischem Gewahrsam befinden oder gefallen sind. Die Einrichtung der Lager ist derart primitiv, daß man von einer ›Wohnung‹ überhaupt nicht sprechen kann. In verschiedenen Lagern ist Stroh die einzige Schlafgelegenheit. Betten werden, soweit vorhanden, tagsüber als Sitzgelegenheit benützt; die wenigen

*Das Rote-Kreuz-Dorf Neuhaus in Solingen, Kreis Holzminden (Schweizerisches Rotes Kreuz)*

*Die ersten Flüchtlingskinder in Neuhaus (Schweizerisches Rotes Kreuz)*

Habseligkeiten hängen an der Wand, da nicht einmal ein Schrank vorhanden ist. Anschaffungen können diese Personen nicht vornehmen, da die hohen Preise unerschwinglich sind.

Wir wollen nun in gedrängter Form die einzelnen Lager selbst berichten lassen und kurz anführen, welche Gegenstände am notwendigsten gebraucht werden.

›Dieses Lager besteht aus Baracken, in denen die Flüchtlinge mangels Wohnraum untergebracht werden mußten. In einem Raum von 20 qm müssen größtenteils 2–3 Familien zusammen leben.

Der Mangel an Einrichtungsgegenständen macht sich hier besonders bemerkbar. Zu zweien bzw. zu dreien liegen Kinder und Erwachsene in einem Bett. Federbetten sind fast nicht vorhanden, so daß sich die darin lebenden Personen mit den wenigen zur Verfügung stehenden Decken vor der Kälte schützen müssen. Die Holzwände der Baracken sind dünn; Doppelfenster keine vorhanden.

Die Betten werden tagsüber als Sitzgelegenheit benützt, da fast kein anderes Mobiliar vorhanden ist. Infolge Fehlens von Schränken hängen die wenigen Habseligkeiten an der Wand. Der größte Teil der Lagerinsassen ist Fürsorgeunterstützungsempfänger. Diese Unterstützung reicht bei weitem nicht aus, um den Lebensunterhalt für die Familie zu bestreiten. Anschaffungen können überhaupt nicht gemacht werden. Unter den Insassen sind Tbc-Kranke, Invaliden und alte Leute. In manchen Familien fehlt der Ernährer, so daß die Frau die Last und Verantwortung für ihre Kinder allein zu tragen hat. Die Not ist in diesem Lager in jeder Familie gleich groß. Es fehlt an Bekleidung, Wäsche und Schuhwerk. Von allen hat keiner mehr als einen Rucksack, Koffer oder ein Bündel Bekleidung aus der Heimat retten können. Diese wenigen Sachen sind jedoch nach 4 Jahren nicht mehr gebrauchsfähig. Die größte Not erstreckt sich aber auf Federbetten und Bettwäsche.‹

Die traurigen Bilder, die dem Bericht beigefügt sind, illustrieren das heute kaum noch vorstellbare Elend:

Trotz der z. Zt. herrschenden Kälte muß die Wäsche im Freien getrocknet werden, da ein Trockenplatz in den Baracken selbst nicht vorhanden ist.

Mit den primitivsten Mitteln wurden Holzschuppen und Abortanlagen hergestellt. Bei einigen Kindern des Gemeinde-Flüchtlingslagers Dingolfing ist zu beachten, daß auch in der Winterszeit verschiedene Kinder ohne Strümpfe waren, da die Eltern keine Möglichkeit haben, diese zu beschaffen.

Für 5 Personen stehen 2 Betten zur Verfügung. Die Wände, die nur aus gewöhnlichem Sperrholz bestehen, sind derart schadhaft, so daß auch hier die Kälte durchdringt. Die wenigen Beklei-

*Kinder im Vertriebenenlager in Dingolfing (Schweizerisches Rotes Kreuz)*

*Massenquartier in einer Sporthalle (Schweizerisches Rotes Kreuz)*

dungsstücke, die an der Wand hängen, sind das einzige Vermögen.

*Gemeinde-Flüchtlingslager Sperlhammer*

›Die Baracke befindet sich in einem sehr schlechten baulichen Zustand, hat etwa 100 qm Wohnraum und beherbergt fünf Familien mit zusammen 32 Personen. Schon von außen macht die Holzbaracke einen trostlosen Eindruck. Wie ungeheuer groß die Not ist, ergab das Befragen der Bewohner und die Besichtigung der Einrichtung. In einem Raum von 16 qm, dessen Wände triefend naß sind, wohnen zwei Erwachsene und sieben Kinder. Als Schlafgelegenheit besitzt die Familie drei primitiv hergerichtete Bettstellen und ein Federbett. Das restliche Wohnungsinventar besteht aus einem morschen Schrank, einem Tisch, zwei Bänken und einem Hocker. Die Bekleidung der Kinder und Erwachsenen ist mehr als dürftig. Der Familienvater erhält wöchentlich DM 13,– Krankengeld und muß damit die 9köpfige Familie erhalten. Tritt man in diese Wohnung ein, so glaubt man sich in eine russische Hütte versetzt. Die Wände sind zum Schutz gegen Nässe mit Kartonpapier beklebt. In einem Wäschekorb liegt ein dürftig gekleideter Säugling.

Ähnlich sieht es bei den restlichen Familien des Lagers Sperlhammer aus. Körperlich, seelisch und sittlich werden und müssen bei weiterem Anhalten dieser Not die Bewohner der Baracke immer tiefer sinken, was sich am schädlichsten für die Kinder, die zum Teil schon über 10 Jahre alt sind, auswirkt.‹«

## Wirtschaftliche und soziale Eingliederung der Heimatvertriebenen

Bundesminister a. D. Dr. Erich Mende berichtet über die Eingliederung der Vertriebenen in die Bundesrepublik Deutschland.

*Dr. Erich Mende*

»Die Belastungen der deutschen Bevölkerung in den Großstädten waren durch Zerstörungen und Wohnungsnot an der Grenze des Erträglichen, nun kamen auch noch die zusätzlichen Neubürger mit ihren Ansprüchen. Das Land war mit Flüchtlingen, Ausgebombten und Vertriebenen über und über belegt. Reibungen mit der einheimischen Bevölkerung waren daher unvermeidlich, zumal landsmannschaftliche und konfessionelle Verschiedenheiten den Gegensatz zu den Einheimischen noch verschärften.

Der 1. Deutsche Bundestag und die von seiner Mehrheit aus CDU/CSU, FDP und DP getragene Bundesregierung des Bundeskanzlers Konrad Adenauer sahen daher in der Bewältigung des Vertriebenenproblems eine ihrer wichtigsten Aufgaben neben der Sicherung der drei Grundelemente des Lebens, Nahrung, Wohnung und Arbeit für die 60 Millionen Bundesbürger. Als Vertrauensperson und erster Adressat der Sorgen der besonders Betroffenen wurde Dr. Hans Lukaschek als Bundesminister für Vertriebene berufen. Er genoß als Oberschlesier, der bereits am Beginn der Weimarer Republik im Abstimmungskampf von 1921 eine hervorragende Rolle gespielt hatte, das Vertrauen weiter Kreise über die Vertriebenen hinaus. Als erste Maßnahme wurde bereits am 29. November 1949 eine Verordnung über die Umsiedlung von Heimatvertriebenen erlassen, um aus den überbelegten Ländern Bayern, Niedersachsen und Schleswig-Holstein einige Hunderttausend in die Länder Nordrhein-Westfalen, Baden-Württemberg, Hessen und Rheinland-Pfalz überzuleiten. Die Meldungen zur Umsiedlung waren freiwillig, die Gesichtspunkte der Auswahl waren: Arbeitsmöglichkeiten am Zielort, Familienzusammenführung, Verteilung der nicht mehr Erwerbsfähigen u. a. Dieses Verfahren funktionierte auch in den folgenden Jahren und führte zu einer Entlastung der überfüllten Länder, aber auch gleichzeitig zur Zuführung wertvoller Fachkräfte in die Industriegebiete Nordrhein-Westfalens, Baden-Württembergs und Hessens. Das 1. Wohnungsbaugesetz vom 24. April 1950 begünstigte den sozialen Wohnungsbau und kam daher besonders den Vertriebenen entgegen. Ein Aufschwung des Bauwesens wurde damit eingeleitet, der in den folgenden Jahren zur Erstellung von vielen Millionen Neubauwohnungen führte und die Bewunderung in aller Welt fand.
Am 20. Februar 1950 trat das Bundesversorgungsgesetz für die Kriegsopfer in Kraft, das die 1945 unterbrochene einheitliche Versorgung der Kriegerwitwen, Waisen und Schwerbeschädigten wiederherstellte und besonders die Not vieler Vertriebener aus diesem Personenkreis lindern half. Dann haben die Gesetze zur Wiedergutmachung nationalsozialistischen Unrechts für Angehörige des öffentlichen Dienstes vom 11. Mai 1951 und zur Regelung der Rechtsverhältnisse der unter Art. 131 GG fallenden Personen vom gleichen Tag vielen Zehntausenden heimatvertriebener Beamter und Wehrmachtsangehöriger einen Versorgungsanspruch verschafft und sie vor unverschuldeter Not bewahrt.

Am 5. September 1951 wurde die Bundesrepublik Deutschland in den Beirat des Hohen Kommissars der Vereinten Nationen für Flüchtlinge aufgenommen, damit ihre Sorgen auch weltweit offenbar wurden. Von besonderer Einmaligkeit und Wirkung war das Lastenausgleichsgesetz vom 14. September 1952. Es löste das Soforthilfegesetz von 1949 ab, das ausschließlich soziale Hilfen vorsah, und führte zu einer Verteilung der durch Krieg, Vertreibung und Währungsumstellung eingetretenen Verluste auf alle Bevölkerungskreise. Dadurch sollte eine Entschädigung der besonders hart betroffenen Heimatvertriebenen in einem volkswirtschaftlich vertretbaren Rahmen erfolgen. Die Gesamtleistungen aus dem Lastenausgleich wurden mit mehr als 114 Milliarden DM veranschlagt. Der Ausgleichsfonds hat seit Inkrafttreten des Soforthilfegesetzes bis zum 31. Dezember 1968 insgesamt 70,9 Milliarden DM ausgezahlt. Hiervon erhielten die Geschädigten 66,2 Milliarden DM. Der Restbetrag verteilte sich auf Kosten der Vorfinanzierung und deren Tilgung. Durch zahlreiche Novellen wurde das Lastenausgleichsgesetz in den folgenden Jahren der wirtschaftlichen Entwicklung und den praktischen Erfahrungen der Empfänger angepaßt. Es gehört zu den größten Sozialwerken der deutschen Nachkriegsdemokratie und ist bisher in den Grundlagen und im Umfang einmalig in der westlichen Welt. Diese Entwicklung hat wesentlich zur Eingliederung der Heimatvertriebenen und zur politischen und menschlichen Versöhnung mit ihrem schweren Schicksal beigetragen.«

*Die Kinder aus Lagern besuchen die nahen Stadt- oder Gemeindeschulen; nur in wenigen Lagern hat man Schulräume hergerichtet: »Sieh' mal, da ist meine Heimatstadt in Schlesien« (Schweizerisches Rotes Kreuz)*

# Die Charta der Heimatvertriebenen

Kehren wir nochmals in das Jahr 1949 zurück, als die Bundesrepublik Deutschland entstand und als die Vertriebenen anfingen, sich politisch zu organisieren. Die zwei Spitzengremien der Vertriebenen, nämlich die Vereinigten Ostdeutschen Landsmannschaften und der Zentralverband der vertriebenen Deutschen, beschlossen im November 1949 in Göttingen eine sogenannte Magna Charta der Heimatvertriebenen, eine beachtenswerte Kundgebung, der eine internationale Bedeutung als Dokument des Friedens und der Menschlichkeit zweifellos zukommt. Für die Bekanntgabe wurde das dem 2. August – Fünfjahrestag der Unterzeichnung der Potsdamer Beschlüsse – nahegelegene Wochenende am 5. und 6. August 1950 gewählt.

Im Kursaal zu Bad Cannstatt bei Stuttgart versammelten sich die Delegierten von dreißig Spitzenverbänden, deren Vorsitzende die Charta unterschrieben. Dabei war es symbolisch, daß keiner der Unterzeichner der Charta sie mündlich verkündete. Ihr wurde durch den Mund eines namenlosen Vertriebenen noch mehr Ausdruck verliehen, denn der namenlose Vertriebene vertrat Millionen, die von diesem Schicksal betroffen worden waren.

Schon am folgenden Tag, dem 6. August 1950, war die Zustimmung landauf, landab erkennbar. Auf dem Schloßplatz zu Stuttgart und in vielen Städten Deutschlands wurde die Charta vor großen Versammlungen der Öffentlichkeit verkündet und überall angenommen. Damit erfuhr sie eine Art plebiszitäre Gutheißung.

Bei der Großkundgebung vor der Kulisse der Schloßruine in Stuttgart mit weit über hunderttausend Teilnehmern war auch der Amerikaner Robert Hauser aus Milwaukee anwesend, Vorsitzender des Verbandes der Vereine für Deutschlandhilfe. Er war von dem Ereignis so betroffen, daß er die Sätze der Charta in den Staaten verbreitete und dadurch zur Bekanntmachung des Vertriebenenproblems beitrug.

Ihn beeindruckte vor allem, daß diese Charta keinen Forderungskatalog darstellt – wie man von Interessenverbänden zur Genüge kennt: wir fordern, wir fordern, wir verlangen –, sondern daß die Charta zuerst von Pflichten der Heimatvertriebenen spricht, dann erst von den Rechten, die sie in Anspruch nehmen.

Die Heimatlosen bezeichneten die Charta als ihr Grundgesetz

# Charta der deutschen Heimatvertriebenen

Im Bewußtsein ihrer Verantwortung vor Gott und den Menschen,
im Bewußtsein ihrer Zugehörigkeit zum christlich-abendländischen Kulturkreis,
im Bewußtsein ihres deutschen Volkstums und in der Erkenntnis der gemeinsamen Aufgabe
aller europäischen Völker,

haben die erwählten Vertreter von Millionen Heimatvertriebenen nach reiflicher Überlegung und nach Prüfung ihres Gewissens beschlossen, dem deutschen Volk und der Weltöffentlichkeit gegenüber eine feierliche Erklärung abzugeben, die die Pflichten und Rechte festlegt, welche die deutschen Heimatvertriebenen als ihr Grundgesetz und als unumgängliche Voraussetzung für die Herbeiführung eines freien und geeinten Europas ansehen.

**1.**

Wir Heimatvertriebenen verzichten auf Rache und Vergeltung. Dieser Entschluß ist uns ernst und heilig im Gedenken an das unendliche Leid, welches im besonderen das letzte Jahrzehnt über die Menschheit gebracht hat.

**2.**

Wir werden jedes Beginnen mit allen Kräften unterstützen, das auf die Schaffung eines geeinten Europas gerichtet ist, in dem die Völker ohne Furcht und Zwang leben können.

**3.**

Wir werden durch harte, unermüdliche Arbeit teilnehmen am Wiederaufbau Deutschlands und Europas.

Wir haben unsere Heimat verloren. Heimatlose sind Fremdlinge auf dieser Erde. Gott hat die Menschen in ihre Heimat hineingestellt. Den Menschen mit Zwang von seiner Heimat zu trennen, bedeutet, ihn im Geiste zu töten.

Wir haben dieses Schicksal erlitten und erlebt. Daher fühlen wir uns berufen zu verlangen, daß das Recht auf die Heimat als eines der von Gott geschenkten Grundrechte der Menschheit anerkannt und verwirklicht wird.

So lange dieses Recht für uns nicht verwirklicht ist, wollen wir aber nicht zur Untätigkeit verurteilt beiseite stehen, sondern in neuen, geläuterten Formen verständnisvollen und brüderlichen Zusammenlebens mit allen Gliedern unseres Volkes schaffen und wirken.

Darum fordern und verlangen wir heute wie gestern:

**1.**

Gleiches Recht als Staatsbürger nicht nur vor dem Gesetz, sondern auch in der Wirklichkeit des Alltags.

**2.**

Gerechte und sinnvolle Verteilung der Lasten des letzten Krieges auf das ganze deutsche Volk und eine ehrliche Durchführung dieses Grundsatzes.

**3.**

Sinnvollen Einbau aller Berufsgruppen der Heimatvertriebenen in das Leben des deutschen Volkes.

**4.**

Tätige Einschaltung der deutschen Heimatvertriebenen in den Wiederaufbau Europas.

Die Völker der Welt sollen ihre Mitverantwortung am Schicksal der Heimatvertriebenen als der vom Leid dieser Zeit am schwersten Betroffenen empfinden.

Die Völker sollen handeln, wie es ihren christlichen Pflichten und ihrem Gewissen entspricht.

Die Völker müssen erkennen, daß das Schicksal der deutschen Heimatvertriebenen wie aller Flüchtlinge, ein Weltproblem ist, dessen Lösung höchste sittliche Verantwortung und Verpflichtung zu gewaltiger Leistuhg fordert.

Wir rufen Völker und Menschen auf, die guten Willens sind, Hand anzulegen ans Werk, damit aus Schuld, Unglück, Leid, Armut und Elend für uns alle der Weg in eine bessere Zukunft gefunden wird.

Stuttgart, den 5. August 1950

Am 5. August 1950 wurde diese »Charta der deutschen Heimatvertriebenen« in Stuttgart auf einer Großkundgebung in Gegenwart von Mitgliedern der Bundesregierung, der Kirchen und der Parlamente von dem Unbekannten Heimatvertriebenen verkündet. Sie trägt die Unterschriften der Sprecher der Landsmannschaften der Vertriebenen sowie der Vorsitzenden des Zentralverbandes der vertriebenen Deutschen und seiner Landesverbände. In allen Teilen Deutschlands wurde sie auf Großkundgebungen bestätigt.

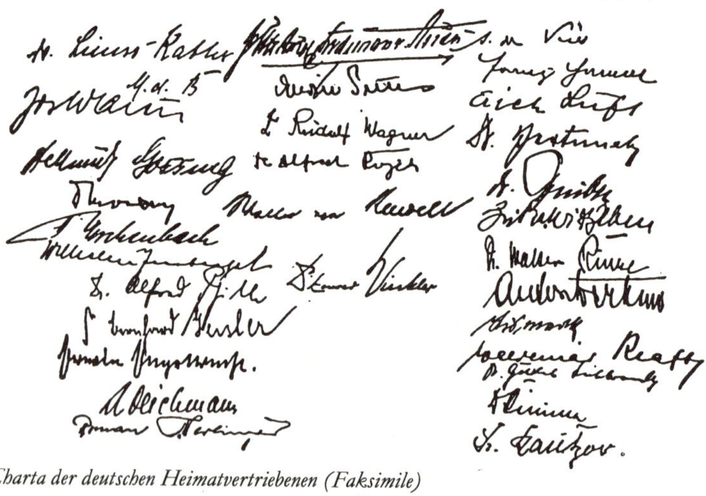

*Charta der deutschen Heimatvertriebenen (Faksimile)*

*Großkundgebung der Heimatvertriebenen in Stuttgart am 6. August 1950. Der oberschlesische Flüchtling Manuel Jordan verkündet die »Charta der Deutschen Heimatvertriebenen« (Ullstein Bilderdienst)*

und als unumgängliche Voraussetzung für die Herbeiführung eines freien geeinten Europas.

Man muß einige von diesen Pflichten und Rechten in Erinnerung bringen:

1. Die »Heimatvertriebenen verzichten auf Rache und Vergeltung . . .«

Dies ist ein Kernpunkt der Charta.

2. Die Vertriebenen »werden jedes Beginnen mit allen Kräften unterstützen, das auf die Schaffung eines geeinten Europas gerichtet ist, in dem die Völker ohne Furcht und Zwang leben können«.

Dies ist in die Zukunft gerichtet – und richtig so. Inzwischen ist die Europäische Gemeinschaft Wirklichkeit.

3. Die Vertriebenen »werden durch harte, unermüdliche Arbeit teilnehmen am Wiederaufbau Deutschlands und Europas«.

Dies haben die Vertriebenen getan. Sie haben zum Wirtschaftswunder in der Bundesrepublik entscheidend beigetragen. Zwar haben die Amerikaner durch Marshall-Plan-Gelder im Wert von 1400 Millionen Dollar die finanzielle Voraussetzung geschaffen, aber die menschliche Voraussetzung – die Fähigkeit der Menschen und vor allem der Wille – war in höchstem Maße gegeben. Erst nach den Pflichten folgen dann die Forderungen:

»daß das Recht auf die Heimat als eines der von Gott geschenkten Grundrechte der Menschheit anerkannt und verwirklicht wird«.

Solange dieses Recht nicht verwirklicht ist – so die Vertriebenen 1950 –,

»wollen wir aber nicht zur Untätigkeit verurteilt beiseite stehen, sondern in neuen geläuterten Formen verständnisvollen und brüderlichen Zusammenlebens mit allen Gliedern unseres Volkes schaffen und wirken«.

Weiter verlangten die Heimatvertriebenen: gleiche Rechte als Staatsbürger, gerechte Verteilung der Lasten des Krieges, sinnvollen Einbau aller Berufsgruppen in das Leben des deutschen Volkes und tätige Einschaltung in den Wiederaufbau Europas.

Wie man sieht, liegt die große Bedeutung dieser Charta eben darin, daß sie ein Aktionsprogramm darstellt. Und was noch wichtiger ist: Die deutschen Heimatvertriebenen haben danach gehandelt.

Man muß sich in die Zeit und in die Situation zurückversetzen, in der dieses gewichtige Bekenntnis abgelegt wurde, um seine geschichtliche Tragweite messen zu können: Im Ausland befürchtete man – und mit gutem Grunde –, daß ein zerstörtes Deutschland, in dem Millionen arbeitslose Vertriebene hungerten, eine Zeitbombe werden könnte. Und in der Tat war es das Ziel Stalins, chaotische Zustände im Westen Deutschlands herbeizuführen, indem Millionen entwurzelte, besitzlose, verzweifelte Menschen in das zerstörte Land gepreßt wurden. Nach diesem kommunistischen Kalkül sollten diese Millionen Menschen als soziale und politische Sprengkraft wirken. Diese Rechnung ist aber nicht aufgegangen.

Im Gegenteil, die Vertriebenen sind keine Terroristen geworden. Sie integrieren sich erfolgreich in die Bundesrepublik Deutschland und tragen bedeutend zu ihrem Wiederaufbau bei.

»Das Alte stürzt, es ändert sich die Zeit,
und neues Leben blüht aus den Ruinen.«

*Schiller, Wilhelm Tell*
Akt 4, Szene 2, V. 2426–2427

Die meisten Unterzeichner der Charta der Heimatvertriebenen sind vor Jahren verstorben. Einer der Initiatoren weilt noch unter uns. Franz Hamm, 1900 in Neuwerbas in der Batschka geboren, war weltlicher Präsident der Deutschen Evangelischen Kirche in Südungarn. Heute lebt der 86jährige in Bad Godesberg. Er erinnert sich:

## *Das Zeugnis des Franz Hamm*

*Franz Hamm (Foto: Gräfin zu Dohna)*

»Sie wissen sicher, daß es besonders für die Vertriebenen – aber nicht nur für sie – nach dem totalen Zusammenbruch schwierig war, einen neuen Anfang zu finden. Nicht nur, daß sie ihre Heimat und fast alle materielle Habe verloren hatten, hinzu kam, und sicherlich nicht zuletzt, der große Identitätsverlust. Die große Ungewißheit jener Zeit, in der viele mit der baldigen Rückkehr in ihre Heimat rechneten, lastete auf den Menschen. Hinzu kam das Koalitionsverbot der Siegermächte, das nicht zuließ, auf Landes- oder Bundesebene Gesinnungsgemeinschaften zu bilden, die sich zumindest um die Betreuung der entwurzelten Menschen kümmern konnten. Die Zusammenschlüsse der großen Heimatkirchen hatten großen Anteil daran, daß es nicht zu einem großen Chaos in Deutschland gekommen ist, denn auch die einheimische Bevölkerung war ja nicht viel besser dran als jene, die nun zu Millionen aus dem Osten und Südosten kamen. Nach der allmählichen Lockerung und Aufhebung des Koalitionsverbotes kam es dann Ende der vierziger Jahre zur Gründung mehrerer Hauptgruppen unter den Heimatvertriebenen: 1. Zentralverband der vertriebenen Deutschen, 2. Landsmannschaften, 3. kirchliche und caritative Verbände, 4. wissenschaftlich-kulturelle Einrichtungen, 5. berufsständische Körperschaften, 6. Zusammenschlüsse der Flüchtlinge aus der Sowjetischen Besatzungszone und 7. parteipolitische Zusammenschlüsse. Auch innerhalb der Jugend waren die ersten Ansätze eines Zusammenschlusses spürbar, die Deutsche Jugend des Ostens wurde dann ja auch im Jahre 1951 gegründet.

Diese verschiedenartigen Zusammenschlüsse waren natürlicherweise nicht unter den Hut einer Satzung zu bekommen, obwohl ihnen das Schicksal der Vertreibung und der sich daraus ergebenden Aufgabenstellung gemein waren. So kam dann also recht bald in fast allen Verbänden, Zusammenschlüssen und Komitees der Gedanke auf, ein verbindendes Element, eine für alle geltende Aussage über jene Probleme, die sie bewegten und Fragen zu erarbeiten, mit denen gerade die Vertriebenen tagtäglich in dieser Gesellschaft konfrontiert wurden. Der Gedanke einer ›Magna Charta‹ der deutschen Heimatvertriebenen war geboren!

Jeder tat das Seine dazu, und wer die Charta genau liest, wird dies unschwer erkennen. ...

Der verkündete Wortlauf der Charta beruht auf der Textfassung durch den Sprecher der Vereinigten Ostdeutschen Landsmannschaften und Sprecher der Landsmannschaft der Deutschbalten, Axel de Vries.

Aus eigenen Erfahrungen kann ich Ihnen sagen, daß die überwältigende Mehrheit dieser Charta zugestimmt hat, ja, daß sie plebiszitäre Zustimmung gefunden hat. Und, was aus meiner Sicht besonders wichtig ist, auch für manche heutige Diskussion: Es waren nicht nur die Vertriebenen und Flüchtlinge, die sich positiv zu den Absichten und Forderungen der Charta bekannt haben! ...

Wir sollten nicht vergessen, daß die Vertreibungen, die Millionen auf den Weg brachten, in den Windschatten der großen Umwälzung bei Kriegsende und der Propaganda gegen Deutschland fielen. Gleichwohl gab es Stimmen im Westen, die auf die in Deutschland eingerissene Notlage, gesteigert durch das Vertriebenenproblem, hinwiesen. So wurde in Chicago von einem Soziologen, Amtsträger in einer DP-Organisation, auf die Verantwortung der Welt an der Lösung des deutschen Vertriebenenproblems hingewiesen und Hilfe für seine Lösung verlangt. Es sei ein Problem, das nicht den Deutschen allein überlassen werden könne. In einem Appell, den er im Herbst 1950 in Gegenwart einer Abordnung deutscher Heimatvertriebener erhob, rief er aus, daß das zerstörte, hungernde, wirtschaftlich darniederliegende Restdeutschland das Problem der Millionen ins Land gekommener Menschen in drei Jahren in den Griff bekommen habe, sei das Wunder des Jahrhunderts!

Wir haben unser Wort – *die Charta ist das Wort der deutschen Heimatvertriebenen an die Welt* – in einer Zeit gesprochen, die neue Wege suchte. Aus Indien z. B. kam unerwartet Widerhall, der in dem Wort die dem Inder geläufige Gewaltlosigkeit erkannte, mit der die Heimatvertriebenen ihre Ziele erreichen wollen!«[48]

Es gilt auch festzuhalten, daß dieser Ausdruck des Verzichts auf Revanche nicht nur aus der Lage der damaligen Ohnmacht zu verstehen ist. Er ist beibehalten worden, als Deutschland wieder zu einer respektierten Wirtschafts- und politischen Macht aufgestiegen war. Damit ist der Teufelskreis durchbrochen worden, von dem Schiller spricht:

»Das eben ist der Fluch der bösen Tat,
daß sie fortzeugend Böses muß gebären.«

Die Piccolomini (Fünfter Aufzug, Erster Auftritt)

## Heimatbewußtsein der Vertriebenen

Die folgenden zwei Gedichte zeigen, daß der Verzicht auf Rache und Vergeltung nicht bedeutete, daß die Vertriebenen ihre Heimat vergessen oder die Hoffnung auf eine Rückkehr aufgeben konnten. So schrieb der sudetendeutsche Schriftsteller aus dem Egerland, Dr. Wilhelm Pleyer, dieses Bekenntnis:

*Wilhelm Pleyer*

## GEBET

Als Säer wir kamen
in saatlose Wildnis.
Es quollen die Schollen
vor unserem Pflug.
Wir fällten die Bäume,
wir hellten die Räume,
wir schufen das Land,
das die Heimat uns trug.

Wir drangen ins Herze
der Berge um Erze.
Wir gruben und huben
viel Reichtum hervor.
Die Esse erlohte,
es stiegen die Schlote,
es stieg, o Herr, dein Dom
über alles empor.

Vertrieben nun, blieben
wir Säer und Werker.
Die Heimat im Kerker
bleibt unser Geschick.
Herr, wolle uns hören,

Dich ruft unser Glaube:
Wehre dem Raube
und führ uns zurück!

Auch viele andere Vertriebene drückten ihr Bekenntnis zur Heimat in poetischen Strophen aus. Das nachstehende Gedicht stammt von einem erfolgreichen und in der Bundesrepublik integrierten Juristen, der seinen Doktor 1934 an der deutschen Universität in Prag erwarb, an jener ersten deutschen Universität, die Kaiser Karl IV. 1348 gründete.

*Walter Vorbach*

BÖHMEN

Die anderen kamen und sagten,
wir hätten nicht teil an Dir.
Sie wiesen durch Siegel, Zahl und Brief,
daß einer von ihnen ins Land uns rief.
Sie hätten als erste hier Zelte geschlagen
und darum seiest Du ihr
Böhmen.

Wir feilschten nicht um Zahlen,
rechteten nicht,
seit wann's in Böhmen Deutsche gibt.
Hier standen wir.
Bedurfte es der Worte noch?
Und wären wir
erschlagen, hätten doch

die steinernen Gebete Deiner Kathedralen
bezeugt, wie Deutsche Dich geliebt,
Böhmen.

Nun haben sie Dich ganz allein
und werden dessen doch nicht froh,
im Westen Moskaus Mark zu sein.
Mit Wenzel, Karl und Witiko
warst Du Europas Mitte.
Ob Du es jemals wieder wirst,
weiß Gott allein.

Wie kann man sich diesen Gefühlen verschließen, wenn man als sudetendeutscher Vertriebener noch die Worte Rainer Maria Rilkes im Ohr hat:

Mich rührt so sehr
böhmischen Volkes Weise,
schleicht sie ins Herz sich leise,
macht sie es schwer.

Wenn ein Kind sacht
singt beim Kartoffeljäten,
klingt dir sein Lied im späten
Traum noch der Nacht.

Magst du auch sein
weit über Land gefahren,
fällt es dir doch nach Jahren
stets wieder ein.

*Rainer Maria Rilke*

Hören wir nun eine jüngere Stimme: einen Oberschlesier, Josef Resner, der 1979 in die Bundesrepublik übersiedelte und heute an der Universität in Freiburg im Breisgau studiert.

*Das Zeugnis des Josef Resner*

»Im zehnten Jahr der polnischen Verwaltung über meine Heimat wurde ich im März 1955 geboren. Das Dorf, in dem ich geboren bin, heißt Rodenau, darf freilich aber nur den von Polen zugelassenen Namen tragen. Es liegt in Oberschlesien, im Kreise Tost-Gleiwitz.

Ich bin Deutscher und habe mich als solcher immer gefühlt, genauso meine Familie. Unsere Vorfahren lebten bereits seit Generationen in diesem Teil Ostdeutschlands.

Zwei Jahre nach meiner Geburt sind wir nach Preiskretscham umgezogen, eine Stadt an der sogenannten Hohen Straße (Westen–Breslau–Krakau–Osten) in der Nähe von Gleiwitz. Preiskretscham wurde bereits ca. 1260 mit deutschem Recht ausgesetzt. Dort bin ich auch zur Schule gegangen, zwei weitere Schulen habe ich in Gleiwitz absolviert.

In meiner frühen Kindheit wurde daheim noch relativ viel deutsch gesprochen. Nachdem aber meine Eltern von einer freundlichen polnischen Lehrerin gewarnt wurden, sie sollten doch, um meine Zukunftschancen nicht zu gefährden, mit mir mehr polnisch sprechen – wegen einiger Deutschhasser unter den Lehrern, teilweise aber auch aus Angst vor eventuellen Repressalien (damals wurde der Gebrauch der deutschen Muttersprache sogar administrativ verfolgt) –, sprachen sie mit mir seltener in der Muttersprache. So habe ich sie weitgehend verlernt. In Oberschlesien, wo es noch einige hunderttausend Deutsche gibt, gab es keine Möglichkeiten zur schulischen Erlernung der deutschen Sprache, auch als Fremdsprache nicht. Überall sonst im polnischen Machtbereich konnte man die deutsche Sprache als Fremdsprache wählen und erlernen. Dies konnten also hauptsächlich die polnischen Kinder in Anspruch nehmen. Erst in Krakau, während meiner Studienzeit, wurde mir die ungleiche Behandlung von deutschen und polnischen Kindern voll bewußt. In der Heimat dachte ich, es wäre im polnischen Machtbereich überall so.

Was das Verhältnis unserer polnischen Nachbarn zu uns bzw. zum eventuellen Gebrauch der deutschen Sprache angeht, da gab es Fälle, die von Toleranz geprägt waren, dann ziemlich gleichgültig gegenüberstehend, bis hin zu haßerfüllten Reaktionen (z. B. wenn bei Geburtstagen oder anderen Zusammenkünften der Familie deutsche Lieder gesungen wurden; übrigens feiern die Polen in der Regel den Namenstag, die Deutschen dagegen den Geburtstag).

Um die sprachliche Situation der jungen Generation der unter polnischer Verwaltung geborenen Deutschen zu verstehen, aber auch um deren eventuelle Identitätsschwierigkeiten zu begreifen, ist es sehr wichtig, um die andauernde Kriminalisierung alles Deutschen aufgrund der tatsächlichen oder vermeintlichen Untaten des deutschen Volkes in der Geschichte, vor allem während des Zweiten Weltkrieges, aber auch in der Zeit des Deutschen Ordens, zu wissen. Bei keiner Gelegenheit versäumten die polnischen Medien, die Deutschen als »ewige« Verbrecher darzustellen. Im Fernsehen strahlte man sehr oft Filme aus, die die Deutschen nur negativ schilderten, vorwiegend aus dem oben erwähnten Zeitraum. Im Unterricht, vorwiegend im Polnisch- und Geschichtsunterricht, wurden die Deutschen als ein Volk der Eroberer und Expansionisten dargestellt, was von der Presse zusätzlich popularisiert wurde. Zum Grundtenor dabei gehörten unter anderem folgende Parolen: »Hier waren wir, hier sind wir, hier werden wir bleiben« – gemeint sind die ostdeutschen Gebiete –, oder: »Dies sind die wiedergewonnenen Gebiete«. Die brutale Vertreibung der Deutschen aus ihrer angestammten Heimat wurde in der Schule und Öffentlichkeit geleugnet. Die Erklärung für die Entleerung der Ostprovinzen von der deutschen Bevölkerung war schlicht und einfach, sie seien als Verbrechervolk vor den gerechten Eroberern dieser Gebiete geflohen. Das Motiv für die Flucht liege auf der Hand, die Angst vor der gerechten Strafe sei es gewesen.

Aufgrund dieser Erörterungen muß sich doch jedem die berechtigte Frage stellen, wer möchte schon gern als Angehöriger einer Verbrecher-Nation zur Schau gestellt werden? Von daher, glaube ich, ist es nicht verwunderlich, wenn viele junge Aussiedler in der Bundesrepublik Deutschland anfangs sprachliche, einige sogar Identitätsprobleme haben. Das Deutschtum in ihrer Heimat war und ist immer noch ohne jegliche Möglichkeit der Entfaltung.

Schon in den fünfziger Jahren hatte sich mein Vater mit dem Gedanken der Ausreise auseinandergesetzt. Damals waren die Ausreisemöglichkeiten und -chancen sehr gering. Die Sache wurde aufgeschoben. Andererseits hoffte er, wie viele andere Deutsche in Oberschlesien auch, daß die nach dem Krieg entstandene Lage sich noch ändern werde. Eine Wende trat ein nach den sogenannten Ostverträgen, die zwar keinerlei Volksgruppenrechte für die in den Ostgebieten lebenden Deutschen brachten, aber neue Möglichkeiten zur Ausreise für mehrere Tausende schufen. Genau gesagt, waren es die darauf folgenden milliardenschweren Kredite der Bundesrepublik Deutschland an Polen.

Das Motiv für unsere Ausreise war, da die Hoffnung auf die Gewährleistung der Volksgruppenrechte nicht mehr bestand, uns, die Kinder, der weiteren Zwangspolonisierung zu entziehen, und als Deutsche normal leben zu können. Übrigens, ich habe schon in früheren Jahren mehrmals geplant (auch allein), nach Westdeutschland auszureisen bzw. zu fliehen. Wir haben in der Bundesrepublik zahlreiche Verwandte, die sich entweder seit 1945 oder schon jahrelang vor uns hier befinden. Meine ganze Familie, außer mir, ist im Dezember 1977 im Übergangslager Friedland angekommen. Ich hatte mich entschlossen, später nachzukommen. Die Gründe dafür waren folgende: zuerst wollte ich noch »drüben« eine persönliche, für mich sehr wichtige Lebensentscheidung treffen; zweitens wollte ich noch die vier Semester meines in Krakau angefangenen Studiums abschließen, um später im Westen Deutschlands gleich weiter studieren zu können.

Im Spätsommer des Jahres 1978 konnte ich meine Familie und Verwandten in der Bundesrepublik besuchen. Am 5. Juli 1979 bin auch ich in der Bundesrepublik Deutschland für immer angekommen. Ein wichtiges Datum in meinem Leben. Im Unterschied zum Rest meiner Familie habe ich im Durchgangslager nicht zu wohnen brauchen, weil meine Eltern damals schon eine Wohnung hatten, wo ich ein neues Heim fand. Nach einem zehnmonatigen Sprachkursus habe ich gleich im folgenden Semester weiter studieren können, was ich auch noch zur Zeit mache. Mein Vater hatte auch viel Glück. Nach nicht ganz zwei Monaten fand er einen guten Arbeitsplatz.

Mit der Anerkennung als Deutsche seitens der einheimischen Bevölkerung hatten wir bislang keine Probleme. Von meinen Kommilitonen werde ich ebenfalls als Deutscher angesehen. Freiburg bzw. die Bundesrepublik wurde mir zur zweiten Heimat.«

Der in Oberschlesien geborene und dort auch aufgewachsene Spätaussiedler gehört noch zur »Erlebnisgeneration«. Er ist ganz persönlich von der Polonisierung Oberschlesiens betroffen und von seinen Erfahrungen im Osten mitgeprägt worden.

Nun stellt sich die Frage, wie sich die Kinder von Vertriebenen selbst sehen, wenn sie bereits in der Bundesrepublik Deutschland geboren wurden. Verstehen sie sich als Ostdeutsche? Welche Identität beseelt sie? Ein junger Donauschwabe stellt sich im Folgenden vor:

*Das Zeugnis des Mathias Weifert*

»Ich bin ein am 18. Mai 1960 in Schweinfurt (Unterfranken) geborener Donauschwabe. Meine Familie stammt väterlicherseits aus dem Banat, und zwar aus Pantschowa (bis 1920 Ungarn, heute Jugoslawien). Der letzte Heimatwohnort meines Vaters war allerdings Temeschburg (bis 1920 Ungarn, heute Rumänien). Die Familie meiner Mutter ist in Miltenberg (meinem Wohnort) in Unterfranken zu Hause.

Von der Banater Heimat erfuhr ich seit frühester Kindheit

durch zahlreiche Erzählungen meines Vaters. Mit zunehmendem Alter war mir auch immer mehr an der Erforschung meiner Familie, ihrer Herkunft und ihren Leistungen im Banat gelegen. Auf diesem Wege konnte ich auch weitere Verwandte in Landshut, München und Wien ausfindig machen, von denen wir bisher gar nichts wußten.

Durch meine Erziehung im Elternhaus (vornehmlich durch meine Mutter) ist mir ferner sehr an der Erhaltung und Pflege von Sitten und Bräuchen gelegen. So stieß ich auch während meiner Zivildienstzeit in Würzburg auf eine Banater Jugendgruppe, die ausschließlich aus jungen Aussiedlern aus dem heute rumänischen Teil des Banates bestand, und wurde dort als einziger Nichtaussiedler Mitglied.

Aufgrund und infolge meiner Erfahrungen in der Kinder-, Jugend- und Kulturarbeit wurde von mir schließlich im Jahre 1982 die Donauschwäbische Jugend gegründet. Dieser Kinder- und Jugendverband, dessen seitheriger Bundesvorsitzer ich bin, umfaßt den Nachwuchs aus allen donauschwäbischen Hauptsiedlungsgebieten (südwestliches Ungarisches Mittelgebirge, Schwäbische Türkei, Batschka, Slawonien-Syrmien, Banat und Sathmar), und besteht aus annähernd 1000 Nachkommen donauschwäbischer Familien, aus Aussiedlern und einheimischen Kindern und Jugendlichen im Alter von 6 bis 29 Jahren.

Neben meinem Steckenpferd, der Pflege donauschwäbischen Volkstums, bemühe ich mich ferner um die Erhaltung der deutschen Schrift sowie um die Pflege der deutschen Sprache. Schließlich ist mir auch sehr am Schicksal meines Volksstammes in der alten Heimat und hier in der Bundesrepublik Deutschland gelegen.

Ich versuche stets mein Steckenpferd auch mit meiner Ausbildung zu verknüpfen. So habe ich zum Beispiel meine Zulassungsarbeit zum Staatsexamen im Fache Erdkunde über »Die Entwicklung der Banater Hauptstadt Temeschburg« geschrieben. Ich studiere nämlich das Lehramt an Gymnasien in Erdkunde, Wirtschaftswissenschaften und Sozialkunde an der Universität Erlangen-Nürnberg. Durch meine Bemühungen hoffe ich, wenigstens einen kleinen Beitrag zum Fortbestehen der donauschwäbischen Kultur leisten zu können.«

Zum Abschluß hören wir nochmals eine junge Stimme. Ansgar Graw, geboren am 20. Juni 1961 in Essen, ist ein Mitglied der ›Gemeinschaft Junges Ostpreußen‹ (GJO). Was wollen diese jungen Menschen? Hören wir seine Stellungnahme.

*Ansgar Graw*

## *Das Zeugnis des Ansgar Graw*

»16 Jahre nach Kriegsende wurde ich in einem geteilten Land geboren. Je älter ich wurde, desto stärker wurde mir die Anormalität der Situation Deutschlands bewußt.

Mein Vater ist Vertriebener aus dem ostpreußischen Ermland, meine Mutter stammt aus Westfalen. Ich selbst wurde im »Kohlenpott« geboren, wuchs im Rheinland auf und ging später aus beruflichen Gründen nach Norddeutschland. Eine tatsächliche ostpreußische Identität konnte ich deshalb nicht entwickeln, aber eine Identität als Deutscher – und zu diesem Deutschland, das ich als mein Vaterland begreife, gehört nach meinem Selbstverständnis auch die Heimat meines Vaters und ganz Ost- und Mitteldeutschland.

Deswegen arbeite ich in der Jugendorganisation der Landsmannschaft Ostpreußen, in der Gemeinschaft Junges Ostpreußen e. V. (GJO) aktiv mit. Dadurch bekenne ich mich zur Geschichte und Kultur dieser deutschen Provinz, die seit 1945 – wie es unser Bundesverfassungsgericht bestätigte – unter polnischer bzw. sowjetischer Verwaltung steht, und darüberhinaus zur Geschichte und Kultur ganz Deutschlands.

Die Verwirklichung des Selbstbestimmungsrechtes auch für uns Deutsche und die Wiederherstellung der staatlichen Einheit in Frieden und Freiheit ist für mich nicht nur ein Gebot der Präambel unseres Grundgesetzes, sondern auch ein tiefes, innerstes Anliegen. Gleichzeitig ist es für mich selbstverständlich, daß dieses Eintreten für die Rechte der Deutschen nicht zu neuem

*Mitglieder der Gemeinschaft Junges Ostpreußen (Foto: Danowski)*

Unrecht, nicht zu einer neuen Vertreibung – diesmal der Polen und Russen – führen darf. Die Vertriebenen haben bereits 1950 Rache und Vergeltung abgeschworen, für die nachrückenden Generationen in den Landsmannschaften gilt dies genauso.

Zu den Nahzielen unserer Politik muß es gehören, in den Medien und vor allem an Schulen verstärkt über die deutsche Frage, über die völkerrechtliche Lage, über Flucht und Vertreibung, über das kulturelle Erbe Ostpreußens, Pommerns und Schlesiens und nicht zuletzt über die Situation jener Deutschen, die auch heute noch – ohne Minderheitenrechte und die Möglichkeit der Pflege ihrer Identität – in den deutschen Ostgebieten leben, zu informieren. Eine solche Forderung nach wahrheitsgetreuer und umfassender Information über bislang sehr vernachlässigte Themen darf nicht als Revanchismus gebrandmarkt werden.

Mehrfach habe ich Ostdeutschland, vor allem Ostpreußen, besucht. Die Kontakte mit dort lebenden Deutschen, vor allem aber auch die Diskussionen mit den Polen, waren für mich sehr informativ. Ich bin überzeugt, daß es möglich sein wird, mit ihnen eines Tages zu einer gerechten Regelung strittiger Fragen als Vorbedingung für eine echte, umfassende und vor allem dauerhafte Aussöhnung zu gelangen. Bis dahin müssen wir jedoch unser Ziel im Auge behalten und Rechtsstandpunkte – die wir, selbst wenn wir wollten, gar nicht ändern können – wahren. Jede andere Haltung hieße, dem Unrecht von Vertreibung, Annexion und Teilung das letzte Wort einzuräumen. Und das wiederum würde weltweit die Gefahr neuer Vertreibungen und Annexionen steigern: Weil sich jeder Staat würde ausrechnen können, daß er nach Vertreibung und Annexion im Nachbarland lediglich einige Jahre, bestenfalls Jahrzehnte aushalten müsse, bis die öffentliche Meinung eine ›Anerkennung der Realitäten‹ und damit des Unrechts fordert.«

Eigentlich sollte man fragen, wie lange man Vertriebener bleibt. Eine Generation, zwei? Ansgar Graw hat uns gezeigt, worum es geht: um ein Bekenntnis. Solange man sich dazu bekennt, aus Ostpreußen, Pommern oder Schlesien zu stammen, solange man seine Traditionen pflegt, gehört man zur Gemeinschaft der Vertriebenen.

Viele von diesen jungen Menschen reisen heute nach Schlesien und Pommern, in das Sudetenland, um das Land ihrer Eltern erstmal kennenzulernen. Und dann gibt es die Heimwehtouristen, die die alte Heimat wiedersehen wollen, dort, wo die Weizenfelder größer waren, wo der Geruch des Landes stärker in die Nase drang.

»Die Luft ging durch die Felder,
Die Ähren wogten sacht
es rauschten leis die Wälder
so sternklar war die Nacht.

Und meine Seele spannte
weit ihre Flügel aus,
flog durch die stillen Lande,
als flöge sie nach Haus.«[49]

Ja, es gibt wieder Deutsche »auf Zeit« im Osten: jene Touristen, die seit den Ostverträgen das menschlich schöne Gefühl der Wiederkehr in geliebte Landschaften empfinden. Die Flüsse und die Berge sind noch da – aber selten noch die Friedhöfe, auf denen viele Generationen Deutscher im Osten begraben liegen.

## Spätaussiedler

Deutsche Besucher in Pommern und Schlesien, im Sudetenland, in Ungarn und Rumänien treffen dort allerdings nicht nur einheimische Polen, Tschechen, Ungarn und Rumänen. Sie treffen auch noch viele dort lebende Deutsche und ihre Abkömmlinge, denn viele deutsche Facharbeiter wurden 1945 bis 1949 nicht vertrieben und durften in der Heimat bleiben. Es wird geschätzt, daß heute etwa eine Million Deutsche in den früheren Ostprovinzen und in Altpolen leben, etwa 100 000 in der Tschechoslowakei, 100 000 in Ungarn, 350 000 in Rumänien[50] (abgesehen von den rund zwei Millionen in der Sowjetunion).

Diese Tatsache stellt ein aktuelles menschliches Problem dar, denn die Deutschen in den osteuropäischen Staaten wollen ihr kulturelles Erbe nicht aufgeben. Sie möchten die deutsche Sprache pflegen, ihre Kinder in deutschen Schulen ausbilden lassen. Ihre Existenz als ethnische Minderheit in ihrer ursprünglichen Heimat wird aber zunehmend erschwert. Hinzu kommt auch der Wunsch nach Familienzusammenführung, denn viele haben enge Verwandte in der Bundesrepublik Deutschland.

Darum kommen heute noch viele Deutsche aus dem Osten. Zwar sind sie keine »Vertriebenen« im eigentlichen Sinne. Man nennt sie »Spätaussiedler«. Doch ihr Schicksal ist von dem der Vertriebenen nicht zu trennen. In gewissem Sinne könnte man sie als »Spätvertriebene« bezeichnen, weil sie durch die frühere Vertreibung von 90 Prozent der deutschen Bevölkerung zu einer Minderheit degradiert wurden, einer diskriminierten und teilweise entrechteten Minderheit. Es war die Vertreibung der übrigen Deutschen, die das Weiterbestehen der deutschen Gemeinschaften und die Pflege der eigenen Kultur nahezu unmöglich machte. Ohne direkt vertrieben zu sein, wurden sie von den langfristigen Folgen der gewaltigen Umwälzung erfaßt, so daß viele die Ausreise in die Bundesrepublik Deutschland suchten und noch suchen. In der Tat sind nach dem Abschluß der eigentlichen Vertreibung im Jahre 1949 weit über eine Million Spätaussiedler in die Bundesrepublik gekommen. Und sie werden weiterhin kommen. Somit hat die Vertreibung der Deutschen nicht einer Generation, sondern mehreren Leid und Tränen gebracht. Ihre Geschichte ist noch nicht abgeschlossen.

*Spätaussiedler aus Oberschlesien bei der Ankunft im Lager Friedland bei Göttingen 1976 (Foto: Bruno Schmidt, Göttingen)*

# Nachwort

Flucht und Vertreibung der Deutschen aus den Gebieten jenseits der Oder-Neiße-Linie und aus dem Sudetenland lassen sich als historisches Ereignis nicht mit Statistiken erfassen. Man muß sich das Schicksal des einzelnen Menschen vor Augen halten. Die Opfer der Vertreibung waren genauso Menschen wie wir. Sie litten und starben als menschliche Individuen, nicht als namenlose Teilmenge irgendeiner Zahl in irgendeiner Spalte der Statistik. Sie waren Opfer der Politik und der Politiker – Opfer ebenso wie die polnischen Offiziere in Katyn, wie die durch die Einsatzgruppen ermordeten Zigeuner, wie die in Auschwitz vergasten Juden. Für den Betroffenen – gleichgültig, ob Pole, Zigeuner, Jude oder Deutscher – bedeutete Opfer zu sein, daß seine persönliche Existenz ausgelöscht wurde, oft unter entsetzlichen Qualen. Ihnen allen widerfuhr eine Ungerechtigkeit, die nicht wiedergutgemacht werden kann.

Vor dem Hintergrund des vollständigen Chaos und des tiefen menschlichen Leides der Massen verzweifelter Vertriebener schrieb Robert Murphy, der politische Berater der amerikanischen Militärregierung in Berlin, am 12. Oktober 1945 ein dringendes Memorandum an das State Department. »Allein auf dem Lehrter Bahnhof haben unsere Sanitätsdienststellen täglich im Durchschnitt zehn Menschen gezählt, die an Erschöpfung, Unterernährung und Krankheit gestorben sind. Sieht man das Elend und die Verzweiflung dieser Unglücklichen, spürt man den Gestank des Schmutzes, der sie umgibt, stellt sich sofort die Erinnerung an Dachau und Buchenwald ein. Dies ist Strafe im Übermaß – aber nicht für die Parteibonzen, sondern für Frauen und Kinder, die Armen, die Kranken ...«[51]

Die Überlebenden dieser Tragödie können ihre Erinnerungen nicht einfach abstreifen. Tausende Frauen, die mehrfach vergewaltigt wurden, mußten ihre seelische Narben durch das weitere Leben tragen. Man hat dieses leidensvolle Kapitel noch nicht ausreichend psychologisch und soziologisch erforscht. Man muß sich in die Lage der Überlebenden versetzen und versuchen nachzuempfinden, was es bedeutet, nach der persönlichen Schändung und totaler Erniedrigung der gesamten Familie wieder ein

*Robert Murphy im Gespräch mit Alfred de Zayas (in New York 1977)*

»normales« Dasein zu führen. Solche Schicksale hat es gegeben, und es gibt sie immer noch.

Die Integration der vertriebenen Deutschen in die restlichen Teile ihres Landes ist im Großen und Ganzen abgeschlossen. Das unermeßliche Leid der Kriegsgeneration ist mittlerweile verdrängt worden und weitgehend der Vergessenheit anheimgefallen. Aber wenn man bewußt in die jüngere Vergangenheit zurückblickt, darf man die Verluste nicht bagatellisieren. Sie waren unerhört groß. Erst künftige Generationen werden die Leistung erkennen und zu würdigen wissen, das Opfer um des Friedens willen hingenommen und auf Rache und Revanche verzichtet zu haben.

Möge das große Leiden der deutschen Vertriebenen in das Bewußtsein aller Politiker dringen und als Mahnung gelten, damit anderen Völkern auf dieser Erde die Tragödie der Entwurzelung erspart bleibe.

# Thesen zur Vertreibung

## *Historische Thesen*

1. Der Begriff Vertreibung als *terminus technicus* beinhaltet nicht nur die gewaltsamen Vertreibungen vom Sommer und Herbst 1945, sondern auch die Evakuierung der deutschen Bevölkerung seitens der deutschen Behörden ab dem Herbst 1944, die allgemeine Flucht im Frühjahr 1945 sowie die organisierten Zwangsumsiedlungen ab 1946. Der Begriff Vertreibung muß so verstanden werden, weil sowohl die Evakuierten als auch die Geflüchteten beabsichtigten, nach Beendigung der Kampfhandlungen in ihre Wohngebiete zurückzukehren. Sie wurden jedoch von den sowjetischen und polnischen Behörden daran gehindert und eben deshalb zu Vertriebenen gemacht.

2. Nach der Niederwerfung Polens im September 1939 wandten Hitler und Stalin ähnliche Methoden zur dauerhaften Beherrschung ihres jeweiligen Beuteanteils an. Hitler ließ etwa eine Million Polen aus Gebieten Westpolens, die in das Reich eingegliedert werden sollten, deportieren, wobei im Anschluß daran dort verschiedene deutsche Volksgruppen nach ihrer Rückführung aus der sowjetischen Einflußsphäre (»Heim ins Reich«) angesiedelt wurden. Währenddessen trachtete Stalin mittels Deportationen antisowjetisch eingestellter Polen und durch die Ermordung der polnischen militärischen Elite (Katyn, 1940) die Macht über das Gebiet östlich der Ribbentrop-Molotow-Linie zu festigen. Im Ostfeldzug ab 1941 plante Hitler, im europäischen Teil der Sowjetunion große deutsche Siedlungskomplexe durch Vertreibung der einheimischen Bevölkerung zu schaffen.

3. Das Prinzip der Zwangsumsiedlung wurde auf westlicher Seite zunächst von dem tschechischen Exil-Politiker Eduard Benesch nach dem Münchener Abkommen, noch vor Kriegsausbruch, befürwortet und im Laufe des Krieges in seinen Gesprächen mit Stalin, Churchill und Roosevelt zu seinem wesentlichen Kriegsziel aufgebaut. Zunächst waren davon nur einige Hunderttausende Sudetendeutsche betroffen, die sich gegenüber dem tschechischen Staat illoyal verhalten und – wie Benesch behaup-

tete – als Hitlers »Fünfte Kolonne« betätigt hätten. Allmählich erfaßte Beneschs Ausweisungsforderung immer mehr Deutsche – unter Außerachtlassung jeglichen Schuldprinzips, einfach um den tschechoslowakischen Staat künftig nicht mehr mit einer nennenswerten deutschen nationalen Minderheit zu belasten.

4. Nachdem das Prinzip der Zwangsumsiedlung Volksdeutscher (»illoyale Minderheiten«) von den Alliierten akzeptiert worden war, wurde es im Zusammenhang mit der geplanten Westverschiebung des polnischen Staates auch auf Reichsdeutsche (keine Minderheiten) in den östlichen Provinzen Deutschlands ausgedehnt. An der Konferenz von Teheran (Nov.–Dez. 1943) führte Stalins Forderung, Polen östlich der Curzon-Linie zu annektieren, zur Entscheidung, Polen im Westen auf Kosten Deutschlands zu entschädigen. Mit der territorialen Entschädigung war auch der Plan zur Aussiedlung der einheimischen deutschen Bevölkerung verbunden, ohne daß sich direkte Bezüge zu den nationalsozialistischen Vertreibungspraktiken im Osten feststellen ließen.

5. Die einschlägigen Akten im Public Record Office in London und in den National Archives in Washington zeigen, daß die Experten im Foreign Office und im State Department bis zu den Konferenzen von Jalta und Potsdam dafür eintraten, die territorialen Entschädigungen an Polen (zunächst nur Ostpreußen, dann maximal bis zur Oder) und die damit verbundenen Umsiedlungen der Deutschen zu beschränken (zwischen zweieinhalb und sieben Millionen) und sie durch eine sog. Population Transfers Commission beaufsichtigen zu lassen, um einen stufenweise geordneten Ablauf und eine Entschädigung für zurückgelassenes Eigentum zu gewährleisten. Dabei stützten sich die Diplomaten auf den Präzedenzfall des Bevölkerungsaustausches zwischen Griechenland und der Türkei 1923 bis 1926, der unter Aufsicht des Völkerbundes und auf der Basis des Lausanner Abkommens durchgeführt worden war.

6. Auf der Potsdamer Konferenz im Juli 1945 wurde zwar der bekannte Artikel XIII über den Transfer der Deutschen angenommen, jedoch ist er häufig falsch ausgelegt worden, wenn behauptet wird, daß die Anglo-Amerikaner den Umfang der Umsiedlung befürwortet hätten. Im Gegenteil: Artikel XIII stellt eine Notmaßnahme dar, die in höchster Eile verfaßt und angenommen werden mußte, weil die nicht genehmigten, wilden Vertreibungen aus der Tschechoslowakei, aus Polen und aus den deutschen Ostgebieten eine völlig chaotische Situation in der amerikanischen und der britischen Besatzungszone verursacht

hatten, nicht zuletzt auch in Berlin, wie in unzähligen amerikanischen und britischen Berichten aus dieser Zeit belegt ist. Somit war Artikel XIII kein Blankoscheck für die Vertreibersstaaten. Vielmehr bezweckte er zunächst ein Vertreibungsmoratorium und die Übertragung der Zuständigkeit für Umfang und Zeitpunkt des Transfers an den Alliierten Kontrollrat in Berlin.

7. Die amerikanische und die britische Regierung protestierten in Warschau und Prag wiederholt wegen der inhumanen Behandlung der deutschen Bevölkerung und der Nichteinhaltung der Richtlinien des Artikels XIII.

8. Die Umsiedlungen, die nach der Aufstellung eines Aufnahmeplans des Alliierten Kontrollrates im November 1945 erfolgten, verliefen weniger verlustreich. Jedoch urteilte 1950 die Walter-Kommission des amerikanischen Repräsentantenhauses in einem ausführlichen Bericht über die Vertreibung der Deutschen, daß keine Phase der Vertreibung als human bezeichnet werden könne.

9. Ein noch schwereres Schicksal traf beinahe eine Million Verschleppter. Nur 55 Prozent überlebten. Hier ist die anglo-amerikanische Mitverantwortung gut belegbar, denn Churchill und Roosevelt akzeptierten am 11. Februar 1945 auf der Konferenz von Jalta das Prinzip, wonach deutsche Zwangsarbeit als Kriegsentschädigung zugelassen wurde. Durch diesen gemeinsamen Beschluß, der ebenfalls von Stalin unterzeichnet wurde, wurden Volksdeutsche aus Rumänien, Jugoslawien und Ungarn und Reichsdeutsche aus Ostpreußen, Pommern und Schlesien – Männer wie Frauen – zur Sklavenarbeit in die Sowjetunion verschleppt, gewissermaßen als »lebende Reparationen«.

10. Flucht, Vertreibung und Verschleppung haben über zwei Millionen unschuldige Opfer das Leben gekostet – und dies zum Teil quasi als Friedensmaßnahmen bzw. nach der deutschen Kapitulation. Ein solches Ereignis muß von der Welt zur Kenntnis genommen werden – ohne Polemik und ohne Vorwurf der Aufrechnung – eben als historisches Faktum. In diesem Zusammenhang muß auch der Verzicht auf Gewalt und Vergeltung in der Charta der Heimatvertriebenen vom August 1950 besonders gewürdigt werden.

## *Völkerrechtliche Thesen*

1. Die Vertreibung ist ein menschenrechtliches Problem.
2. Das Selbstbestimmungsrecht der Völker, das als *jus cogens* anerkannt wird, beinhaltet notwendigerweise das Recht auf die

Heimat, denn man kann nur das Selbstbestimmungsrecht ausüben, wenn man aus der Heimat nicht vertrieben wird.

3. Die Haager Landkriegsordnung war im Zweiten Weltkrieg anwendbar. Artikel 42–56 beschränken die Befugnisse von Okkupanten in besetzten Gebieten und gewähren der Bevölkerung Schutz, insbesondere der Ehre und der Rechte der Familie, des Lebens der Bürger und des Privateigentums (Artikel 46), und verbieten Kollektivstrafen (Artikel 50). Eine Massenvertreibung ist mit der Haager Landkriegsordnung in keiner Weise in Einklang zu bringen.

4. Die Rechtsprechung des Internationalen Militär-Tribunals in Nürnberg verurteilte die Vertreibungen, die von den Nationalsozialisten durchgeführt worden waren, als Kriegsverbrechen und Verbrechen gegen die Menschlichkeit. Das Völkerrecht hat *per definitionem* universale Geltung, und darum stellten die Vertreibungsaktionen gegen die Deutschen, gemessen an denselben Prinzipien, ebenfalls Kriegsverbrechen und Verbrechen gegen die Menschlichkeit dar.

5. Artikel XIII des Potsdamer Protokolls konnte nicht und hat auch keine Legalisierung der Vertreibung der Deutschen bewirkt. Die Alliierten hatten keine unbeschränkte Verfügungsgewalt über das Leben der Ostdeutschen. Auch wenn es ein »Interalliiertes Transferabkommen« gegeben hätte (und Artikel XIII stellt kein solches Abkommen dar), müßte es nach völkerrechtlichen Prinzipien beurteilt werden.

6. Nach dem Stand des heutigen Völkerrechts sind Zwangsumsiedlungen völkerrechtswidrig. Artikel 49 der IV. Genfer Konvention über den Schutz von Zivilpersonen in Kriegszeiten vom 12. August 1949 verbietet Zwangsumsiedlungen. Sie sind ausnahmsweise nur dann gestattet, wenn zwingende militärische Gründe zu dem einzigen Zweck, die Bevölkerung zu schützen, eine Evakuierung erfordern. Solche Evakuierungen, die sowieso nur vorübergehend sein dürfen, sind illegal, wenn sie aus einer Lebensraumspolitik abgeleitet werden.

In Friedenszeiten verstoßen Vertreibungen gegen die UNO-Charta, gegen die Menschenrechtserklärung vom 10. Dezember 1948 und gegen die Menschenrechtspakte von 1966. Für die Unterzeichner des Vierten Protokolls der Europäischen Konvention zum Schutz der Menschenrechte und der Grundfreiheiten gelten Artikel 3: »Niemand darf aus dem Hoheitsgebiet des Staates, dessen Staatsangehöriger er ist, durch eine Einzel- oder eine Kollektivmaßnahme ausgewiesen werden ...«; und Artikel 4: »Kollektivausweisungen von Fremden sind nicht zulässig.«

# Schlußfolgerungen

1. Aller Opfer von Krieg und Gewaltherrschaft muß mit Ehrfurcht gedacht werden. Der Versuch, manche Verbrechen zu verharmlosen oder gar zu verschweigen, verstößt nicht nur gegen das Ethos der Wissenschaft. Er ist Hohn und Unbarmherzigkeit den Opfern gegenüber.

2. Die Vertreibung der Deutschen ist ein legitimer Gegenstand wissenschaftlicher Forschung. Sie gehört zu den folgenschwersten Ereignissen der Zeitgeschichte, weil durch sie ein in Jahrhunderten gewachsenes Zusammenleben von Slawen und Deutschen ausgelöscht wurde. Daher kann sie nicht einfach aus der gemeinsamen europäischen Erfahrung ausgeklammert werden. Trotzdem existiert immer noch eine gewisse Tabuisierung dieser Thematik, die zwar nicht die Forschung, wohl aber die offene Diskussion hemmt. Es ist einfach eine Frage der historischen Vollständigkeit, sich auch diesem Kapitel der Geschichte zu stellen.

3. Es ist die wissenschaftliche und moralische Pflicht des Historikers, geschichtliche Vorgänge zu erforschen und darzustellen, indem er die Fakten feststellt und sie in größere Zusammenhänge einordnet. Es ist einer freien Gesellschaft und einer freien Wissenschaft unwürdig, wenn man Zeithistorikern, die sich in seriöser Weise mit politisch heiklen oder gar unerwünschten Themen befassen, unterstellt, ihre Untersuchungen dienten bloß der »Aufrechnung« oder »Apologie« von Verbrechen. Das Bild einer Epoche wird unweigerlich verfälscht, wenn man um politischer Wirkungen willen bestimmte Teilbereiche ausblendet.

4. Die Vertreibung darf nicht als eine Frage von Schuld und Sühne betrachtet werden. Die Aufgabe, die für Krieg und Kriegsverbrechen Schuldigen zu bestrafen, war den Nürnberger Prozessen übertragen, und sie stellten dazu ein neues völkerrechtliches Prinzip auf, das der persönlichen Haftung von Politikern und Soldaten für ihre Handlungen. Jedoch wurden 14 Millionen Deutsche vertrieben – oder zur Flucht gezwungen, was faktisch dasselbe bedeutet – offensichtlich, ohne nach ihrer persönlichen Schuld oder Unschuld zu fragen. Eine Strafe, die von der Berücksichtigung persönlicher Schuld und der Verhältnismäßigkeit der Mittel absieht, ist juristisch und moralisch nicht vertretbar.

5. Es gibt keine Kollektivschuld. Der Gedanke der Kollektivschuld ist, wie Victor Gollancz treffend feststellte, »ein unsinniger, unliberaler, antichristlicher, beklagenswert nazistischer Gedanke« (Stimme aus dem Chaos, S. 320). Schuld ist, wie Unschuld, persönlich und eben nicht kollektiv. Darum kann ein Prinzip der Kollektivschuld ebensowenig für die Vertreibung wie für den Krieg selbst angewandt werden. Es besteht jedoch sicherlich eine kollektive Sittlichkeit, die uns alle zu humanem Umgang miteinander verpflichten sollte.

6. Es gibt keine humanen Zwangsumsiedlungen, dies ist ein Widerspruch in sich, denn der erzwungene Verlust der Heimat kann nie human sein.

7. Die Erörterung der Vertreibung hat eine eminente Bedeutung für die Gegenwart. Sie ist kein abgeschlossenes Kapitel der Geschichte, denn es ereignen sich heute noch weitere Vertreibungen in der Welt, die von der Völkergemeinschaft verurteilt werden müssen.

8. In der neuen Weltordnung, die nach dem Ende des Kalten Krieges im Entstehen ist, braucht man vor allem historische Aufrichtigkeit und Objektivität. Es ist zu hoffen, daß die neue Generation der Historiker aus Polen, der Tschechischen Republik und der Russischen Föderation die Vertreibung der Deutschen in ihrer geschichtlichen Tragweite – und Tragik – und damit den eigenen Teil an Verantwortung erkennt und anerkennt. Gute Nachbarschaft verlangt gegenseitige Offenheit und die Bereitschaft, die eigenen Fehler zuzugeben.

9. Nach dem Zusammenbruch des sowjetischen Systems und nach der Wiedervereinigung Deutschlands sind andere Prioritäten in Europa entstanden. Um den Frieden zu gewinnen, geht es vor allem darum, die Menschenrechte sämtlicher Minderheiten zu sichern, nicht nur der deutschen Minderheiten in Polen, der Tschechischen Republik, Rumänien etc., sondern aller ethnischen und religiösen Minderheiten wie z. B. im ehemaligen Jugoslawien. Die sogenannten ethnischen Säuberungen, die sich heute dort abspielen, sind genauso unmenschlich und verbrecherisch wie die Vertreibung der Deutschen am Ende des Zweiten Weltkrieges. Die Politiker haben anscheinend aus der Geschichte kaum gelernt.

*»Vivant sequentes«. Flüchtlingskinder spielen in den Ruinen Berlins (U.S. Army)*

*Die Flucht in den Westen. Ostdeutsche »Spätvertriebene« kommen in die Bundesrepublik, 1949 (Schweizerisches Rotes Kreuz)*

# Anhang

## Bevölkerungstabelle

*Vor der Flucht und Vertreibung*

| | | | |
|---|---|---|---|
| *Deutsche Bevölkerung im Jahre 1939* | | | |
| Ostgebiete des Deutschen Reiches | | 9 575 000 | |
| davon Ostpreußen | 2 473 000 | | |
| Ost-Pommern | 1 884 000 | | |
| Ost-Brandenburg | 642 000 | | |
| Schlesien | 4 577 000 | | |
| Tschechoslowakei | | 3 477 000 | |
| Baltische Staaten und Memelland | | 250 000 | |
| Danzig | | 380 000 | |
| Polen | | 1 371 000 | |
| Ungarn | | 623 000 | |
| Jugoslawien | | 537 000 | |
| Rumänien | | 786 000 | |
| zusammen* | | 16 999 000 | |
| *Geburtenüberschuß 1939–1945* | | + 659 000 | |
| | | | 17 658 000 |
| *Kriegsverluste 1939–1945* | | | – 1 100 000 |
| *Deutsche Bevölkerung bei Kriegsende* | | | 16 558 000 |

* dazu in der Sowjetunion 1,5 bis 2 Mill.

| | |
|---|---|
| Kriegsverluste | 1 100 000 |
| Verluste durch Flucht und Vertreibung | 2 111 000 |
| Gesamt-Verluste | 3 211 000 |

Das heißt: von den 1939 in den Vertreibungsgebieten ansässigen Deutschen ist jeder Fünfte gefallen oder umgekommen.

*Flucht und Vertreibung (1945–1950)*

| | | | |
|---|---|---|---|
| *Flüchtlinge und Vertriebene* | | | |
| aus den Ostgebieten des Deutschen Reiches | 6 944 000 | | |
| aus der Tschechoslowakei | 2 921 000 | | |
| aus den übrigen Ländern | 1 865 000 | | |
| | | 11 730 000 | |
| *In der Heimat Verbliebene* | | | |
| in den Ostgebieten des Deutschen Reiches | 1 101 000 | | |
| in der Tschechoslowakei | 250 000 | | |
| in den übrigen Ländern | 1 294 000 | | |
| | | 2 645 000 | |
| *Vermutlich noch lebende Gefangene (1950)* | | 72 000 | |
| | | | 14 447 000 |
| *Tote und Vermißte während der Flucht und Vertreibung* | | | |
| in den Ostgebieten des Deutschen Reiches | 1 225 000 | | |
| in der Tschechoslowakei | 267 000 | | |
| in den übrigen Ländern | 619 000 | | |
| | | | 2 111 000 |
| | | | 16 558 000 |

| | |
|---|---|
| *Gesamtzahl der deutschen Vertriebenen 1966 (geschätzt)* | |
| in der Bundesrepublik Deutschland | 10 600 000 |
| in der DDR | 3 500 000 |
| in Österreich und anderen westlichen Ländern | 500 000 |

Quelle: Bundesministerium für Vertriebene, 1967

*Die Zahl der deutschen Aussiedler und der Vertriebenen, die von 1950 bis 1992 über das Ausland in die Bundesrepublik Deutschland gekommen sind, beträgt 2 849 324.*

| | |
|---|---|
| Davon kamen aus | |
| der heutigen Republik Polen | 1 430 059 |
| der Tschechoslowakei | 104 873 |
| den Staaten der ehemaligen SU | 746 147 |
| den übrigen Vertreibungsgebieten | 515 684 |
| | 2 796 763 |
| über das freie Ausland aufgenommene Vertriebene | 52 561 |
| | 2 849 324 |

*Im Osten Europas lebten 1992 über 3,5 Millionen Deutsche.*

| | |
|---|---|
| Davon in | |
| der Republik Polen | ca. 1 000 000 |
| der Tschechoslowakei | ca. 100 000 |
| Ungarn | ca. 220 000 |
| Rumänien | ca. 100 000 |
| den Staaten der ehemaligen SU (GUS) | über 2 000 000 |

Quelle: Bundesminister des Innern, 1993

# Anmerkungen

1 Permanent Court of International Justice, Serie B, Nr. 6, S. 6ff. Tatsächlich verließen über eine Million Deutsche die Provinzen Posen und Westpreußen (den Korridor) infolge verschiedenartiger Zwänge. Von den deutschen Protesten und Petitionen an den Völkerbund hat der Verfasser die meisten in den Völkerbundarchiven in Genf eingesehen. Siehe auch E. Kulischer, Europe on the Move S. 134/35. (1948); H. Rauschning, Die Entdeutschung Posens und Westpreußens, Berlin (1930). Auch Herbert v. Truhart, Völkerbund und Minderheitenpetitionen, Leipzig (1931). H. Pieper, Die Minderheitenfrage und das Deutsche Reich 1919–1934, Hamburg (1974).

2 Aus propagandistischen Gründen verzehnfachte Goebbels die Zahl der deutschen Opfer, als er von 58000 toten und vermißten Volksdeutschen sprach. Der polnische Professor Karol Pospieszalski behauptet in seinem Buch »The Case of 58000 Volksdeutsche«, es seien nur 2000 Opfer zu beklagen gewesen.

3 Bundesarchiv-Militärarchiv, Bestand RW 2/v. 51, S. 32. Der Verfasser hat mit Dr. Schattenberg über diesen und über andere Fälle am 20. Oktober 1975 gesprochen und wiederholte Male mit ihm über den Komplex Bromberg 1939 korrespondiert.

4 BA-MA, RW 2/v. 52 S. 109–111. Der Verfasser hat mit Dr. Boetticher über diesen und andere Fälle am 20. April 1976 in München persönlich gesprochen.

5 BA-MA, RW 2/v. 56 S. 136. Der Verfasser hat am 19. Februar und am 10. Mai 1976 mit Dr. Reger über diesen Fall und über seine umfangreiche Vernehmungstätigkeit im Raum Posen und Thorn gesprochen.

6 BA-MA, RW 2/v. 56. Über die Verschleppungen 1939 liegt eine bisher unveröffentlichte »Dokumentation der Verschleppungsmärsche« im Bundesarchiv/Koblenz, Ost. Dok. 7. Siehe auch Kapitel 15 in de Zayas »Die Wehrmacht-Untersuchungsstelle«, S. 227–246.

7 BA-MA, RW 2/v. 52, S. 176–77.

8 IMT, Bd. I, S. 12.

9 Für einen interessanten Überblick über die Geschichte des Begriffes »Verbrechen gegen die Menschlichkeit« siehe Schwelb, Crimes against Humanity, 23 B. Y. I. L. (1946), S. 178–226. IMT, Bd. 1, S. 12. Auch United Nations, History of the United Nations War Crimes Commission, London (1948), besonders S. 35ff. und 188ff.

10 IMT, Bd. I, S. 68.

11 Es wurde klargestellt, daß die Hinderung der Kriegsflüchtlinge an der Rückkehr in ihre Heimat nach Beendigung der Feindseligkeiten vor dem Völkerrecht ebenfalls eine verbrecherische Handlung darstellte. Am 14. Dez. 1945 legte Captain S. Harris, Hilfsankläger für die Vereinigten Staaten, Beweise für diese verbrecherischen Hand-

lungen vor und verlas folgendes aus einem Bericht über die Vertreibungen aus dem Elsaß: »Die erste Ausweisungsaktion wurde im Elsaß in der Zeit vom Juli bis Dezember 1940 durchgeführt und von ihr 105 000 Personen ausgewiesen bzw. an der Rückkehr gehindert.« IMT, Bd. 3, S. 665. In der Resolution der Vollversammlung der Vereinten Nationen Nr. 194 (III) vom 11. Dez. 1948, wurde in Abs. 11 beschlossen, daß »the (Palestinian) refugees wishing to return to their homes and live in peace with their neighbours should be permitted to do so at the earliest possible date, and that compensation should be paid for the property of those choosing not to return and for the loss of or damage to property which, under principles of international law or in equity, should be made good by the Governments or authorities responsible.«

12 IMT, Bd. 2, S. 61.
13 IMT, Bd. 5, S. 461/462.
14 IMT, Bd. 6, S. 470.
15 Siehe IMT, Bd. 9, S. 350, für Görings Verteidigung, daß die Germanisierung Polens nur in jenen Gebieten durchgeführt worden war, die vor dem Vertrag von Versailles deutsch gewesen waren und die die Polen seit 1919 durch ähnliche Maßnahmen polonisiert hatten, u. a. durch die »Vertreibung« von über eine Million Deutsche, die früher dort gewohnt hatten.
16 IMT, Bd. 3, S. 641/642.
17 IMT, Bd. 8, S. 286.
18 IMT, Bd. 8, S. 282.
19 IMT, Bd. 8, S. 284.
20 IMT, Bd. 8, S. 284.
21 Joachim von Ribbentrop, Alfred Rosenberg und andere wurden der Anklage der Verbrechen gegen die Menschlichkeit für schuldig befunden und am 16. Oktober 1946 hingerichtet.
22 IMT, Bd. 18, S. 102/104.
23 IMT, Bd. 19, S. 523.
24 *Sapientia Salomonis* 1, 1. Dante erscheint derselbe Satz als strahlendes Himmelswahrzeichen, sich wandelnd zum leuchtenden Bilde des Adlers als des symbolischen Mittlers zwischen göttlicher und irdischer Rechtsordnung (vgl. Göttliche Komödie, Himmel, 18. Gesang, Vers 91–93).
24a Unter »Generalplan Ost« versteht sich ein vom Reichsführer SS Himmler 1942 befohlener Ostsiedlungsplan. Siehe W. Benz: »Die Vertreibung der Deutschen«, S. 39-48.
25 Bundesarchiv-Koblenz, Ost-Dok. 2, Nr. 13, S. 9–10.
26 Politisches Archiv des Auswärtigen Amtes, Bestand Völkerrecht/Kriegsrecht Bd. 22 Rußland, 82/8.
27 Ibid.
28 Bundesarchiv-Koblenz, Ost-Dok. 1/31, S. 547.
29 Ost-Dok. 2/20, S. 8.
30 Ost-Dok. 2/14, S. 106.
31 Ost-Dok. 2/9, S. 309–310.
32 Ost-Dok. 2/8, S. 114.
33 Hans Graf von Lehndorff, Ostpreußisches Tagebuch, dtv-Ausgabe, S. 82. Der Verfasser hat mit dem Grafen Lehndorff in Bad Godesberg über seine Erlebnisse gesprochen.
34 Bundesarchiv-Militärarchiv, Bestand H 3/1177, S. 1–4.

35 Bundesarchiv-Militärarchiv, Bestand H 3/665.
36 Bundesarchiv-Militärarchiv, Bestand H 3/1177, S. 20–21.
37 Alexander Solschenizyn, Archipel Gulag, Bd. 1, S. 32.
38 Frau Neumann schickte mir diesen im Jahre 1948 niedergeschriebenen Bericht nach der Veröffentlichung meines Buches »Nemesis at Potsdam«. Ich war davon so erschüttert, daß ich sie anschließend persönlich besuchte und weiter befragte. Siehe auch Bundesarchiv Koblenz, Ost. Dok. 2/140, S. 456–469.
38a Rodenberger, Axel: Der Tod von Dresden (1960) S. 51 ff. Siehe auch David Irving, Der Untergang Dresdens, München 1978.
39 Gerhart Pohl, Bin ich noch in meinem Haus? Die letzten Tage Gerhart Hauptmanns, Berlin 1953, S. 16.
39a C. P. Snow, Science and Government, Harvard (1961) S. 47 ff; Max Hastings, Bomber Command, London (1979).
40 Sir Denis Allen in einem Brief an den Verfasser vom 15. März 1977.
41 Protokoll des Gespräches mit Sir Geoffrey Harrison vom 30. Oktober 1976.
42 Gespräch am 6. August 1982.
43 National Archives, Record Group 59, Dok. 740.00119 (Potsdam)/7-2145.
44 Parliamentary Debates, House of Commons, März 1945, Band 408, Spalte 1625.
44a Th. Schieder, Dokumentation der Vertreibung, Bd. 5, Seite 92 E.
44b Eine deutschsprachige Fassung dieses Films wurde hergestellt und kann von der Landsmannschaft der Donauschwaben bezogen werden.
45 Siehe auch *Verschleppt*, Frauen und Mädchen von Ostpreußen nach Sibirien verschleppt, herausgegeben von der Landsmannschaft Ostpreußen, 1978.
46 Bundesarchiv-Koblenz, Ost-Dok. 2/9, S. 622–623.
47 Bundesarchiv-Koblenz, Ost-Dok. 2/20, S. 109–110.
48 Deutsche Jugend in Europa, *Pfeil*, 1980, S. 9–10. Der Verfasser hat am 26. Juli 1986 diesen Beitrag mit Franz Hamm in Bad Godesberg besprochen und ergänzt.
49 Aus »Mondnacht« von Joseph von Eichendorff.
50 H. Neuhoff: Die deutschen Vertriebenen in Zahlen, Bonn 1978.
51 Foreign Relations of the United States, 1945, Bd. 2, S. 1290–91.

# Literaturverzeichnis


Benz, Wolfgang (Hrsg.): Die Vertreibung der Deutschen aus dem Osten. Frankfurt 1985.

Bergel, Hans: Siebenbürgen – Bilder einer europäischen Landschaft, 2. Aufl., 1981.

Ders.: Gestalten und Gewalten. Innsbruck 1980.

Ders.: Der Tanz in Ketten. Innsbruck 1977.

Ders.: Die Sachsen in Siebenbürgen. Innsbruck 1976.

Bohmann, Alfred: Menschen und Grenzen, Bd. 1–4, Köln 1969–1975.

Bracher, K. D.: Zeit der Ideologien, Stuttgart 1982.

Broszat, Martin: Zweihundert Jahre deutsche Polenpolitik, Frankfurt 1972.

Bundesministerium für Vertriebene: Zeittafel der Vorgeschichte und des Ablaufs der Vertreibung, 2 Bde., Bonn 1959.

Conze, Werner: Polnische Nation und deutsche Politik, Köln 1985.

Documents on British Foreign Policy Overseas, Serie 1, Band I, London 1984.

Dönhoff, Marion Gräfin: Namen, die keiner mehr nennt, München 1964.

Florey, Gerhard: Geschichte der Salzburger Protestanten und ihrer Emigration 1731/32, Wien–Köln 1977.

Foreign Relations of the United States, The Conferences at Malta and Yalta, 1945; The Conference at Berlin, 1945: Bd. 1–2; auch Bd. 2, 1945, General, Political and Economic Matters.

Gollancz, Victor: Unser bedrohtes Erbe, Zürich 1947.

Ders.: In Darkest Germany, London 1947.

Ders.: Stimme aus dem Chaos, Frankfurt 1960.

Gordon, Sarah: Hitler, Germans and the »Jewish Question«, Princeton 1984.

Graml, Hermann: Die Alliierten und die Teilung Deutschlands. Frankfurt 1985.

Hastings, Max: Bomber Command, London 1979.

Hillgruber, Andreas: Der Zusammenbruch im Osten 1944/45 als Problem der deutschen Nationalgeschichte und der europäischen Geschichte, Opladen 1985.

Ders.: Zweierlei Untergang, Berlin 1986.

Jacobsen, H. A. u. Schweitzer (Hrsg.): Bundesrepublik Deutschland – Volksrepublik Polen / Bilanz der Beziehungen, Frankfurt 1979.

Kennan, George: Memoiren eines Diplomaten, München 1982.

Kimminich, Otto: Das Recht auf die Heimat, Bonn 1980.

Koehler, Eve: Seven Susannahs. Daughters of the Danube, Milwaukee 1977.

Kopelew, Lew: Aufbewahren für alle Zeit, Hamburg 1976.

Kühnhardt, Ludger: Die Flüchtlingsfrage als Weltordnungsproblem, Wien 1984.

Kurth, Karl (Hrsg.): Dokumente der Menschlichkeit, 2. Aufl., Göttingen 1960.

Lehmann, Hans Georg: Der Oder-Neiße-Konflikt, München 1979.
Lehndorff, Hans Graf von: Ostpreußisches Tagebuch, München 1967.
Lehndorff, Hans Graf von: Menschen, Pferde, weites Land, München 1980.
Lemberg, Eugen und F. Edding: Die Vertriebenen in Westdeutschland, 3 Bde., Kiel 1959.
Ders.: Der Europäische Bürgerkrieg, Wien 1987.
Mitzka, H.: Zur Geschichte der Massendeportationen von Ostdeutschen in die Sowjetunion im Jahre 1945, Einhausen 1985.
Müller-Guttenbrunn, Adam: Der Große Schwabenzug, Wien 1913.
Müller-Sternberg, Robert: Deutsche Ostsiedlung – Eine Bilanz für Europa, Bielefeld 1969.
Murphy, Robert: Diplomat unter Kriegern, Berlin 1975.
Neitmann, Klaus: Die Staatsverträge des Deutschen Ordens in Preußen 1230–1449, Köln, Wien 1986.
Nolte, Ernst: Der Faschismus in seiner Epoche, München 1963.
Ders.: Der europäische Bürgerkrieg, Berlin 1987.
Normann, Käthe von: Ein Tagebuch aus Pommern 1945–1946, München 1977.
Paikert, G. C.: The Danube Swabians, Den Haag, 1967.
Peyinghaus, Marianne: Stille Jahre in Gertlauken, Berlin 1985.
Pleyer, Wilhelm: Dennoch. Neue Gedichte, München 1953.
Pohl, Gerhart: Bin ich noch in meinem Hause? Die letzten Tage Gerhart Hauptmanns, Berlin 1953.
Reden zu Deutschland 1980, herausgegeben von der Kulturstiftung der Deutschen Vertriebenen, Bonn 1981.
Reichling Gerhard: Die deutschen Vertriebenen in Zahlen, Bonn 1986.
Rhode, Gotthold: Kleine Geschichte Polens, Darmstadt 1965.
Rodenberger, Axel: Der Tod von Dresden, Frankfurt 1960.
Schieder, Th. (Hrsg.): Dokumentation der Vertreibung aus Ost-Mitteleuropa, Bundesministerium für Vertriebene, 5 Bde. 3 Beihefte, Bonn 1953–1961. Neuauflage (dtv) München 1984.
Schön, Heinz: »Ostsee '45«, Stuttgart 1983.
Schulz, Eberhard (Hrsg.): Leistung und Schicksal, Köln 1967.
Schwinge, Erich: Bilanz der Kriegsgeneration, Marburg 1979.
Selle, Götz von: Ostdeutsche Biographien, Würzburg 1955.
Snow, C. P.: Science and Government, Harvard 1961.
Solschenizyn, Alexander: Ostpreußische Nächte, Darmstadt 1976.
Statistisches Bundesamt: Die deutschen Vertreibungsverluste, Wiesbaden 1958.
Stump, Karl: Die Rußlanddeutschen, Freilassing 1964.
Tetzlaff, Walter: 2000 Kurzbiographien bedeutender deutscher Juden des 20. Jahrhunderts, Lindhorst 1982.
Der Treck der Volksdeutschen, Berlin 1943.
Verschleppt, Frauen und Mädchen von Ostpreußen nach Sibirien verschleppt. Hrsg. von der Landsmannschaft Ostpreußen, Hamburg 1980.
Vetter, Roland: Herz der Batschka – Tscherwenka, Mannheim, 1976.
Vorbach, Walter: Geliebtes Leben. Gedichte. Nürnberg 1987.
Wild, Georg (Hrsg.): Franz Hamm zum 80. Geburtstag, München 1980.
Wolf, Jakob: Salz und Brot. Gedichte, Sindelfingen 1979.
Wüscht, Johann: Jugoslawien und das Dritte Reich, Eine dokumentierte

Geschichte der deutsch-jugoslawischen Beziehungen von 1933–1945, Stuttgart 1969.
Zayas, Alfred-Maurice de: Die Anglo-Amerikaner und die Vertreibung der Deutschen, 7. erw. Ausgabe, Berlin 1988.
Ders.: Die Wehrmacht-Untersuchungsstelle, 4. erw. Ausgabe, München 1984.
Ders.: »Massenumsiedlungen und das Völkerrecht«, in Th. Veiter, »Abhandlungen zu Flüchtlingsfragen«, Bd. X, Wien 1975, S. 55–96.
Ders.: »The Legality of Mass Population Transfers: The German Experience 1945–48« in East European Quarterly, Vol. XII, Nr. 1, 2, S. 1–23; 144–160, University of Colorado 1978.
Ders.: Beiträge »European Recovery Program«; »Curzon Line«; »Population, Expulsion and Transfer«; »Forced Resettlement«; »Repatriation«; »Combatants«; »Open Towns«; »Civilian Population, Protection« usw. in R. Bernhardt, »Encyclopedia of Public International Law«, Amsterdam 1981–1987.
Ders.: »Application of the International Covenant on Civil and Political Rights under the Optional Protocol by the Human Rights Committee« in German Yearbook of International Law (1985), Kiel, S. 9–64.
Ders.: »Der Nürnberger Prozeß«, in Alexander Demandt (Hrsg.), Macht und Recht, München 1990, S. 249–270.
Ders.: »Vertriebene« in Werner Weidenfeld (Hrsg.), Handwörterbuch zur deutschen Einheit, Frankfurt 1992, S. 732–741.
Ders.: »Deutschland und die Neue Weltordnung« in »Politische Studien«, September 1991, S. 486–496.

*Der Blick in die ungewisse Zukunft (Schweizerisches Rotes Kreuz)*

# Register